哈佛
极简管理学

如何理性决策、高效管理与应对变革

Harvard Management of
Minimalist

贝 武◎编著

立信会计 出版社
LIXIN ACCOUNTING PUBLISHING HOUSE

图书在版编目（CIP）数据

哈佛极简管理学 / 贝武编著. -- 上海：立信会计
出版社, 2019.11
（去梯言）
ISBN 978-7-5429-6129-7

Ⅰ. ①哈⋯ Ⅱ. ①贝⋯ Ⅲ. ①管理学—通俗读物
Ⅳ. ①C93-49

中国版本图书馆CIP数据核字（2019）第219268号

策划编辑　蔡伟莉
责任编辑　彭秋龙
封面设计　李爱雪

哈佛极简管理学

出版发行　立信会计出版社

地　　址	上海市中山西路2230号	邮政编码	200235
电　　话	（021）64411389	传　真	（021）64411325
网　　址	www.lixinaph.com	电子邮箱	lxaph@sh163.net
网上书店	www.shlx.net	电　话	（021）64411071
经　　销	各地新华书店		

印　　刷	北京彩虹伟业印刷有限公司		
开　　本	720毫米×1000毫米	1/16	
印　　张	19	插　页	1
字　　数	330千字		
版　　次	2019年11月第1版		
印　　次	2019年11月第1次		
书　　号	ISBN 978-7-5429-6129-7/C		
定　　价	45.00元		

前　言

preface

在美国哈佛大学，商学院学生都会上一门公共课，即管理课。教授们在这门课中主要讲授管理的历史演变进程、管理的方式方法、管理的战略系统框架，帮助管理者提升团队绩效。这门课受到了许多学生和管理爱好者的欢迎，深刻地改变了世界管理的进程和格局。

哈佛大学商学院是美国培养企业人才的最著名的学府，是培养年薪10万美元工商管理硕士（MBA）的摇篮，是造就总经理人才的精英工厂。30%的哈佛MBA毕业生25年后成为公司总裁、董事长、合营企业或自办企业主；20%的毕业生在美国500家最大的公司担任要职。

另有统计表明，美国500家大财团中2/3的决策经理有哈佛大学商学院的学习背景。谈起世界著名的学府，人们首先想到的是哈佛大学；谈起世界著名的企业家和商业精英，人们首先想到的是哈佛大学商学院的毕业生；谈起世界一流的管理学和管理理论，人们首先想到的是哈佛大学商学院的管理课。

美国著名的管理学家彼得·德鲁克说过："在人类历史上，还很少有什么事比管理学的出现和发展更为迅猛，对人类具有更为重大和更为激烈的影响。"大到国家、企业，小到个人工作、生活中遇到的各种问题，管理都发挥着不可替代的作用。

20世纪末，管理学发展迅猛。随着世界经济由制造业一统天下的格局成为历史，金融、贸易、IT产业、跨国集团大举发展，世界经济呈现繁荣多变的景象。游戏规则开始国际化、法治化，企业发展外部环境和对外关系上升为关乎企业生存的首要问题，公司治理结构取代了企业内部管理，连人力资源管理、市场营销这样的传统管理理论都无法沿袭旧路。

社会在交流中不断融合，各学科之间相互渗透。管理学也逐渐与经济学、哲学、社会学、心理学、数学等各种学科不断地融合。管理研究的层次在不断深入，管理理论也在不断地完善和发展。但更多的时候，人们需要的是能够实际操作、简便、高效的组织管理策略和原则。

有"全球第一CEO"之称的杰克·韦尔奇曾说道："作为管理者，必须高度重视识人、用人的能力，不断提升管人的技巧。作为一位合格的现代管理者，既需要有'才智'，又需要有'直觉'；既需要有'理性'，又需要有'感情'；既要善于在办公室中分析研究问题，得出'科学'的结论，又要善于学习和借鉴别人的经验。"管理直接影响着一个企业的兴衰成败。每一位高明的管理大师都应像一位技艺精湛的厨师，能够根据实际情况来掌握好管理的火候，并不断地学习和尝试更先进的烹饪方法。

要提高管理水平，就要不断地学习先进的管理学知识和理论，而学习哈佛大学商学院的管理学则是最佳的选择。

哈佛大学商学院历史悠久，管理学大师云集，管理学学派林立，管理学内容博大精深。大师的深邃思想让你摸不着边际，复杂的体系让你心生敬畏，艰深的理论让你望而却步，该从哪里入手打开哈佛大学商学院管理学的大门呢？如何才能快速而又轻松地掌握哈佛大学商学院管理学的精华？

本书秉持"极简"这一原则，将哈佛大学商学院百年管理学的精华内容浓缩于一书，为广大管理学爱好者、管理专家和学者、企业总裁、管理者、各级经理人指明了一条迈向哈佛商学院管理学殿堂的通道。

本书撷取哈佛大学商学院管理学专家、学者、教授最经典、最有价值的管理学课程，从管理学基础、决策与战略、组织与沟通、领导与激励、执行与控制、危机与变革、管理实践等角度，分门别类，层层深入，条分缕析，抽丝剥茧般地将哈佛大学管理学的核心知识和重要管理原则、策略、工具、方法等完整、全面、清晰地展现在读者面前，为读者描述出一个清晰简明的管理学框架和体系，让广大读者在最短的时间内以最便捷的方式，透彻学习并掌握哈佛大学管理学的精髓，开拓管理思维和思路，提高管理水平。

本书从90个管理学关键名词入手，简明扼要地将那些高深的管理学知识用浅显易懂的语言讲述，让你摆脱学习管理学著作时的费力和烦躁。即使你未曾学习过管理学，也丝毫不会影响你阅读本书的兴致。

　　哈佛极简管理学，简约而不简单，从入门到精通，快速读通，快速领会，使学习者更聪明、更理智地进行管理决策，更透明、更敏锐地洞察管理趋势，引领管理学的未来！

目　录
contents

管理学基础篇

决策与战略篇

组织与沟通篇

领导与激励篇

执行与控制篇

危机与变革篇

管理实践篇

管理学基础篇

⚓ 01 为什么要管理，管理什么，怎样管理

管理学：如何卓有成效管人和理事的学问

　　管理学是一门综合性的交叉学科，是系统研究管理活动的基本规律和一般方法的科学。管理学是适应现代社会化大生产的需要产生的，它是研究社会组织在现有的条件下，通过合理地组织和配置人、财、物等因素，为了实现预期的目标，提高生产力的水平，以人为中心进行的协调活动。

　　一般意义上讲，管理是通过采取某些具体的手段和措施，设计、营造、维护一种环境，包括组织内部和外部的环境，使所有管理对象在特定的环境中，做到协调而有序地进行活动。

　　管理是指在特定的环境下，管理者通过执行计划、组织、领导、协调、控制等职能，整合组织的各项资源，实现组织既定目标的活动过程。它有三层含义：

　　（1）管理是一种有意识、有目的的活动，它服务并服从于组织目标。

　　（2）管理是一个连续进行的活动过程，实现组织目标的过程，就是管理者执行计划、组织、领导、控制等职能的过程。这一系列职能之间是相互关联的，从而使管理过程体现为一个连续进行的活动过程。

　　（3）管理是在一定的环境中进行的，在开放的条件下，任何组织都处于千变万化的环境之中。复杂的环境成为决定组织生存与发展的重要因素。

　　管理学的发展经历了三个阶段：

　　兴起阶段：第二次世界大战后到1972年。

　　这一阶段的特点是注重从概念体系方面建立管理学的理论模式，着重研究如何把先进国家的管理转移到发展中国家，以促进其经济的发展。

低潮阶段：1973年到20世纪70年代末。

这一阶段管理学研究受当时流行的一般系统论的影响，而一般系统论的衰退对管理理论也产生了一定的影响。

高潮阶段：20世纪80年代初至今。

这一阶段以四部管理著作——《Z理论》《日本企业管理艺术》《公司文化》《成功之路》为标志。在这一过程中，出现了与前两个阶段不同的特点：运用企业文化理论进行管理理论研究，并取得重大成果；对企业内部管理要素和方式的研究有了新的突破，并设计了分析内部管理要素的模型，试图为管理理论研究提供新的科学的分析工具；研究重点由过去的以概念分析为主转向以实践为主，增加了研究成果的价值。

管理学有两重性，既有自然属性也有社会属性。它不同于其他学科，具有以下几个主要特点。

1. 一般性

管理学是从一般原理、一般情况的角度对管理活动和管理规律进行研究，不涉及管理学分支学科的业务和方法的研究。管理学是研究所有管理活动中的共性原理的基础理论科学，无论是"宏观原理"还是"微观原理"，都需要管理学的原理作基础来加以学习和研究。管理学是各门具体的或专门的管理学科的共同基础。

2. 综合性

从管理内容上看，管理学涉及的领域十分广阔。它需要从不同类型的管理实践中抽象概括出具有普遍意义的管理思想、管理原理和管理方法，从影响管理活动的各种因素上看，除了生产力、生产关系、上层建筑这些基本因素外，还有自然因素、社会因素等。从管理学科与其他学科的相关性上看，它与经济学、社会学、心理学、数学、计算机科学等都有密切关系，是一门综合性非常强的学科。

3. 实践性

管理学所提供的理论与方法都是实践经验的总结与提炼。同时，管理的理论与方法只有为实践服务，才能显现出管理理论与方法的强大生命力。

4. 社会性

构成管理过程主要因素的管理主体与管理客体，都是社会最有生命力的人，这就决定了管理的社会性。同时，管理在很大程度上带有生产关系的特征，因此没有超阶级的管理学，这也体现了管理的社会性。

5. 历史性

管理学是对前人的管理实践、管理思想和管理理论的总结、扬弃和发展，割断历史，不了解前人对管理经验的理论总结和管理历史，就难以很好地理解、把握和运用管理学。

管理职能

职能是指"活动""行为"，也就是各种基本活动及其功能。最早是法国的亨利·法约尔提出管理的"五职能"说，后有"三功能派""四功能派""七功能派"等。总体来看，关于管理职能划分有：计划、组织、指挥、协调、控制、激励、人事、调集资源、沟通、决策、创新。

⚓ 02 管理学在什么时候确立其正统地位

管理运动：现代管理的前奏

　　回顾现代管理100多年的历史，不能不从美国的"管理运动"开始。"管理运动"发生在美国，始于19世纪末到20世纪30年代，大体上有四五十年的时间。它为提高劳动生产率提供了一种解决问题的框架，科学管理是其主要组成部分。

　　19世纪40年代末，美国掀起了铁路建设的热潮，由此导致了美国铁路企业的成长。修筑铁路所需的巨额资本唯有通过资本市场才能筹集，这使美国铁路企业几乎一开始就走上了公司制道路。从此公司制作为一种组织创新形式风靡世界。股份公司使企业规模突破了个人资本量的限制，使投资巨大、拥有成千上万员工的企业成为现实，企业规模进一步扩张，组织结构日益复杂。同时铁路企业的管理需要专业性的特殊技能和训练，支薪管理人员从此产生，现代职业经理阶层得以形成。

　　铁路企业的成长和管理创新具有重要的意义。一方面，准确可靠、全天候、大规模、低成本的运输为后来制造业中现代企业的成长提供了必要的条件；另一方面，铁路企业的组织管理创新成为后来制造业企业的组织管理创新的基础。因此，这是美国"管理运动"的先声。

　　19世纪60年代以后，在美国、德国等国家发轫的"电气革命"（第二次工业革命）进一步促进了生产力发展，电能的运用使各个行业的团队工作规模进一步扩大。同时，钢铁、机械、化工、橡胶、汽车、玻璃、通信等新产业兴起。这些新产业规模大、技术要求高、计算精确、变换迅速，给管理提出了新的要求。同时，运输业和通信业的发展，使人际交往、社会联系的技术条件有了划时代的改变。一方面提高了市场交易效率和生产、服务的社会化，促进了一体化市场的发育，并形成了国际市场，企业之间的竞争日益激烈；另一方面降低了管理成本，许多企业逐步实现了大规模生产、大规模分配的结合，产、供、销一体化经营。于是在企业规模扩大，跨国公司方兴未艾的同时，企业内部的劳动分工、机构设置进一步复杂化、多层次化。

同时，股份制的企业制度从铁路行业扩展到各个行业，所有权、控制权分离产生的职业经理人员形成了新的社会阶层（被称为"经理革命"），在原有管理方法难以适应新情况、组织创新迫切需要新的管理理论作保证的形势下，职业经理人员构成了管理理论专业研究队伍的主体，从而形成了社会性的管理研究潮流——"管理运动"。

19世纪70年代，美国出现了长期的经济萧条，市场疲软，需求持续下降。面对日益激烈的竞争压力，企业家们开始把注意力从技术层面转移到组织管理上来。这为"管理运动"在促进整个工业界的发展带来契机。

1886年，新成立的美国机械工程师协会年会召开，改进组织管理成为探讨的问题。耶鲁—汤制造公司总经理亨利·汤从1870年就开始研究系统的高效率管理方法，在年会上，他发表"作为经济学家的工程师"的主题讲话，呼吁建立一门管理的科学。在这次会议上，亨利·梅特卡夫发表论文，总结了1881年在他管理的兵工厂中实行的一种从完备监督流程入手、分析控制管理费用的"车间订单记账制度"；奥柏林·斯密提交的论文探讨了固定资产核算问题。这些都引起了很大反响。

此后，"管理运动"如火如荼地展开起来。在一系列崭新的管理方法推动下，20世纪初，大量制造企业对其组织管理方法进行了改组，这标志着制度化和科学化"管理运动"达到高潮。其后，1910年，福特发明流水线的批量生产方式；20世纪20年代初，斯隆创立广泛适用的事业部制；尤其是泰勒的"科学管理理论"走向成熟并普遍推广，使管理理论研究走上了科学轨道，成为管理学产生的标志，也使社会化的"管理运动"圆满完成历史使命并永载史册。

··········极简管理学··········
"管理运动"里程碑式的意义

在管理思想和理论发展的历史上，美国"管理运动"具有里程碑式的意义。19世纪中叶以后，现代公司制度在美国确立，企业的规模、数量不断扩大，管理人员碰到了许多以前没有遇到过的问题，于是研究新的管理理论、规则和方法形成一种社会性潮流，直接导致TAYLOR制等现代管理理论的出现。因此，"管理运动"是现代管理的前奏，是古代管理走向现代管理的标志。

03 第一条汽车生产流水线是怎样产生的

科学管理理论：让管理走向科学殿堂

　　科学管理理论讲述了应用科学方法确定从事一项工作的"最佳方法"。其概括为：科学，而不是只凭经验办事；和谐，而不是合作；合作，而不是个人主义。以最大限度的产出取代有限的产出，每个人都发挥最大的工作效率，获得最大的成功，就是用高效率的生产方式代替低成本的生产方式，以加强劳动力成本控制。

　　"物质方面的直接浪费，人们是可以看到和感觉到的，但由于人们不熟练、低效率或指挥不当而造成的浪费，人们既看不到，又摸不到。"

　　"所有的日常活动中，不注意效率的行为都在使整个国家资源遭受巨大损失，而补救效能的办法不在于寻求某些出众或是非凡的人，而在于科学的管理。"

　　提出上述观念的人，正是被西方管理界誉为"科学管理之父"的弗雷德里克·泰勒。

　　泰勒是美国古典管理学家，科学管理的创始人。他18岁从一名学徒工开始，先后被提拔为车间管理员、技师、小组长、工长、维修工长、设计室主任和总工程师。在他的管理生涯中，他不断在工厂进行试验，系统地研究和分析工人的操作方法和动作所花费的时间，逐渐形成其管理体系——科学管理。

　　泰勒科学管理的根本目的是谋求最高效率，而最高的工作效率是雇主和雇员达到共同富裕的基础，使较高工资和较低的劳动成本统一起来，从而扩大再生产，促进生产的发展。要达到最高的工作效率的重要手段是用科学化的、标准化的管理方法代替旧的经验管理。为此泰勒提出了一些基本的管理制度。

　　（1）对工人提出科学的操作方法，以便有效利用工时，提高工效。研究工人工作时动作的合理性，去掉多余的动作，改善必要动作，并规定完成每一单位操作的标准时间，制定出劳动时间定额。

（2）对工人进行科学的选择、培训和晋升。选择合适的工人安排在合适的岗位上，并培训工人使用标准的操作方法，使之在工作中逐步成长。

（3）制定科学的工艺规程，使工具、机器、材料标准化，并对作业环境标准化，用文件形式固定下来。

（4）实行具有激励性的计件工资报酬制度。对完成和超额完成定额的工人以较高的工资率计件支付工资；对完不成定额的工人，则按较低的工资率支付工资。

（5）管理和劳动分离。管理者和劳动者在工作中密切合作，以保证工作按标准的设计程序进行。

上述措施虽然现在已成为管理常识而司空见惯，但当时却视为重大的变革。随后，美国企业的生产率有了大幅度的提高，出现了高效率、低成本、高工资、高利润的新局面。

科学管理不仅仅是将科学化、标准化引入管理，更重要的是泰勒所倡导的精神革命，这是实施科学管理的核心问题。许多人认为雇主和雇员的根本利益是对立的，而泰勒所提的科学管理却恰恰相反，它相信双方的利益是一致的。对于雇主而言，追求的不仅是利润，更重要的是事业的发展。而正是这个事业使雇主和雇员联系在一起，事业的发展不仅会给雇员带来较丰厚的工资，而且更意味着充分发挥其个人潜质，满足自我实现的需要。只有雇主和雇员双方互相协作，才会达到较高的绩效水平，这种合作观念是非常重要的。

正像1912年泰勒在美国众议院特别委员会听证会上所做的证词中强调的：科学管理是一场重大的精神变革，每个人都要对工作、对同事建立起责任观念；每个人都要有很强的敬业心和事业心。

这样，雇主和雇员都把注意力从利润分配转移到增加利润数量上来。当双方以友好合作、互相帮助代替对抗和斗争时，通过双方共同的努力，就能够生产出比过去更高的利润，从而使雇员提高工资，获得较高的满意度，使雇主的利润增加，使企业的规模扩大。

泰勒引用了古希腊哲学家柏拉图构筑的一段故事，来说明雇主和雇员合作的重要性：航行在海上的一艘船上，在部分水手的拥戴下，某年轻力壮的水手杀了有点年老且耳聋的船长……结果船失去了方向，结局可能是船毁人亡。

泰勒是科学管理的先锋，其追随者和同行者也对科学管理做出了重要的贡献。

亨利·甘特用图表进行计划和控制的做法是当时管理思想的一次革命。从一张事先准备的图表上，管理部门可以看到计划执行的进展情况，并可以采取一切必要行动使计划能按时或在预期的许可范围内完成。甘特根据这个思想设计的甘特图现在还常用于编制进度计划。

亨利·福特在泰勒的单工序动作研究基础之上，进一步对如何提高整个生产过程的效率进行了研究。福特充分考虑了大量生产的优点，规定了各个工序的标准时间定额，使整个生产过程在时间上协调起来。他创建了第一条流水生产线——福特汽车流水生产线，使成本明显降低。

同时，福特进行了多方面的标准化工作，包括产品系列化，零件规格化，工厂专业化，机器、工具专业化，作业专门化，等等。泰勒及其同行者与追随者的理论与实践构成了泰勒制，人们称以泰勒为代表的学派为科学管理学派。

··········极简管理学··········

科学管理的优劣

泰勒的科学管理主要有两大贡献：一是管理要走向科学。二是劳资双方的精神革命。前者是有效管理的必要条件；后者是有效管理的必要心理。

在当今，精神革命的实质就是通过合作将"蛋糕"做大，否则只能在沉默中死亡。当然，科学管理存在过于偏重技术，强调个别作业效率，且对人的看法有偏颇，忽视了企业的整体功能等历史局限因素，所以，科学管理不是万能的，但没有科学管理却是万万不能的。

04 管理为什么能进入大学课堂

一般管理理论：管理没有党派，管理普遍存在

一般管理理论是指有关管理的、得到普遍承认的理论，是经过普遍经验检验并得到论证的一套有关原则、标准、方法、程序等内容的完整体系，有关管理的理论和方法不仅适用于公私企业，也适用于军政机关和社会团体。

泰勒的科学管理开了西方古典管理理论的先河，在科学管理正被传播之时，欧洲也出现了一批古典管理的代表人物及其理论，其中影响最大的首属法约尔及其一般管理理论。

亨利·法约尔是法国人。法约尔认为，管理理论具备"一般性"。所谓"一般性"，也即普遍的意思。因此，他提出了管理的"普遍性"说法。他强调所有的机构——工业、商业、政治、宗教等任何机构，都需要实行管理。

这种对管理"普遍性"的认识和实践，在当时是一个重大的贡献。法约尔克服了狭隘的观点，不再把管理限于某一个范围，看成某一方面的活动。同时，他把管理活动从经营中单独列出来，作为一个独立的职能和研究项目，这一切都是非常有见地的。泰罗看到了企业中科学管理法和哲学思想的普遍性，但他没有像法约尔那样，在更广泛的视野里看到管理活动的普遍性。

法约尔在管理理论上最主要的贡献在于三个方面：从经营职能中独立出管理活动、提出管理活动所需的五大职能和十四条管理原则。这三个方面也是其一般管理理论的核心。

1916年出版的《工业管理和一般管理》一书是法约尔最主要的代表作，标志着一般管理理论的形成。其主要内容如下。

1. 从企业经营活动中提炼出管理活动

法约尔区别了经营和管理，认为这是两个不同的概念，管理包括在经营之中。通过对企业全部活动的分析，管理活动从经营职能（包括技术、商业、业务、安全和会

计五大职能）中被提炼出来，成为经营的第六项职能。他进一步得出了普遍意义上的管理定义，即"管理是一种普遍的单独活动，有自己的一套知识体系，由各种职能构成，管理者通过完成各种职能来实现目标的一个过程"。

2. 倡导管理教育

法约尔认为，管理能力可以通过教育来获得，"缺少管理教育是由于没有管理理论"，每一个管理者都按照他自己的方法、原则和个人的经验行事，但是谁也不曾设法使那些被人们接受的规则和经验变成普遍的管理理论。

3. 提出五大管理职能

法约尔将管理活动分为计划、组织、指挥、协调和控制五大管理职能，并进行了相应的分析和讨论。

管理的五大职能并不是企业管理者个人的责任，它与企业经营的其他五大活动一样，是一种分配于领导人与整个组织成员之间的工作。

4. 提出十四项管理原则

法约尔提出一般管理的十四项原则：①劳动分工。②权力与责任。③纪律。④统一指挥。⑤统一领导。⑥个人利益服从整体利益。⑦人员报酬。⑧等级制度。⑨集中。⑩秩序。⑪公平。⑫人员稳定。⑬首创精神。⑭团队精神。

这十四项原则即使在今天也不显得落伍，因此时任华润集团董事局主席的宁高宁先生曾撰文《重读法约尔》，呼吁华润的管理者不要被当下的管理流行理论迷乱了双眼，而是要从管理的常识出发，而这些常识都蕴涵在法约尔的十四项原则里。

管理之所以能够走进大学讲堂，原因之一是法约尔的卓越贡献。一般管理思想的系统性和理论性强，对管理五大职能的分析为管理科学提供了一套科学的理论构架，来源于长期实践经验的管理原则给实际管理人员巨大的帮助，其中某些原则甚至以"公理"的形式为人们所接受和使用。因此，继泰勒的科学管理之后，一般管理也被誉为"管理学史上的第二座丰碑"。

·········· 极 简 管 理 学 ··········
一般管理理论和科学管理理论的区别

1. 两者的具体着眼点不同

泰勒是从工业等级制度向上研究，而法约尔是从经理人员向下研究。前者从细节入手，而后者着重一种宏观建构；前者具有唯一性（工业企业管理），而后者具有普适性（一般管理）。

2. 两种理论在某些方面是相矛盾的

这两种理论在某些问题上看法是不一致的，甚至是相互对立的。

3. 对行政管理的影响不同

一般管理理论在某种程度上也是适用政府管理的，泰勒的科学管理理论则是纯企业管理的。

05　"官僚制"没有错，错的是"官僚主义"

行政组织理论：一种理想的官僚组织模式

　　行政组织理论是韦伯以哲学家式的冷峻和严密创立的理论，韦伯认为理想的组织应以合理合法权力为基础，只有法定权力才能作为行政组织体系的基础，其最根本的特征在于它提供了慎重的公正。

　　马克斯·韦伯与泰勒、法约尔是西方古典管理理论的三位先驱。马克斯·韦伯生于德国，曾担任教授、政府顾问、编辑，对社会学、宗教学、经济学与政治学的研究都有相当的造诣。

　　韦伯行政组织理论产生的历史背景，正是德国企业从小规模世袭管理向大规模专业管理转变的关键时期，了解韦伯的思想更具有重要的现实意义。韦伯认为，任何组织都必须以某种形式的权力作为基础。没有某种形式的权力，任何组织都不能达到自己的目标。人类社会存在三种为社会所接受的权力：

　　传统权力：传统惯例或世袭得来。

　　超凡权力：来源于别人的崇拜与追随。

　　法定权力：理性——法律规定的权力。

　　对于传统权力，韦伯认为，人们对其服从是因为领袖人物占据着传统所支持的权力地位。同时，领袖人物也受着传统的制约。但是，人们对传统权力的服从并不是以与个人无关的秩序为依据，而是在习惯义务领域内的个人忠诚。领导人的作用似乎只为了维护传统，因而效率较低，不宜作为行政组织体系的基础。

　　超凡权力的合法性，完全依靠对于领袖人物的信仰。领袖人物必须以不断的奇迹和英雄之举赢得追随者，因此，超凡权力过于带有感情色彩并且是非理性的，它的产生不是依据规章制度，而是依据神秘的启示。所以，超凡的权力形式也不宜作为行政组织体系的基础。

　　韦伯认为，只有法定权力才能作为行政组织体系的基础，其最根本的特征在于它提供了慎重的公正。原因在于：①管理的连续性使管理活动必须有秩序地进行。②为以"能力"为本的择人方式提供了理性基础。③领导者的权力并非无限，应受到约束。

有了适合于行政组织体系的权力基础，韦伯勾画出理想的官僚组织模式，具有下列特征：

（1）组织中的人员应有固定和正式的职责，并依法行使职权。组织是根据合法程序制定的，应有其明确目标，并靠着这一套完整的法规制度，组织与规范成员的行为，以期有效地追求与达到组织的目标。

（2）组织的结构是一层层控制的体系。在组织内，按照地位的高低规定成员间命令与服从的关系。

（3）人与工作的关系。成员间的关系只有对事的关系而无对人的关系。

（4）成员的选用与保障。每一职位根据其资格限制（资历或学历），按自由契约原则，经公开考试合格予以使用，务求人尽其才。

（5）专业分工与技术训练。对成员进行合理分工并明确每人的工作范围及权责，然后通过技术培训来提高工作效率。

（6）成员的工资及升迁。按职位支付薪金，并建立奖励与升迁制度，使成员安心工作，培养事业心。

韦伯认为，凡具有上述六项特征的组织，可使组织表现出高度的理性化，其成员的工作行为也能达到预期的效果，组织目标也能顺利地达成。韦伯对理想的官僚组织模式的描绘，为行政组织指明了一条制度化的组织准则，这是他在管理思想上的最大贡献。

韦伯从事实出发，把人类行为规律性地服从于一套规则作为社会学分析的基础。他认为一套支配行为的特殊规则的存在，是组织概念的本质所在。没有这些特殊规则，将无从判断组织性行为。这些规则对行政人员的作用是双重的：一方面，行政人员自己的行为受规则的制约；另一方面，行政人员有责任监督其他成员服从于这些规则。韦伯这种强调规则、能力、知识的行政组织理论为社会发展提供了一种高效率、合乎理性的管理体制。现在我们普遍采用的高、中、低三层次管理就是源于他的理论。

到今天，"官僚"一词已从技术意义上的"行政组织"演变成"效率低下"的代名词。然而，现今社会行政组织的过分低效，并不是"官僚制"本身的错误，而是官僚行政组织内部机制障碍所致。长期以来，一些政府和企业机构臃肿、效率低下，对照一下韦伯关于理想的官僚组织的上述六项特征，也许它们可以作为政府机构改革和企业内部重整的准则。

·········· 极 简 管 理 学 ··········
理想的"官僚制"模式

　　行政组织理论认为，理想的行政组织体系就是所谓的"官僚制"。
这一行政组织体系包括六个方面的内容：

　　一是将组织活动细分给不同的人。

　　二是给每个职务以明确的权利和义务。

　　三是根据职务要求进行培训。

　　四是管理者有明确的工资和升迁机会。

　　五是管理者严格执行规则与纪律。

　　六是管理以理性为指导，不带个人情感目标。

06 霍桑工厂的实验如何揭开人性化管理的序幕

人际关系理论：从经济人假设到社会人假设的转化

> 人际关系是人们在交往过程中建立起来的人与人之间的社会和心理关系。作为社会性的人，离不开和别人的交往，就像吃饭、睡觉一样，人际交往也是人的一种需求，良好的人际关系是人生存和发展的基础条件。

梅奥，原籍澳大利亚的美国行为科学家，哈佛大学心理学家。梅奥在美国西方电器公司霍桑工厂进行的长达9年的实验研究——霍桑实验，真正揭开了作为组织中的人的行为研究的序幕。

古典管理理论的杰出代表泰勒、法约尔等人在不同的方面对管理思想和管理理论的发展做出了贡献，并对管理实践产生深刻影响。他们共同的特点是，着重强调管理的科学性、合理性、纪律性，但未给管理中人的因素和作用以足够重视。他们的理论是基于这样一种假设，即社会是由一群群无组织的个人所组成的；他们在思想上、行动上力争获得个人利益，追求最大限度的经济收入，即"经济人"；管理部门面对的仅仅是单一的职工个体或个体的简单总和。基于这种认识，工人被安排去从事固定的、枯燥的和过分简单的工作，成了"活机器"。

从20世纪20年代美国推行科学管理的实践来看，泰勒制在使生产率大幅度提高的同时，也使工人的劳动变得异常紧张、单调和劳累，因而引起了工人的强烈不满，并导致工人的怠工、罢工以及劳资关系日益紧张等事件的出现。随着经济的发展和科学的进步，有着较高文化水平和技术水平的工人逐渐占据了主导地位，体力劳动也逐渐让位于脑力劳动，这使西方的资产阶级感到单纯用古典管理理论和方法已不能有效控制工人，以达到提高生产率和利润的目的。这使对新的管理思想、管理理论和管理方法的寻求和探索成为必要。

与此同时，人的积极性对提高劳动生产率的影响和作用逐渐在生产实践中显示出来，并引起了许多企业管理学者和实业家的重视。但是对其进行专门的、系统的研究进而形成一种较为完整的全新的管理理论，则始于20世纪20年代梅奥等人所进行的著名的霍桑实验。

霍桑实验的初衷是试图通过改善工作条件与环境等外在因素，找到提高劳动生产率的途径。1924—1932年，他先后进行了四个阶段的实验：照明实验、继电器装配工人小组实验、大规模访谈和对接线板接线工作室的研究。实验结果却出乎意料：无论工作条件（照明度强弱、休息时间长短、工厂温度等）是改善还是取消改善，实验组和非实验组的产量都在不断上升；在进行计件工资对生产效率的影响的实验时，发现生产小组内有一种默契，大部分工人有意限制自己的产量，否则就会受到小组的冷遇和排斥，奖励性工资并未像传统的管理理论认为的那样，使工人最大限度地提高生产效率；而在历时两年的大规模的访谈实验中，职工由于可以不受拘束地谈自己的想法，发泄心中的闷气，因而态度有所改变，生产率相应得到了提高。

霍桑实验的结果由梅奥于1933年正式出版，书名是《工业文明中的人的问题》，这标志着人际关系理论的建立。

霍桑实验的研究结果否定了传统管理理论对于人的假设，表明了工人不是被动的、孤立的个体，他们的行为不仅仅受工资的刺激。据此，梅奥提出了自己的观点。

1. 工人是"社会人"而不是"经济人"

梅奥认为，人们的行为并不单纯出于追求金钱的动机，不能单纯从技术和物质条件着眼，而必须先从社会心理方面考虑合理的组织与管理。

2. 企业中存在着非正式组织

企业中除了存在着古典管理理论所研究的为了实现企业目标而明确规定各成员相互关系和职责范围的正式组织之外，还存在着非正式组织。这种非正式组织的作用在于维护其成员的共同利益，使之免受内部个别成员的疏忽或外部人员的干涉所造成的损失。为此，非正式组织中有自己的核心人物和领袖，有大家共同遵循的观念、价值标准、行为准则和道德规范等。

梅奥指出，非正式组织与正式组织有重大差别。在正式组织中，以效率逻辑为其行为规范；而在非正式组织中，则以感情逻辑为其行为规范。如果管理人员只是根据效率逻辑来管理，而忽略工人的感情逻辑，必然会引起冲突，影响企业生产率的提高和目标的实现。

因此，管理当局必须重视非正式组织的作用，注意在正式组织的效率逻辑与非正式组织的感情逻辑之间保持平衡，以便管理人员与工人之间能够充分协作。

3. 新的领导能力在于提高工人的满意度

在决定劳动生产率的诸因素中，置于首位的因素是工人的满意度，而生产条件、工资报酬只是第二位的。职工的满意度越高，其士气就越高，效率就越高。高的满意度来自工人个人需求的有效满足，不仅包括物质需求，还包括精神需求。

霍桑实验对古典管理理论进行了大胆的突破，第一次把管理研究的重点从工作和从物的因素上转到人的因素上来，不仅在理论上对古典管理理论做了修正和补充，开辟了管理研究的新理论，还为现代行为科学的发展奠定了基础，对管理实践产生了深远的影响。

霍桑效应的启示

霍桑效应给我们的启示是：人在一生中会产生数不清的意愿和情绪，但最终能实现、能满足的却为数不多。对于那些未能实现的意愿和未能满足的情绪，切莫压制下去，而要千方百计地让它宣泄出来，这对人的身心和工作效率都非常有利。

07 是先有管理后有决策，还是先有决策后有管理

行政决策理论：管理就是决策

　　"决策"一词通常是指从多种可能中做出选择和决定。行政决策理论是用以指导和阐释行政决策的理论依据。决策理论是有关决策概念、原理、学说等的总称，是把第二次世界大战以后发展起来的系统理论、运筹学、计算机科学等综合运用于管理决策问题，形成的一门有关决策过程、准则、类型及方法的较完整的理论体系。

　　行政决策理论形成于20世纪三四十年代。首先提出行政决策观点的是美国学者L.古立克，他在《组织理论》一文中认为，决策是行政的主要功能之一。其后，美国学者C.I.巴纳德在《行政领导的功能》一书中认为，行政决策是实现组织目标的重要战略因素。这些观点对后来行政决策理论颇有影响。但行政决策理论体系的形成，并使其在行政学中占有重要的地位，是由美国行政学家H.A.西蒙实现的。1944年西蒙先在《决策与行政组织》一文中提出了决策理论的轮廓。3年后他出版了《行政行为——在行政组织中决策程序的研究》，这是决策理论方面最早的专著。此后，他继续研究决策理论和实际决策技术（包括运筹学、计算机学），为决策学成为新的管理学科奠定了基础。

　　行政决策理论的种类较多，不同学者阐述问题的角度也各不相同。其中具有代表性的理论包括以下几种。

1. 完全理性决策论

　　完全理性决策论又称客观理性决策论，代表人物有英国经济学家J.边沁、美国科学管理学家F.W.泰勒等。他们认为，人是坚持寻求最大价值的经济人。经济人具有最大限度的理性，能为实现组织和个人目标而做出最优的选择。

　　它在决策上的表现是：决策前能全盘考虑一切行动，以及这些行动所产生的影

响；决策者根据自身的价值标准，选择最大价值的行动为对策。这种理论只是假设人在完全理性下决策，而不是在实际决策中的状态。

2. 连续有限比较决策论

连续有限比较决策论的代表人物是H.A.西蒙。他认为，人的实际行动不可能做到完全理性，决策者是具有有限理性的行政人，不可能预见一切结果，只能在供选择的方案中选出一个"满意的"方案。行政人对行政环境的看法简化，往往不能抓住决策环境中的各种复杂因素，而只能看到有限几个方案及其部分结果。事实上，理性程度对决策者有很大影响，但不应忽视组织因素对决策的作用。

3. 理性、组织决策论

理性、组织决策论代表人物有美国组织学者J.G.马奇。他承认个人理性的存在，并认为由于人的理性受个人智慧与能力所限，必须借助组织的作用。通过组织分工，每个决策者可以明确自己的工作，了解较多的行动方案和行动结果。组织提供给个人一定的引导，使决策有明确的方向。组织运用权力和沟通的方法，使决策者便于选择有利的行动方案，进而增加决策的理性。而衡量决策者理性的根据，是组织目标而不是个人目标。

4. 现实渐进决策论

现实渐进决策论代表人物是美国的政治经济学者C.E.林德布洛姆。他的理论的基点不是人的理性，而是人所面临的现实，并对现实所做渐进的改变。他认为，决策者不可能拥有人类的全部智慧和有关决策的全部信息，决策的时间、费用又有限，所以决策者只能采用应付局面的办法，在"有偏袒的相互调整中"做出决策。该理论要求决策程序简化，决策实用、可行并符合利益集团的要求，力求解决现实问题。这种理论强调现实和渐进改变，受到了行政决策者的重视。

5. 非理性决策论

非理性决策论代表人物有奥地利心理学家S.弗洛伊德和意大利社会学家V.帕累托等。该理论的基点既不是人的理性，也不是人所面临的现实，而是人的情欲。他们认为，人的行为在很大程度上受潜意识的支配，许多决策行为往往表现出不自觉、不理性的情欲，表现为决策者在处理问题时常常感情用事，从而做出不明智的安排。

6. 当代决策理论

当代决策理论的核心内容是：决策贯穿于整个管理过程，决策程序就是整个管理过程。组织是由决策者及其下属、同事组成的系统。整个决策过程包括以下步骤：研究组织的内外环境；确定组织目标；设计达到该目标的可行性方案；比较和评估方案，确定择优方案；实施方案；追踪检查和控制。

极简管理学

决策理论的精髓

管理就是决策。任何管理活动开始之前都要先做决策，制定计划就是决策，组织、领导和控制也都离不开决策。

决策包括四个阶段：搜集情况阶段，拟订计划阶段，选定计划阶段，评价计划阶段。

在决策标准上，用"令人满意"的准则代替"最优化"准则。

一个组织的决策根据其活动是否反复出现可分为程序化决策和非程序化决策。

08 好管理让人走向成熟，差管理让人走向不成熟

不成熟—成熟理论：管理者要充当员工的"父母"

> 不成熟—成熟理论是研究人的个性和组织关系的一种理论，阿吉里斯认为，在人的个性发展方面有一个过程，就是从不成熟到成熟，最后发展成为一个健康的个性。

克里斯·阿吉里斯是美国著名的行为学家，曾获哈佛大学和耶鲁大学的名誉博士学位，并在哈佛大学担任教育学和组织行为学的教学工作。他是美国许多举足轻重的大型企业的高级顾问，同时受聘于许多欧洲国家的政府，担任经理人员培训和教育培训的顾问，在国际上有广泛的影响。阿吉里斯勤于著述，先后出版了多部著作，发表了140多篇论文。他的代表作有《个性与组织》《理解组织行为》《个性与组织的结合》《组织研究》等。

1957年6月，阿吉里斯将《个性与组织》一书中节选的短文在《管理科学季刊》第二卷中发表，这篇名为《个性与组织：互相协调的几个问题》的文章集中体现了阿吉里斯影响最为深远的不成熟—成熟理论。阿吉里斯的不成熟—成熟理论，主要集中在个人需求与组织需求问题上的研究。他主张有效的领导者应该帮助员工从不成熟或依赖状态转变到成熟状态。

不成熟—成熟理论认为：组织行为是由个人和正式组织融合而成的，组织中的个人作为一个健康的有机体，不可避免地要经历从不成熟到成熟的成长过程。在这个成长过程中主要有以下方面的变化：

（1）从婴儿的被动状态发展为成人的主动状态。

（2）从婴儿的依赖他人发展为成人的相对独立。相对独立是指在自立的同时又和其他人保持必要的依存关系。

（3）从婴儿有限的行为方式发展为成人多种多样的行为方式。

（4）从婴儿经常变化和肤浅、短暂的兴趣发展为成人相对持久、专一的兴趣。在这方面趋于成熟的标志是：成年人在遇到挑战时专心从整体上深入研究某一问题的全部复杂性，并在自己的行动中得到很大的满足。

（5）从婴儿时期只顾及当前发展到成人时期有长远的打算。

（6）从婴儿时期在家庭或社会上属于从属地位，发展为成年人与周围的人处于基本平等的地位甚至支配他人的地位。

（7）从婴儿时期的缺乏自觉发展为成人的自觉自制。

由此可见，在成长的过程中，个体的自我世界扩大了，这样一个连续发展的过程也是一个从被动到主动，从依赖到独立，从缺乏自觉自制到自觉自制的过程。个体经历了这样一个成长过程之后，其进取心和迎接挑战的能力都会逐渐提高。而且随着这种自我意识的觉醒，个体会将自己的目标与自我所处的环境作对比。因此，个体在组织中所处位置在一定意义上代表了个体自我实现的程度。然而对一个正式组织而言，其传统的原则是专业化分工、等级层次结构、集中统一领导等完全理性的纯逻辑化的原则。这些原则希望能消除个人之间的性格差别给工作带来的影响，希望个人能够严格遵从组织的规章制度行事，要求员工一直处于依赖、被动、从属的地位。

阿吉里斯于是得出结论：正式组织与成熟个体之间存在矛盾。这种矛盾导致了组织中的混乱，混乱又导致个体的短期行为和思想矛盾，表现为：员工频繁地离开组织；有些员工不择手段地往上爬；普遍产生对组织目标的漠视或抵触情绪等。

阿吉里斯指出，拙劣的管理阻碍人走向成熟，而良好的管理促使人走向成熟。如何解决个体成长和组织原则之间的矛盾是管理者长期面对的挑战，领导者的任务之一就是努力减少这种不协调。

········ 极简管理学 ········
组织和个人关系的协调途径

在实践中，为了在健康的组织中培养出健康的个人，协调组织和个人的关系，管理者应该注意运用以下办法：

（1）工作扩大化和丰富化，扩大员工的工作范围，用从事多种工作或加大工作难度的方法扩大员工的技术领域与知识面。

（2）实行参与式的以员工为中心的领导方式。

（3）加重员工的责任，激发其责任心和创造性。

（4）更多依靠员工自我指挥和自我控制。

然而，这还取决于员工是否对组织有兴趣，是否愿意参与到组织的活动中去。

09 胡萝卜加大棒何时有效，何时失效

X—Y理论：人性假设决定管理方式

　　X—Y理论主要是对人性的根本性的理解。一个是性本恶——X理论，一个是性本善——Y理论。这是一对完全基于两种完全相反假设的理论，X理论认为，人们有消极的工作源动力，而Y理论则认为，人们有积极的工作源动力。

　　X—Y理论是管理学中关于人们工作源动力的理论，由美国社会心理学家道格拉斯·麦格雷戈于1957年11月在美国《管理评论》杂志上发表的《企业的人性方面》一文中提出的。

　　对X理论和Y理论的概括，是麦格雷戈在学术上最重要的贡献。面对纷繁芜杂的管理界，麦格雷戈一针见血地指出，每个管理决策和管理措施的背后，都有一种人性假设，这些假设影响乃至决定着管理决策和措施的制定以及效果。

　　麦格雷戈认为，有关人的性质和人的行为的假设对于决定管理人员的工作行为方式来讲是极为重要的。各种管理人员以他们对人的性质的假设为依据，可用不同的方式来组织、控制和激励人们。

　　麦格雷戈把传统的管理观点叫作X理论，其主要内容是：

　　（1）大多数人是懒惰的，他们尽可能地逃避工作。

　　（2）大多数人都没有什么雄心壮志，也不喜欢负责任，而宁可让别人领导。

　　（3）大多数人的个人目标与组织目标都是相矛盾的，为了达到组织目标，必须靠外力严加管制。

　　（4）大多数人都是缺乏理智的，不能克制自己，很容易受别人影响。

　　（5）大多数人都是为了满足基本的生理需要和安全需要，所以他们将选择那些在经济上获利最大的事去做。

　　（6）人群大致分为两类，多数人符合上述假设，只有少数人能克制自己，这部分人应当担负起管理的责任。

根据X理论的假设，管理人员的职责和相应的管理方式是：

（1）管理人员关心的是如何提高劳动生产率、完成任务，他的主要职能是计划、组织、经营、指引、监督。

（2）管理人员主要是运用职权，发号施令，使对方服从，让人适应工作和组织的要求，而不考虑在情感上和道义上如何给人以尊重。

（3）强调严密的组织和制定具体的规范及工作制度，如工时定额、技术规程等。

（4）应以金钱报酬来收买员工的效力和服从。

由此可见，这种管理方式是胡萝卜加大棒的方法，一方面靠金钱的收买与刺激，另一方面靠严密的控制、监督和惩罚迫使员工为组织目标努力。麦格雷戈发现当时企业中对人的管理工作以及传统的组织结构、管理政策、实践和规划都是以X理论为依据的。

麦格雷戈认为，X理论所用的传统的研究方法建立在错误的因果观念的基础上。通过对人的行为动机和马斯洛的需要层次的研究，他指出：在人们的生活还不够丰裕的情况下，胡萝卜加大棒的管理方法是有效的；但是当人们达到了丰裕的生活水平时，这种管理方法往往就失效了。因为那时人们行为的动机主要是追求更高级的需要而不是"胡萝卜"（生理需要、安全需要）了。

麦格雷戈认为，需要有一个关于人员管理工作的新理论，把它建立在对人的特性和人的行为动机的更为恰当的认识基础上。于是他提出了Y理论，其主要内容是：

（1）一般人并不是天生就不喜欢工作的，工作中体力和脑力的消耗就像游戏和休息一样自然。工作可能是一种满足，因而自愿去执行；也可能是一种处罚，因而只要可能就想逃避，到底怎样要视环境而定。

（2）外来的控制和惩罚并不是促使人们为实现组织的目标而努力的唯一方法。它甚至对人是一种威胁和阻碍，并放慢了人成熟的脚步。人们愿意实行自我管理和自我控制来完成应当完成的目标。

（3）人的自我实现的要求与组织要求的行为之间是没有矛盾的。如果给人提供适当的机会，就能将个人目标和组织目标统一起来。

（4）一般人在适当条件下，不仅学会了接受职责，而且学会了谋求职责。逃避责任、缺乏抱负以及强调安全感，通常是经验的结果而不是人的本性。

（5）大多数人而不是少数人在解决组织的困难问题时，都能发挥较高的想象力、聪明才智和创造性。

（6）在现代工业生活的条件下，一般人的智慧和潜能只是部分得到了发挥。

　　根据以上假设，相应的管理措施为：

　　（1）管理职能的重点。在Y理论的假设下，管理者的重要任务是创造一个使人得以发挥才能的工作环境，发挥出职工的潜力，并使职工在为实现组织的目标贡献力量时，也能达到自己的目标。此时的管理者已不是指挥者、调节者或监督者，而是起辅助者的作用，从而给职工以支持和帮助。

　　（2）激励方式。根据Y理论，对人的激励主要是给予来自工作本身的内在激励，让他担当具有挑战性的工作，担负更多的责任，促使其工作做出成绩，满足其自我实现的需要。

　　（3）在管理制度上给予员工更多的自主权，实行自我控制，让员工参与管理和决策并共享权力。

　　Y理论注重于帮助员工学会管理自己，而X理论则试图对员工加以控制，这是两种十分不同的管理思路。

　　X理论的假设是静止地看人，现在已过时了；Y理论则是以动态的观点来看人，但这一理论也有很大的局限性。有些行为科学家批评Y理论的一些缺陷。他们指出，Y理论对人的特性的假设有其积极的一面，它为管理人员提供了一种对于人的乐观主义的看法，而这种乐观主义的看法对争取职工的协作和热情支持是必需的。但是，麦格雷戈只看到了问题的一面，虽然不能说所有的人天生就是懒惰而不愿负责任的，但在现实生活中有些人确实是这样的，而且坚决不愿改变。对于这些人，应用Y理论进行管理难免会失败。而且要发展和实现人的智慧和潜能，就必须有合适的工作环境，但这种合适的工作环境并不是经常有的，要创造出这样一种环境来，成本也往往太高。所以，Y理论也并不宜普遍使用。

········· 极 简 管 理 学 ·········
X—Y理论使用方法

到底该在管理中使用X理论还是Y理论呢？应该区别对待：

一是看这个人所处的阶段。初期的通常适合X理论，成熟后适合Y理论。

二是根据这个人所做的工作。这个人所做的工作，如果是他自己喜欢的，适合Y理论；如果是他极度反感的，适合X理论。

三是不同的人，适合不同的理论。对于爱抱怨、消极怠工、不求上进的人需要使用X理论；对于积极乐观、对工作充满热情、善于学习、努力提升自我的人需要使用Y理论。

10 管理要围绕"满意—不满意"做文章

双因素理论：金钱和健康一个都不能少

　　双因素理论又称"激励—保健理论"，是美国行为科学家弗雷德里克·赫茨伯格在1959年提出来的。他认为满意和不满意两大因素是影响员工绩效的主要因素。

　　赫茨伯格曾获得纽约市立学院的学士学位和匹兹堡大学的博士学位，之后在美国和其他30多个国家从事管理教育和管理咨询工作，他是犹他大学的特级管理教授。

　　20世纪50年代末，赫茨伯格和他的助手们在美国匹兹堡地区对200名工程师和会计师进行了调查访问。访问主要围绕以下两个问题：

　　（1）在工作中，哪些事项是让他们感到满意的，并估计这种积极情绪持续多长时间。

　　（2）在工作中，哪些事项是让他们感到不满意的，并估计这种消极情绪持续多长时间。

　　赫茨伯格以对这些问题的回答为材料，着手研究哪些事情使人们在工作中获得快乐和满足，哪些事情造成不愉快和不满足。结果他发现，使员工感到满意的都是属于工作本身或工作内容方面的；使员工感到不满的都是属于工作环境或工作关系方面的。他把前者叫作激励因素，后者叫作保健因素。

　　保健因素的满足对员工产生的效果类似于卫生保健对身体健康所起的作用。保健从人的环境中消除有害于健康的事物，它不能直接提高健康水平，但有预防疾病的作用；它不是治疗性的，而是预防性的。保健因素包括公司政策、管理措施、监督、人际关系、物质工作条件、工资、福利等。当这些因素恶化到人们认为可以接受的水平以下时，他们就会产生对工作的不满意。但是，当人们认为这些因素很好时，它只是消除了不满意，并不会导致积极的态度，这就形成了某种既不是满意又不是不满意的中性状态。

那些能带来积极态度、满意和激励作用的因素就叫作"激励因素"。这是指能满足个人自我实现需要的因素，包括成就、赏识、挑战性的工作、增加的工作责任以及成长和发展的机会。如果这些因素具备了，就能对人们产生更大的激励。

从这个意义出发，赫茨伯格认为传统的激励假设，如工资刺激、人际关系的改善、提供良好的工作条件等，都不会产生更大的激励；它们能消除不满意、防止产生问题，但这些传统的"激励因素"即使达到最佳程度，也不会产生积极的激励。按照赫茨伯格的意见，管理当局应该认识到保健因素是必需的，但它一旦使不满意中和以后，就不能产生更积极的效果。只有"激励因素"才能使人们有更好的工作成绩。

之后，赫茨伯格及其同事又对各种专业性和非专业性的工业组织进行了多次调查。他们发现，由于调查对象和条件的不同，各种因素的归属有些差别，但总体来看，激励因素基本上都是属于工作本身或工作内容的，保健因素基本上都是属于工作环境和工作关系的。但是，赫茨伯格注意到，激励因素和保健因素有若干重叠现象。例如，赏识属于激励因素，基本上起积极作用；但当没有受到赏识时，又可能起消极作用，这时又表现为保健因素。工资是保健因素，但有时也能产生使员工满意的效果。

赫茨伯格的"双因素理论"提出以后，曾经受到过许多非议。有人认为，人是非常复杂的，当他们对工作感到满意的时候，并不等于生产效率就得到提高；反之，当他们对工作感到不满意的时候，也并不等于生产效率降低，因为人们会由于种种原因，在不满意的条件下达到很高的生产效率。仅仅以满意—不满意作为指标，并不能证实满意感与生产效率的关系，因而对双因素理论的可信度提出怀疑。但是，自从20世纪60年代以来，双因素理论的研究越来越受到人们的重视。据1973—1974年美国全国民意研究中心公布，有50%的男性员工认为，工作的首要条件是能够提供成就感，而把有意义的工作列为首位的比把缩短工作时间列为首位的人要多7倍。

赫茨伯格的双因素理论实际上是针对满足的目标而言的。所谓保健因素实质上是人们对工作外部条件的要求；所谓激励因素实质上是人们对工作本身的要求。根据赫茨伯格的理论，要调动人的积极性，就要在"满足"两字上做文章。满足人们对外部条件的要求，称为间接满足，它可以使人们受到外在激励；满足人们对工作本身的要求，称为直接满足，它可以使人们受到内在激励。

双因素理论虽然产生于资本主义的企业管理，但是具有一定的科学性。在实际工作中，借鉴这种理论来调动员工的积极性，不仅要充分注意保健因素，不使员工产生不满情绪；更要注意利用激励因素去激发员工的工作热情，使其努力工作。如果只顾及保健因素，仅仅满足员工暂时没有什么意见，是很难创造出一流工作成绩的。

·········· 极简管理学 ··········
双因素理论的应用

根据赫茨伯格的理论，在调动员工积极性方面，可以分别采用以下两种基本做法：

直接满足又称为工作任务以内的满足。它是一个人通过工作所获得的满足，这种满足是通过工作本身和工作过程中人与人的关系得到的。它能使员工学习到新的知识和技能，产生兴趣和热情，使员工具有光荣感、责任心和成就感。

间接满足又称为工作任务以外的满足。这种满足不是从工作本身获得的，而是在工作以后获得的，如晋升、授衔、嘉奖或物质报酬和福利等。间接满足虽然也能够显著地提高工作效率，但不容易持久，有时处理不好还会产生负作用。

11　管理没有放之四海而皆准的标准

领导权变理论：领导无定式，需视具体情况而定

　　"权变"一词有"随具体情境而变"或"视具体情况而定的意思"。权变理论亦称情境理论，是西方组织管理学中以具体情况及具体对策的应变思想为基础而形成的一种管理理论。该理论认为，不存在一种绝对的最佳的领导方式，领导是领导者、被领导者及其环境因素相互作用的动态过程，领导的效果与领导者所处的具体情境和环境有关，要根据具体情况来确定领导方式。

　　最早对权变理论做出理论性评价的人是心理学家费德勒。他于1962年提出了一个"有效领导的权变模式"，即费德勒模式。这个模式把领导人的特质研究与领导行为的研究有机地结合起来，并将其与情境分类联系起来研究领导的效果。他通过15年调查之后提出：有效的领导行为，依赖于领导者与被领导者相互影响的方式及情境给予领导者的控制和影响程度的一致性。

　　费德勒认为，领导者的行为及其所要追求的目标具有多样性。这种多样性的存在，是由领导者之间在基本需求方面的差异决定的。因此，应当而且必须以这种需求结构来界定领导方式。这是费德勒领导权变理论的基本出发点。所以，费德勒将领导方式归纳为两类，即"员工导向型"领导方式和"工作导向型"领导方式。前一领导方式以维持良好的人际关系为其主要需要，而以完成任务之需要为辅。后一领导方式则以完成任务为其主要需求，而以维护良好的人际关系之需求为辅。在这里，费德勒将领导方式认定为领导者的一种人格特质，这种人格特质是一种具有持久性且不易改变之特征。费德勒还设计出一种最难共事者量表，用以鉴别不同的领导方式，并认为无论何种领导方式均有利弊，十全十美的领导方式是不存在的。

　　费德勒不仅对领导方式作了分类，而且还对领导效能作了界定，并在此基础上深入地探讨了如何使各种领导方式充分发挥其功能的问题。费德勒认为，一个领导者，

无论他采取何种领导方式，其最终目的都是获取最大的领导效能。要想取得理想的领导效能，必须使一定的领导方式和与之相适应的领导情势相配合。

领导情势也称"团体—任务"情境，是指发生领导行为所处的人际环境。它包括领导者与成员之间的相互关系、任务结构和职位权力三个要素。领导者与成员的关系是指团体成员对其领导者的情感，它包括尊重、友谊、信任、合作、接纳、支持以及忠诚程度。任务结构是指团体目标与任务的界定是否充分明确而妥当，它包括目标对成员来说是否清晰，成果的可测度如何，解决问题的方法是否具有正确性及完成任务的途径或手段之多寡等。职位权力则指领导者现居职位所具有的权力之多寡或能使部属服从指挥的程度。换句话说，也就是领导者现居职位能对部属施展多大影响力，包括领导者的地位、权威与责罚、升贬、任黜、加薪、指派等能力。在领导情势的三个因素中，领导者与成员的关系是最重要的因素。在费德勒看来，一个领导者要想取得理论的领导效能，必须通过一定的领导方式来对领导情势实施有效的控制，而领导者对领导情势程度又取决于领导者使领导情势三因素相互配合的状况。根据这三个因素不同的配合情形，可以看出领导对情势的控制程度有多高。因此，费德勒模式的最大优点在于它吸收了过去有关领导行为的研究成果，分清了不同领导方式能够发挥领导效能的情境。

领导权变理论的研究始于20世纪60年代，并于70年代逐渐形成体系。该理论的产生和发展反映了一定时代背景条件下实际管理活动的需要。系统管理学派以及经验管理学派是领导权变理论的两大渊源。系统观念为它提供了直接的理论模式和分析手段；经验管理学派注重研究特定情景和条件下的不同管理经验，同样否认有任何"普遍通用的管理准则"。社会系统学派和社会—技术系统理论等管理学说对它也有一定影响。

费德勒模式是最具有代表性的权变理论。权变理论还包括豪斯的途径—目标理论、弗鲁姆和耶顿的领导—参与模式、卡曼的领导生命周期理论、雷定的三维构面理论等。

领导权变理论的核心概念是指世界上没有一成不变的管理模式。管理与其说是一门理论，更不如说是一门实操性非常强的技术；与其说它是一门科学，更不如说它是一门艺术，权变管理能体现出艺术的成分。一名高明的领导者应是一个善变的人，即根据环境的不同而及时变换自己的领导方式。领导权变理论告诉管理者应不断地调整自己，使自己不失时机地适应外界的变化，或把自己放到一个适应自己的环境中。

·········· 极 简 管 理 学 ··········
权变理论对组织和决策的影响

1. 权变理论对组织的影响

（1）如何管理组织没有放之四海而皆准的普遍方式或最佳方式。

（2）组织、系统的设计必须符合它所存在的特殊环境。

（3）有效组织不仅与其所处环境相适应，组织内部的次级系统之间也存在这种适应性。

（4）只有当组织形式设计适当、组织的管理风格既适应组织任务所需，又贴近组织属性的时候，组织各项所需才能得到较好地满足。

2. 权变理论对决策的影响

（1）决策品质及下级对决策的接受度。

（2）领导与下级所拥有的相关信息总量。

（3）下级接受独断决策的可能性，或者下级参与合作制定更好决策的可能性。

（4）与下级意见的分歧大小。

12 美国企业怎样向日本企业学习

Z理论：管理需要民主，也需要集中

　　Z理论是由美国日裔学者威廉·大内在1981年出版的《Z理论》一书中提出来的，其研究的内容为人与企业、人与工作的关系。

　　威廉·大内是美国斯坦福大学的企业管理硕士，在芝加哥大学获得企业管理博士学位。他从1973年开始专门研究日本企业管理，经过调查比较日、美两国管理的经验，提出了Z理论。

　　在Z理论的研究过程中，大内选择了日、美两国的一些典型企业进行研究。这些企业都在本国及对方国家中设有子公司或工厂，采取不同类型的管理方式。大内的研究表明，日本的经营管理方式一般较美国的效率更高，这与20世纪70年代后期起日本经济咄咄逼人的气势是吻合的。因此，大内提出，美国的企业应该结合本国的特点，向日本企业管理方式学习，形成自己的管理方式。他把这种管理方式归结为Z理论型管理方式，并对这种方式进行了理论上的概括，称为"Z理论"。该书在出版后立即得到了广泛重视，成为20世纪80年代初研究管理问题的名著之一。

　　Z理论认为，一切企业的成功都离不开信任、敏感与亲密，因此主张以坦白、开放、沟通作为基本原则来实行"民主管理"。大内把由领导者个人决策、员工处于被动服从地位的企业称为A型组织，他认为当时研究的大部分美国机构都是A型组织。A型组织的特点为：

　　（1）短期雇用。

　　（2）迅速的评价和升级，即绩效考核期短，员工得到回报快。

　　（3）专业化的经历道路，造成员工过分局限于自己的专业，但对整个企业并不了解很多。

　　（4）明确的控制。

　　（5）个人决策过程不利于诱发员工的聪明才智和创造精神。

（6）个人负责，任何事情都有明确的负责人。

（7）局部关系。

相反，大内认为日本企业具有不同的特点：

（1）实行长期或终身雇佣制度，使员工与企业同甘共苦。

（2）对员工实行长期考核和逐步提升制度。

（3）非专业化的经历道路，培养适合各种工作环境的多专多能人才。

（4）管理过程既要运用统计报表、数字信息等清晰鲜明的控制手段，又注重对人的经验和潜能进行细致而积极的启发诱导。

（5）采取集体研究的决策过程。

（6）对一项工作集体负责。

（7）人们树立牢固的整体观念，员工之间平等相待，每个人对事物均可做出判断，并能独立工作，以自我指挥代替等级指挥。

大内把这种组织称为J型组织。

大内不仅指出了A型和J型组织各自的特点，还分析了美国和日本各自不同的文化传统导致其典型组织分别为A型和J型。这样就明确了日本的管理经验不能简单地照搬到美国去。为此，他提出了"Z型组织"的观念，认为美国公司借鉴日本经验就要向Z型组织转化。Z型组织符合美国文化，又能学习日本管理方式的长处，例如，在Z型公司里，决策可能是集体做出的，但是最终要由一个人对这个决定负责。而这与典型的日本公司（即J型组织）做法是不同的，在日本，没有一个单独的个人对某种特殊事情担负责任，而是一组雇员对应一组任务并负有共同责任。他认为，与市场和官僚机构相比，Z型组织与氏族更为相似，并详细剖析了Z型组织的特点。

考虑到由A型组织到Z型组织转化的困难，大内给出了明确的13个步骤，认为这个变革过程一般应如此进行：

（1）参与变革的人员学习领会Z理论原理，挖掘每个人正直的品质，发挥每个人良好的作用。

（2）分析企业原有的管理指导思想和经营方针，关注企业宗旨。

（3）企业的领导者和各级管理人员共同研讨制定新的管理战略，明确大家所期望的管理宗旨。

（4）能够创立高效合作、协调的组织结构和激励措施来贯彻宗旨。

（5）培养管理人员掌握弹性的人际关系技巧。

（6）检查每个人对将要执行的Z型管理思想是否完全理解。

（7）把工会包含在计划之内，取得工会的参与和支持。

（8）确立稳定的雇佣制度。

（9）制定一种合理的长期考核和提升制度。

（10）经常轮换工作，从而培养人的多种才能，扩大雇员的职业发展道路。

（11）认真做好基层一线雇员的发动工作，使变革在基层顺利进行。

（12）找出可以让基层雇员参与的领域，实行参与管理。

（13）建立员工个人和组织的全面整体关系。

大内认为这个过程要经常重复，而且需要相当长的时间，如10~15年。

Z理论的精髓

1. 畅通的管理体制

2. 基层管理者享有充分的权利

3. 中层管理者起到承上启下的作用

4. 长期雇用职工，及时整理和改进来自基层的意见

5. 关心员工的福利

6. 创造生动的工作环境

7. 重视员工的培训

8. 职工的考核

13　学习能力是组织唯一持久的竞争优势

学习型组织理论：组织的第五项修炼

学习型组织是指通过培养弥漫于整个组织的学习气氛、充分发挥员工的创造性思维能力而建立起来的一种有机的、高度柔性的、扁平的、符合人性的、能持续发展的组织。这正是知识型组织的理想状态，是知识型组织的实践目标。这种组织具有持续学习的能力，具有高于个人绩效总和的综合绩效的效应。

学习型组织最初的构想源于美国麻省理工学院佛瑞斯特教授。1965年，他发表了一篇题为《企业的新设计》的论文，运用系统动力学原理，非常具体地构想出未来企业组织的理想形态——层次扁平化、组织信息化、结构开放化，逐渐由从属关系转向工作伙伴关系，不断学习，不断重新调整结构关系。这是关于学习型企业的最初构想。

彼得·圣吉是学习型组织理论的奠基人。彼得·圣吉毕业于斯坦福大学，后获麻省理工学院斯隆管理学博士，曾师从佛瑞斯特。他用了近十年的时间对数千家企业进行研究和案例分析，于1990年完成其代表作《第五项修炼——学习型组织的艺术与实务》（以下简称《第五项修炼》）。《第五项修炼》提供了一套使传统企业转变成学习型企业的方法，使企业通过学习提升整体运作"群体智力"和持续的创新能力，成为不断创造未来的组织，从而避免了企业"夭折"和"短寿"。《第五项修炼》以及随后的"第五项修炼·实践篇"——《变革之舞》的问世，标志着学习型组织理论框架的基本形成。彼得·圣吉指出："企业未来唯一持久的竞争优势，就是具备比竞争对手更快速的学习能力。"学习型组织理论认为，在新的经济背景下，企业要持续发展，必须增强企业的整体能力，提高整体素质。也就是说，企业的发展不能再只靠像福特、斯隆、沃森那样伟大的领导者一夫当关、运筹帷幄、指挥全局，未来真正出色的企业将是能够设法使各阶层人员全心投入并有能力不断学习的组织——

学习型企业。

在学习型组织的系统中，全体员工不断吸收消化新知识，并融会贯通于本组织。对于刚刚投产运转的新企业而言，建立学习型组织机构非常重要。它有助于迅速改善员工的知识结构，建构企业文化，快速推进新企业步入正常发展的轨道。

成功的学习型企业应具备六个要素：一是拥有终身学习的理念和机制，重在形成终身学习的步骤。二是多元反馈和开放的学习系统，重在开创多种学习途径，运用各种方法引进知识。三是形成学习共享与互动的组织氛围，重在企业文化。四是具有实现共同目标的不断增长的动力，重在共同目标不断创新。五是工作学习化使成员体会生命意义，重在激发人的潜能，提升人生价值。六是学习工作化使企业不断创新发展，重在提升应变能力。

构建学习型组织，核心是解决三个问题：一是学习什么；二是如何学习；三是怎样将学习与本企业实际相结合。

上述三方面问题是不可分割的整体，这就要求在构建学习型组织之初必须着眼于以下四个方面：全体员工的共同愿景、系统设计与思考、员工的自我超越、团队的分享。同时，将上述四方面分拆糅合成四大体系，包括企业文化体系、知识储备体系、人才发展体系和分工协作体系。具体见图1。

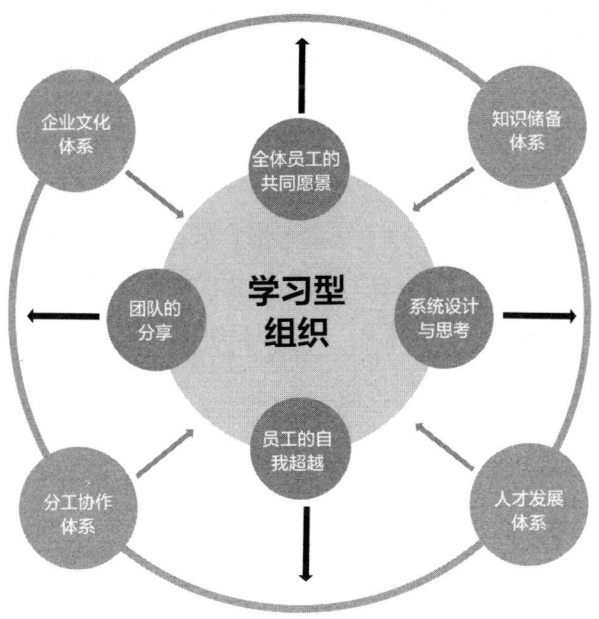

图1 学习型组织构成体系

创建学习型企业的意义在于：

第一，它解决了传统企业组织的缺陷。传统企业组织的主要问题是分工、竞争、冲突、独立，降低了组织整体的力量，更为重要的是传统组织仅仅关注于眼前细枝末节的问题，而忽视了长远的、根本的、结构性的问题，这使组织的生命力在急剧变化的世界面前显得十分脆弱。学习型组织理论分析了传统组织的这些缺陷，并开出了医治的"良方"——"五项修炼"。

第二，学习型组织为组织创新提供了一种操作性比较强的技术手段。学习型组织提供的每一项修炼都由许多具体方法组成，这些方法简便易学。此外，圣吉和他的助手还借助系统思考软件创建了实验室，帮助企业管理者在其中尝试各种可能的构想、策略和意境的变化及种种可能的搭配。

第三，学习型组织理论解决了企业生命活力问题。它实际上还涉及企业中人的活力问题。在学习型组织中，人们能够充分发挥生命的潜能，创造出超乎寻常的成果，从而由真正的学习体悟出工作的意义，追求心灵的成长与自我实现，并与世界产生一体感。

第四，学习型组织提升了企业的核心竞争力。过去讲的企业竞争力是指人才的竞争，学习型组织理论讲的企业竞争力是指企业的学习力。在知识经济时代，获取知识和应用知识的能力将成为竞争能力高低的关键。

一个组织只有通过不断学习，拓展与外界信息交流的深度和广度，才能立于不败之地。人们可以运用学习型组织的基本理念，去开发各自所置身的组织创造未来的潜能，反省当前存在于整个社会的种种学习障碍，使整个社会早日向学习型社会迈进。或许，这才是学习型组织所产生的更深远的影响。

尽管学习型组织的前景十分迷人，但如果把它视为一贴万灵药则是危险的。事实上，学习型组织的缔造不应是最终目的，重要的是通过迈向学习型组织的种种努力，引导一种不断创新、不断进步的新观念，从而使组织日新月异，不断创造未来。

··········极简管理学··········

学习型组织的本质特征——善于不断学习

所谓"善于不断学习"，主要有四点含义：

一是强调"终身学习"，即组织中的成员均应养成终身学习的习惯。这样才能形成组织良好的学习气氛，促使其成员在工作中不断学习。

二是强调"全员学习"，即企业组织的决策层、管理层、操作层都要全心投入学习，尤其是经营管理决策层，他们是决定企业发展方向和命运的重要阶层，因而更需要学习。

三是强调"全过程学习"，即学习必须贯彻于组织系统运行的整个过程之中。

四是强调"团体学习"，即不但重视个人学习和个人智力的开发，更强调组织成员的合作学习和群体智力（组织智力）的开发。

学习型组织通过保持学习的能力，及时铲除发展道路上的障碍，不断突破组织成长的极限，从而保持持续发展的态势。

14 决胜未来的企业转型、升级与再生之路

企业再造理论：从头改变，重新设计

　　企业再造也译为"公司再造""再造工程"。它是1993年开始在美国出现的关于企业经营管理方式的一种新的理论和方法。所谓再造工程，简单地说就是以工作流程为中心，重新设计企业的经营、管理及运作方式。按照该理论的创始人迈克·哈默与詹姆斯·钱皮的定义，企业再造是指"为了飞越性地改善成本、质量、服务、速度等重大的现代企业的运营基准，对工作流程进行根本性重新思考并彻底改革"，即"从头改变，重新设计"。

　　企业再造理论的产生有深刻的时代背景。20世纪60年代以来，信息技术革命使企业的经营环境和运作方式发生了很大的变化，而西方国家经济的长期低增长又使市场竞争日益激烈，企业面临着严峻挑战。面对这些挑战，企业只有在更高水平上进行一场根本性的改革与创新，才能在低速增长时代增强自身的竞争力。

　　在这种背景下，结合美国企业为挑战来自日本、欧洲的威胁而展开的实际探索，1993年哈默和钱皮出版了《再造企业》一书，书中认为："20年来，没有一个管理思潮能将美国的竞争力倒转过来，如目标管理、多样化、Z理论、零基预算、价值分析、分权、质量圈、追求卓越、结构重整、文件管理、走动式管理、矩阵管理、内部创新及一分钟决策等。"1995年，钱皮又出版了《再造管理：对新领导者的要求》一书。

　　哈默和钱皮提出应在新的企业运行空间条件下，改造原来的工作流程，以使企业更适应未来的生存发展空间。这一全新的思想震动了管理学界，一时间"企业再造""流程再造"成为大家谈论的热门话题，哈默和钱皮的著作以极快的速度被大量翻译、传播。与此有关的各种刊物、演讲会也盛行一时，在短时间内该理论便成为全世界企业以及学术界研究的热点。IBM公司通过流程改造，实行一个通才信贷员代替过去多位专才并减少了九成作业时间的故事更是广为流传。

　　企业再造理论以一种再生的思想重新审视企业，并对传统管理学赖以存在的基

础——分工理论提出了质疑，被称为管理学发展史上的一次革命。该理论强调，企业为了能够适应新的世界竞争环境，必须摒弃已成惯例的运营模式和工作方法，以工作流程为中心，重新设计企业的经营、管理及运营方式。

企业再造包括企业战略再造、企业文化再造、市场营销再造、企业组织再造、企业生产流程再造和质量控制系统再造。

企业再造理论认为，企业再造活动绝不是对原有组织进行简单修补的一次改良运动，而是重大的突变式改革。企业再造是对植根于企业内部的、影响企业各种经营活动开展的固有的基本信念提出挑战；企业再造必须对组织中人的观念、组织的运作机制和组织的运作流程进行彻底的更新，要在经营业绩上取得显著的改进。哈默和钱皮为"显著改进"制定了一个目标："周转期缩短70%，成本降低40%，客户满意度和企业收益提高40%，市场份额增长25%。"企业再造理论的"企业再造"就是"流程再造"，其实施方法是以先进的计算机信息系统和其他生产制造技术为手段，以客户中长期需求为目标，在人本管理、客户至上、效率和效益为中心的思想的指导下，通过最大限度地减少对产品增值无实质作用的环节和过程，建立起科学的组织结构和业务流程，使产品质量和规模发生质的变化，从而保证企业能以最小的成本、高质量的产品和优质的服务在不断加剧的市场竞争中战胜对手，获得发展的机遇。

企业"再造"就是重新设计和安排企业的整个生产、服务和经营过程，使之合理化。通过对企业原来生产经营过程的各个方面、每个环节进行全面的调查研究和细致分析，对其中不合理、不必要的环节进行彻底的变革。在具体实施过程中，实施者可以按以下程序进行：

第一，对原有流程进行全面的功能和效率分析，发现其存在的问题。

实施者要根据企业现行的作业程序，绘制细致、明了的作业流程图。一般地说，原来的作业程序是与过去的市场需求、技术条件相适应的，并由一定的组织结构、作业规范作为其保证的。当市场需求、技术条件发生的变化使现有作业程序难以适应时，作业效率或组织结构的效能就会降低。因此，必须从以下方面分析现行作业流程的问题：

（1）功能障碍：随着技术的发展，技术上具有不可分性的团队工作，个人可完成的工作额度就会发生变化，这就会使原来的作业流程或者支离破碎而增加管理成本，或者核算单位太大而造成权责利脱节，并会造成组织机构设计不合理，形成企业发展的瓶颈。

（2）重要性：不同的作业流程环节对企业的影响是不同的。随着市场的发展，客户对产品、服务需求发生变化，作业流程中的关键环节以及各环节的重要性也在变化。

（3）可行性：根据市场、技术变化的特点以及企业的现实情况，分清问题的轻重缓急，找出流程再造的切入点。为了对上述问题的认识更具有针对性，实施者还必须深入现场，具体观测、分析现存作业流程的功能、制约因素以及表现的关键问题。

第二，设计新的流程改进方案，并进行评估。

为了设计更加科学、合理的作业流程，必须群策群力、集思广益、鼓励创新。在设计新的流程改进方案时，可以考虑：

（1）将现在的数项业务或工作组合，合并为一。

（2）工作流程的各个步骤按其自然顺序进行。

（3）给予职工参与决策的权力。

（4）为同一种工作流程设置若干种进行方式。

（5）工作应当超越组织的界限，在最适当的场所进行。

（6）尽量减少检查、控制、调整等管理工作。

（7）设置项目负责人。

对于提出的多个流程改进方案，还要从成本、效益、技术条件和风险程度等方面进行评估，选取可行性强的方案。

第三，制定与流程改进方案相配套的组织结构、人力资源配置和业务规范等方面的改进规划，形成系统的企业再造方案。

企业业务流程的实施，是以相应组织结构、人力资源配置方式、业务规范、沟通渠道甚至企业文化作为保证的。所以，只有以流程改进为核心形成系统的企业再造方案，才能达到预期的目的。

第四，组织实施与持续改善。

实施企业再造方案，必然会触及原有的利益格局。因此，必须精心组织，谨慎推进。实施者既要态度坚定，克服阻力，又要积极宣传，形成共识，以保证企业再造的顺利进行。

企业再造方案的实施并不意味着企业再造的终结。在社会发展日益加快的时代，企业总是不断面临新的挑战，这就需要对企业再造方案不断地进行改进，以适应新形势的需要。

········· 极 简 管 理 学 ·········
再造工程的四个关键词

《再造企业》一书归纳了"再造工程"的四个关键词：

根本的：从"为什么做，为什么这样做？"这种最基本的问题开始反思，抛弃一切理所当然的前提。

彻底的：从根基上重新设计，不是"改进"而是"革命"。

戏剧性的：不是改造提高，而是跃迁。

流程：这是最重要的词。业务流程是提供对客户有价值的输出的一系列活动。

在上述"要点"中，真正实质性的、核心的是"流程"：一系列从起点到终点的完整活动，这些活动一起为客户创造价值。

15　知识经济时代管理思潮的主旋律

知识管理理论：知识是组织最有价值的资产

　　知识管理是知识经济时代涌现出来的一种最新管理思想与方法，它融合了现代信息技术、知识经济理论、企业管理思想和现代管理理念。知识管理是企业管理的一项重要内容，主流商业管理课程如EMBA、MBA等均将"知识管理"作为管理者的必备技能。

　　知识管理的定义为，在组织中构建一个量化与质化的知识系统，让组织中的资讯与知识，透过获得、创造、分享、整合、记录、存取、更新、创新等过程，不断地回馈到知识系统内，形成永不间断地累积个人与组织的知识，成为组织智慧的循环，在企业组织中成为管理与应用的智慧资本，有助于企业做出正确的决策，以适应市场的变迁。一言以蔽之，知识管理是对知识、知识创造过程和知识的应用进行规划和管理的活动。

　　美国管理学者彼得·杜拉克早在1965年就预言："知识将取代土地、劳动、资本与机器设备，成为最重要的生产因素。"管理大师德鲁克认为："21世纪的组织，最有价值的资产是组织内的知识工作者和他们的生产力。"管理大师卡尔-爱立克·斯威比博士从20世纪70年代开始探索知识型企业的管理，于1986年在世界上首次提出了知识型企业和知识管理的概念，他因此被称为"知识管理之父"。1990年，斯威比出版了《知识管理》一书。该书是世界上第一部以"知识管理"为题的著作。作为一名企业家，他将知识管理直接建立在对企业资产的重新认识、测量、管理上。他提出，企业家的使命就是全面认识和掌握企业的有形资产和无形资产（特别是无形资产），有效地对企业资产进行成功运作，达到资产增长的发展目标。

　　1989年，国际知识管理网络在欧洲创办。1990年，世界许多管理咨询公司开始实施企业内部的知识管理项目，一些著名的美国、欧洲和日本企业建立了重点知识管理项目。1995年，欧洲共同体开始通过ESPRIT计划为知识管理的相关项目提供资助。在

2000年的里斯本欧洲理事会上，知识管理更是被上升到战略的层次："欧洲将用更好的工作和社会凝聚力推动经济发展，在2010年成为全球最具竞争力和最具活力的知识经济实体。"

20世纪90年代信息化蓬勃发展，知识管理的观念结合网际网络建构入口网站、数据库以及应用电脑软件系统等工具，成为组织累积知识财富、创造更多竞争力的利器。

21世纪企业的成功越来越依赖于企业所拥有知识的质量，利用企业所拥有的知识为企业创造竞争优势和持续竞争优势，对企业来说始终是一个挑战。企业实施知识管理的原因在于：

（1）竞争加剧。市场竞争越来越激烈，创新的速度加快，所以企业必须不断获得新知识，并利用知识为企业和社会创造价值。

（2）客户导向。企业要为客户创造价值。

（3）工作流动性增强。职员的流动性加快，雇员倾向于提前退休，如果企业不能很好地管理其所获得的知识，企业有失去其知识基础的风险。

（4）环境的不确定性加大。环境的不确定性表现在竞争导致的不确定性和因模糊性而带来的不确定性。在动态的不确定环境下，技术更新速度加快，学习已成为企业得以生存的根本保证，组织成员获取知识和使用知识的能力成为组织的核心技能。知识已成为企业获取竞争优势的基础，成为企业重要的稀缺资产。

（5）全球化的影响。全球化经营要求企业具有交流沟通能力以及知识获取、知识创造与知识转换的能力。知识创造、知识获取和知识转换依赖于企业的学习能力，学习是企业加强竞争优势和核心竞争力的关键。

知识管理真正体现了以人为本的管理思想，人力资源管理成为组织管理的核心。

（1）在管理对象上。知识管理以无形资产管理为主要对象，比以往任何管理形式都更加强调知识资产的重要性。

（2）在管理内容上。遵循"知识积累—创造—应用—形成知识平台—再积累—再创造—再应用—形成新的知识平台"的循环过程。

（3）在范围及重点上。知识管理包括显性知识管理和隐性知识管理，但以隐性知识管理为重点，并注重显性知识与隐性知识之间的共享与转换。

（4）在目标和策略上。以知识管理创新为直接目标，以建立知识创新平台为基本策略，智力性和创新性是知识管理的标志性特点。

（5）在组织结构上。与以往其他管理形式所采取的金字塔式的等级模式不同，知识管理采取开放的、扁平式管理的学习型组织模式。

　　知识管理的中心目的就是建造知识管理平台，使组织中的个人知识能够方便、及时、准确和规范地被提取、积累和文档化，形成可以被整个组织使用的公共知识。

　　知识管理是构建企业总体竞争战略不可缺少的、关键的因素之一。知识管理给企业带来的竞争优势体现在以下几个方面：降低运营成本；提高企业的运转效率；提高客户的满意度；加快创新，增强企业的创新能力；提高快速响应能力；提高员工业务技能。

知识管理三原则

　　知识管理要遵循以下三条原则：

　　（1）积累原则。知识积累是实施知识管理的基础。

　　（2）共享原则。知识共享是指一个组织内部的信息和知识要尽可能公开，使每一个员工都能接触和使用公司的知识和信息。

　　（3）交流原则。知识管理的核心就是要在公司内部建立一个有利于交流的组织结构和文化气氛，使员工之间的交流毫无障碍。

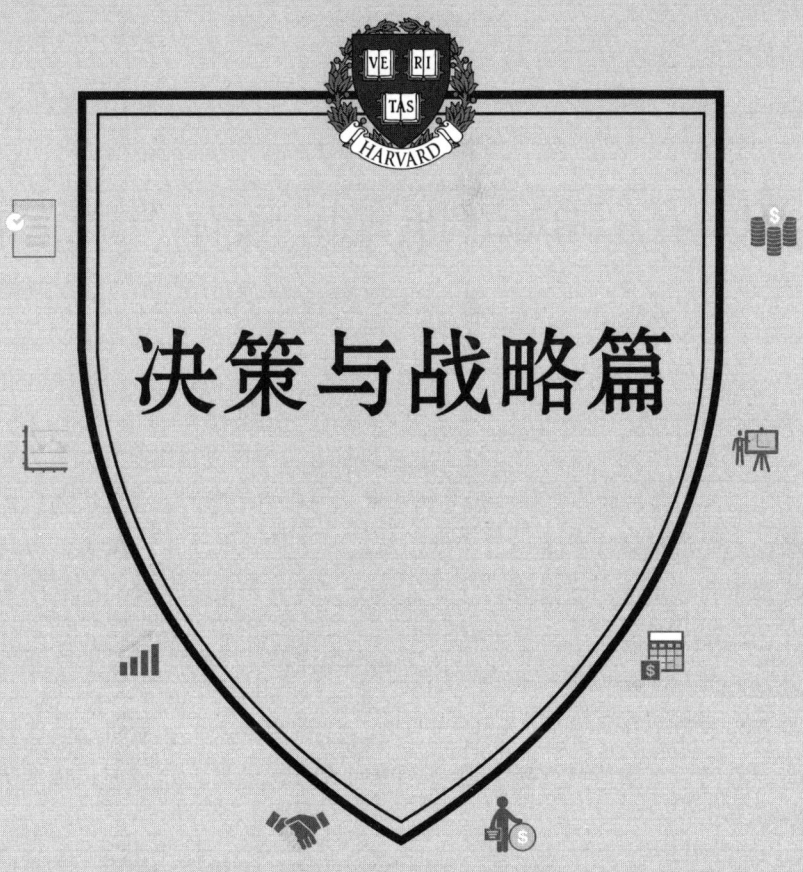

决策与战略篇

16 在充满风险的世界中，没有"万全之策"

布利丹效应：两全其美决策的概率几乎为零

14世纪，法国哲学家布利丹在一次议论自由问题时讲了这样一个寓言故事："一头饥饿至极的毛驴站在两捆完全相同的草料中间，可是它始终犹豫不决，不知道应该先吃哪一捆才好，结果活活被饿死了。"后来，人们常把决策中犹豫不决、难做决定的现象称为"布利丹效应"或"布利丹毛驴效应"。

决策者要避免布利丹效应，就应该果断选择后全力大干。果断地抓住时机，确定新的前进方向，集中所有资源不遗余力地向新方向进发，这是一位优秀决策者应有的前瞻性能力。

拿破仑说过："无论从事何事，2/3应预先计划，1/3由机会决定。加重前者是懦怯，过于依靠后者属鲁莽。"以上是军事上的说法，在企业经营上也是如此。日本经营大师土光敏夫也讲了与拿破仑意思相似的话："一味追求完善，那就会坐失良机。""即使只能得60分，也要速办速决，决断就是要不失时机。该决定时不决定，是最大失策。"

企业的经营管理中，机会往往稍纵即逝。如果决策人员在机会面前犹豫不决，无所适从，则必将错过良机，后悔都来不及。

经营有一个机遇问题，在这个问题上强调一点，勇敢是必要的，凡是看中了的就要果断行动。

当前，有不少管理者在选择经营项目时，与毛驴的心理有着惊人的相似。他们为寻找项目整天忙忙碌碌，四处奔波，终于找到了一个项目，然而在论证是否采纳其项目时，因追求"万全之策""最优方案"，最后不得不将到手的项目放弃，坐失良机。创业时选择项目固然重要，但不能因其重要而过分谨慎。市场经济充满了风险性、偶然性与不确定性，任何项目都有利弊，且前途未卜，智者千虑也有一失。一个决策的高手只能"两利相衡从其重，两害相权从其轻"。

西点军校认为，军事决策的基本原则是权衡利弊，趋利避害。它指出，军事领导者只有在尊重客观事实的基础上，充分地发挥人的能动作用，准确把握对敌斗争利与害两个方面，趋利避害，抓住时机，扬长制胜，才能做出科学、正确的军事决策。它强调，正确的军事决策正是在认清利害、权衡利弊的基础上做出的。企业经营决策要做到科学、正确，也必须把握权衡利弊、趋利避害这一基本原则。这是企业经营立于不败之地的关键。

企业经营决策中对利害的把握和军事决策一样，也要求决策者在全面认识利害之后，要善于"两利相权从其重，两害相衡趋其轻"。这是决策者权衡利弊的一个准则。据日本的有关统计，在想从事发明的人群中，每1万人中只有1人有发明的具体成品，1000个有发明成品的人中只有不到100人申请专利，而100件专利被应用的还不到10件。据此，日本松下公司制定了不发明只改进的经营策略，实践证明，他们是成功的。放弃自我发明新产品而直接向国外购买实用的专利权，加以外形的重新设计、质量改良和成本的降低，使产品价廉物美更具竞争力。不发明只改进的策略，有效地克服了开发新产品耗费庞大、不易成功且成功产品寿命短的困难。

由此可以看出，领导者切不可利无轻重、害无大小，凡利皆趋、凡害皆避，这样有时会因小失大，得不偿失。美国派克公司开发、争夺低档笔市场的失误，就很好地说明了这一点。本来，派克笔属高档产品，人们购买派克笔不仅是为了买一种书写工具，更主要的是买一种形象，以此表明自己的身份。

1982年，派克公司新任总经理彼得森上任后，不是把主要精力放在改进派克笔的款式和质量、巩固发展已有的高档产品市场上，而是盲目热衷于转轨和经营每支售价在3美元以下的钢笔，以争夺低档笔这一大市场。这样，派克笔作为"钢笔之王"的形象和声誉受到了损害，而克罗斯公司趁机大举进军高档笔市场。结果没过多久，派克公司不仅没有顺利地打入低档钢笔市场，反而使高档笔市场的占有率下降到17%，销量只及克罗斯公司的50%。派克公司的决策失误在于以开发低档笔的"小利"损害了经营高档笔的"大利"，教训是深刻的。

企业领导者必须认清，在决策过程中选择固然重要，但不能因其重要而过分谨慎。在充满风险性与不确定性的社会中，做出两全其美决策的可能性几乎为零。一个决策高手只能在险中求稳，劣中求优，或"两利相衡从其重，两害相权从其轻"，不能优柔寡断。

把握决策时机三原则

原则一：因时而动。

时间一去不复返，而机会稍纵即逝。解决问题的最好时机通常只有一次，因此，领导者在做出决策时只有当机立断，才有可能抓住最好的机会，利用一切有利的因素，取得最大的成功。

原则二：因地制宜。

根据地点的不同做出不同的决策，是科学决策的重要原则。

原则三：因势而动。

环境的不确定性要求领导者正确认识形势及其变化，这是进行决策的前提。只有做到这一点才能发现潜在的和现实的风险，找到新的机会。

⚓ 17　只有掌声的决策不是好决策

波克定理：有争论才有高论

　　美国庄臣公司总经理詹姆士·波克曾经说过："只有在争辩中，才可能诞生最好的主意和最好的决定。"这被人们称为波克定理。

　　俗话说，无摩擦无磨合，有争论才有高论，如果不愿参与组织中的争论，永远也无法在工作中实现重要的事情。

　　在企业管理过程中，很多决策是通过上司向下属发布的，但决策的过程必须号召下属参与进来，提供更多解决方案。所谓"智者千虑，必有一失"，即便决策者经验再丰富，头脑再灵活，考虑再周到，也难免有"马失前蹄"的时候。这时候，号召下属站在各自立场提出不同的意见，然后融会贯通、横向比较，进行决策。这样不仅可以提高决策的科学性和决策效率，而且可以促使下属更加拥护和执行决策。

　　一个管理者，如果不考虑可供选择的各种方案，他的思想就是闭塞的。卓有成效的决策者往往不求意见的一致，而是十分喜欢听取不同的意见。有效的决策很少是在一片欢呼声中做出来的，只有通过对立观点的交锋、不同看法的对话，以及从各种不同的判断标准中做出一种选择以后，管理者才能做出有效的决策。

　　前哈佛商学院教授约翰·汉蒙建议，在寻求别人的意见或查找参考资料之前自己先想清楚问题，以免受影响。同样地，如果你是主管，在属下提出意见之前尽量少开口，以免影响他们的判断。

　　每个人看待事情都有特定的角度或思考模式，这就是认知架构。每个人都是依据不同的特定观点看待这世界，因此，每个人看到的都是部分的事实，而不是全部。但是，遗憾的是我们很少意识到这点，我们常常忘记自己其实也是限制在某个框架中，误以为自己掌握所有的事实。

　　要知道，做决策时对于问题所采取的不同认知架构会产生不同的结果。决策的有效性并不取决于"意见一致"，而是建立在不同观点的冲突、协商上，以及对不同判断的选择基础上的。

作为企业的管理者，要时刻铭记这样的道理，拥有了独断权的同时就拥有了最大的决策错误的机会。当大家意见取得一致时，得出的结论却往往是最差的。"一致同意""一致支持"是对领导决策虚幻的认同，是决策的最大陷阱。

有效的争论对于组织本身来说具有许多积极意义。当人们敢于提出不同意见并为之争论时，组织本身就变得更加健康。意见分歧会让人们对不同的选择进行更加深入的研究，并得出更好的决定和方向。彼得·布劳克在《授权经理人：工作中的建设性政治技巧》一书中指出："如果你不愿参与机构中的政治与争论，你永远也无法在工作中实现对你来说重要的事情。"

企业的管理者在进行决策时，尤其是制定公司规章制度时，一定要多听取员工的意见。同时，管理者要广开言路，围绕决策内容寻找各种可能的解决方案，然后在可供选择的方案中进行利弊比较，选择最优方案实施。这样做出的决策，才能"得民心，顺民意"，才能得到员工的拥护，企业才能更好地发展。

·········极简管理学·········
管理者如何引导争论做出合理决策

有争论才有高论，决策需要争论。但是，争论总是令人不安，一场拙劣的争论更会使许多人受到伤害。因此，学会如何提出观点并参与有意义的争论，是成功工作和生活的关键。这里有几点建议：

（1）创造健康争论的工作环境。组织内要培养一种鼓励不同意见的组织文化或环境，使有不同意见成为意料之中的事，让人们倾向于关注与之不同的经验而非相似的观点和目标。

（2）奖励、承认并感谢那些愿意表明和捍卫自己观点的人。组织内建立相应的认可制度、奖金制度、工资和福利体系以及绩效管理过程，奖励那些愿意表明或捍卫自己观点的人。

（3）让人们用数据和事实来支持自己的观点和建议。

（4）培训员工，使员工掌握进行健康、良性、积极争论和解决问题的技能。

（5）注意争论的解决，把握争论的方向。

（6）聘用有能力并愿意解决问题的人。

18　没有好的降落伞就不要离开飞机

福克兰定律：不决策也是一种决策

　　福克兰定律由法国管理学家福克兰提出，意思是当不知如何行动时，最好的行动就是不采取任何行动。没有必要做出决定时，就有必要不做决定。

　　任何企业今天的活动都是在执行着昨天的决策。当我们要在今天做出新的决策的时候，首先要反复论证做出新决策的必要性。当继续保持常规使情况趋于变化时，我们必须做出决策；如遇有新情况来临，机不可失，时不再来，也必须做出决策；但有的时候，不做出任何新的决策，可能是最好的决策。

　　这正是跳伞者的座右铭：没有好的降落伞就不要离开飞机。我们不得不经常面对许多突如其来的状况，如果事前没有预料，遇事又手忙脚乱，就很可能做出错误的决定。

　　美国以生产儿童玩具闻名的吉尔伯特公司就曾遭遇这种狼狈的局面。

　　吉尔伯特公司的强项是生产科技型的儿童玩具，如电动玩具、玩具显微镜和化学玩具等。尽管公司的规模不算大，但每年的销售额却十分可观。公司生产的积木玩具曾经使一代又一代的美国儿童为之着迷。

　　20世纪60年代以后，电视作为一种全新的传播媒体，改变了过去人们的接受习惯。借助电视广告，许多新型玩具如呼啦圈、蝙蝠车以及拼图魔方等在一夜之间风靡美国。这种促销手段，尽管收费不菲，但带来的收益甚是可观。

　　久负盛名的吉尔伯特公司对于玩具市场的这种变化反应迟钝，他们依旧注重过去的那种邮寄目录以及橱窗陈列的促销方式。对于新开张的自选式超级市场和廉价折扣店，吉尔伯特公司更是嗤之以鼻，不屑一顾。到1961年年底，公司的年销售额开始滑坡。这时，公司犯了一个更加严重的错误，就是将公司52%的股权以400万美元的价格卖给杰克。

　　杰克把销售的滑坡归结于广告力度的不够和产品的老化。于是，他在组织人员设计新产品的同时，将销售人员也增加了5%。事实证明，杰克的决定是错误的，因为他将增加的宣传费用全都用在了传统媒体上，而新产品的开发也完全超出了公司的能力范围。杰克将公司有限的资金平均地投放到新开发的15种产品上，结果导致资金的大量积压和成本的不断增加。

更让人不解的是，吉尔伯特所开发的新产品，实际上是前几年就已经风行市面的玩具。吉尔伯特只是在步人后尘而已，毫无新的创意。第二年的财务报表显示，公司不仅没有走出低谷，反而越陷越深，全年累计亏损。自此之后，吉尔伯特公司几经换将，也采取了不少自救措施，但都收效甚微，最终走上了破产的道路。对于决策者来说，正确的决策非常重要。一般在活跃的市场经济中，各个企业的经营者都会面临大量的市场机会，至少表面看起来是这样的。但这种机会到底是机会还是陷阱，没有人知道。经营者不知道应该保持现状还是采取行动。其实经营者可以通过对面前的机会进行筛选，去掉不符合条件的选择，看是否有合适的选择留下来。这样，经营者就知道自己当前处于什么样的状况，是应该做出选择还是保持现状。对于一个企业的决策者来说，这一点非常重要。

现代社会是一个信息化、知识化的社会，在激烈的市场竞争中，企业领导者经常碰到一些需要其最终拍板的事情。这些问题往往比较急迫，也比较棘手，而且不能回避。在这样的关键时刻，企业领导者只有审时度势，果断、正确地进行决策，才能率领企业一步步走向成功。

············ 极 简 管 理 学 ············
"三不一否决"决策方案

任何一项决策的制定都将伴随着一定的成本和风险。因此，管理者在做出决策时，应对目标利益和相关成本及风险进行充分的评估，以决定是否采取行动。如何保证决策的科学性和准确性以减少风险，可以采取"三不一否决"方案。

（1）没有可行性方案的不决策。

（2）没有做好前期准备工作不决策。

（3）没有经济、技术论证不决策。

（4）收益低于盈亏平衡点的项目一律否决。

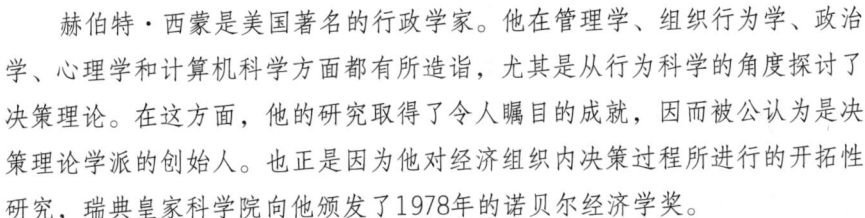

19　决策不是寻求最好的，而是寻求最适合的

决策理论：理性是有限的，满意的才是最好的

　　赫伯特·西蒙是美国著名的行政学家。他在管理学、组织行为学、政治学、心理学和计算机科学方面都有所造诣，尤其是从行为科学的角度探讨了决策理论。在这方面，他的研究取得了令人瞩目的成就，因而被公认为是决策理论学派的创始人。也正是因为他对经济组织内决策过程所进行的开拓性研究，瑞典皇家科学院向他颁发了1978年的诺贝尔经济学奖。

　　西蒙认为，现实生活中作为管理者或决策者的人是介于完全理性与非理性之间的"有限理性"的"管理人"。"管理人"的价值取向和目标往往是多元的，不仅受到多方面因素的制约，而且处于变动之中乃至彼此矛盾状态。"管理人"的知识、信息、经验和能力都是有限的，他不可能也不企望达到绝对的最优解，而只以找到满意解为满足。

　　西蒙在管理学上的第一个贡献是提出了管理的决策职能。在西蒙之前，法约尔最早对管理的职能作了理论化的划分。此时，决策被包含在计划职能之中，其后的管理学者对此也没有提出疑问。到了20世纪40年代，西蒙提出了决策为管理的首要职能这一论点之后，决策才为管理学家们所重视。今天决策理论枝繁叶茂，与西蒙对这个领域的开创性贡献是分不开的。

　　西蒙对管理学的第二个贡献是建立了系统的决策理论，并提出了"人的有限度理性行为"的命题和"令人满意的决策"的准则。

　　西蒙认为，长期以来，在关于人类行为的理性方面存在着两个极端。一个极端是由弗洛伊德开始的，就是试图把所有人类的认知活动都归因于情感的支配。对此，西蒙提出了批评。西蒙强调，组织成员的行为如果不是完全理智的，至少在很大程度上是符合理性的，情感的作用并不支配人的全部。另一个极端是，经济学家的经济人假设，赋予了人类无所不知的理性。在经济人的观察角度下，似乎人类能够拥有完整、一致的偏好体系，让他始终可以在各种备选方案之中进行选择；他始终十分清楚到底有哪些备选方案；为了确定最优备选方案，他可以进行无限复杂的运算。对此，西蒙也进行了反驳。西蒙指出，单一个体的行为不可能达到完全理性的高度，因为他必须考虑的备选方案的数量太多，评价备选方案所需要的信息太多。

事实上，现实中的任何人不可能掌握全部信息，也不可能先知先觉，决策者只能通过分析研究，预测结果。因此，决策者也只能在考虑风险和收益等因素的情况下做出自己较为满意的抉择。所以，西蒙认为，人类行为是理性的，但不是完全理性的。一句话：理性是有限的。

从有限理性出发，西蒙提出了满意型决策的概念。从逻辑上讲，完全理性会导致人们寻求最优型决策，有限理性则导致人们寻求满意型决策。以往人们研究决策，总是立足于最优型决策。在理论上和逻辑上，最优型决策是成立的。然而在现实中，或者是受人类行为的非理性方面的限制，或者是最优选择的信息条件不可能得到满足，或者是在无限接近最优的过程中极大地增加决策成本而得不偿失，最优决策是难以实现的。因而，西蒙提出用满意型决策代替最优型决策。

所谓满意，是指决策只需要满足两个条件即可：一是有相应的最低满意标准。二是策略选择能够超过最低满意标准。在这里，如果把决策比作大海捞针，最优型决策就是要求在海底所有的针中间捞出最尖最好的那枚针，而满意型决策则只要求在有限的几枚针中捞出尖得足以缝衣服的那枚针即可。即使还有更好的针，对决策者来说已经无意义。

············**极简管理学**············
古典决策理论

　　古典决策理论盛行于20世纪初到20世纪50年代，它把决策者在决策过程中的行为看作是完全理性的，认为应从经济的角度看待决策问题，即决策的目的是使组织获得最大的经济效益。这种决策理论是基于以下基本观点和假设：

　　（1）决策者有现成的办法获得与决策情况有关的所有方面的信息，以全面掌握有关决策环境的信息。

　　（2）决策者在识别和诊断问题时能够处理和记忆所有与决策有关的信息。

　　（3）决策者能够识别所有可行的解决问题的方案，并充分了解每个备选方案的结果。

　　（4）多重目标可以用单一的、简单的数学方程式表示。

　　（5）决策的目的是获得最大的经济效益。因此，决策者作为一个理性的人，总是选择能够产生最大利润的备选方案。

　　（6）为保证决策的有效性，决策者应建立一个合理的、自上而下执行命令的组织系统。

　　（7）所有的决策者都用相同的方式处理信息，并做出相同的决策。

20 取各家之长，避各家之短

德尔菲法：充分发挥专家集思广益的作用

德尔菲法是在20世纪40年代由赫尔姆和达尔克首创，经过戈尔登和兰德公司进一步发展而成的。"德尔菲"这一名称起源于古希腊有关太阳神阿波罗的神话。传说中，阿波罗具有预见未来的能力。因此，这种预测方法被命名为德尔菲法。1946年，兰德公司首次将这种方法用来进行预测，后来该方法被迅速广泛采用。

德尔菲法也称专家调查法，是一种采用通信方式分别将所需解决的问题单独发送到各个专家手中，征询意见，然后回收汇总全部专家的意见，并整理出综合意见，随后将该综合意见和预测问题再分别反馈给专家，再次征询意见，各专家依据综合意见修改自己原有的意见，然后再汇总，逐步取得比较一致的预测结果的决策方法。

德尔菲法依据系统的程序，采用匿名发表意见的方式，即专家之间不得互相讨论，不发生横向联系，只能与调查人员联系，通过多轮次调查专家对问卷所提问题的看法，经过反复征询、归纳、修改，最后汇总成专家基本一致的看法，作为预测的结果。这种方法具有广泛的代表性，较为可靠。

德尔菲法的具体实施步骤如下。

（1）确定调查题目，拟订调查提纲，准备向专家提供的资料（包括预测目的、期限、调查表以及填写方法等）。

（2）组成专家小组。按照课题所需要的知识范围，确定专家。专家人数的多少，可根据预测课题的大小和涉及面的宽窄而定，一般不超过20人。

（3）向所有专家提出所要预测的问题及有关要求，并附上有关这个问题的所有背景材料，同时请专家提出还需要什么材料。然后，由专家做书面答复。

（4）各个专家根据他们所收到的材料，提出自己的预测意见，并说明自己是怎样利用这些材料并提出预测值的。

（5）将各位专家第一次判断意见汇总，列成图表，进行对比，再分发给各位专家，让专家比较自己与他人的不同意见，修改自己的意见和判断。组织者也可以把各位专家的意见加以整理，或请身份更高的其他专家加以评论，然后把这些意见再分送给各位专家，以便他们参考后修改自己的意见。

（6）将所有专家的修改意见收集起来并汇总，再次分发给各位专家，以便做第二次修改。逐轮收集意见并为专家反馈信息是德尔菲法的主要环节。收集意见和信息反馈一般要经过三四轮。在向专家进行反馈的时候，只给出各种意见，但并不说明发表各种意见的专家的具体姓名。这一过程重复进行，直到每一个专家不再改变自己的意见为止。

（7）对专家的意见进行综合处理。

具体实施过程见图2。

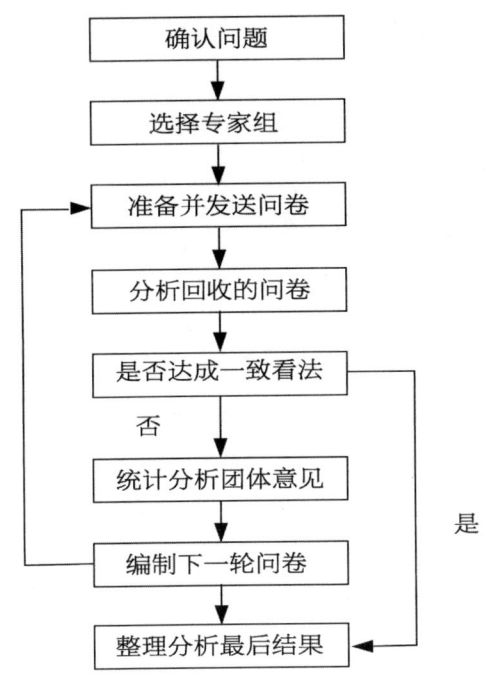

图2　德尔菲法步骤图

德尔菲法作为一种主观、定性的方法，不仅可以用于预测领域，而且可以广泛应用于各种评价指标体系的建立和具体指标的确定过程。

我们在考虑一项投资项目时，要对该项目的市场吸引力做出评价。我们可以列出与市场吸引力有关的若干因素，包括整体市场规模、年市场增长率、历史毛利率、竞争强度、对技术的要求、对能源的要求、对环境的影响等。市场吸引力的这一综合指标就等于上述因素加权求和。每一因素在构成市场吸引力时的重要性，即权重和该因素的得分，需要由管理人员的主观判断来确定。这时，我们同样可以采用德尔菲法。

德尔菲法与常见的召集专家开会、通过集体讨论得出一致预测意见的专家会议法既有联系又有区别。德尔菲法能发挥专家会议法的优点：

（1）能充分发挥各位专家的作用，集思广益，准确性高。

（2）能把各位专家间意见的分歧点表达出来，取各家之长，避各家之短。

德尔菲法又能避免专家会议法的缺点：

（1）权威人士的意见影响他人的意见。

（2）有些专家碍于情面，不愿意发表与其他人不同的意见。

（3）出于自尊心而不愿意修改自己原来不全面的意见。

德尔菲法的主要缺点是过程比较复杂，花费时间较长。

··········极简管理学··········
德尔菲法实施注意事项

（1）为专家提供充分的信息，使其有足够的根据做出判断。

（2）提出的问题应是专家能够回答的问题。

（3）允许专家粗略估计数字，不要求精确。

（4）尽可能将过程简化，不问与预测无关的问题。

（5）保证所有专家能够从同一角度去理解员工分类和其他有关定义。

（6）向专家讲明预测对企业和下属单位的意义，以争取他们对德尔菲法的支持。

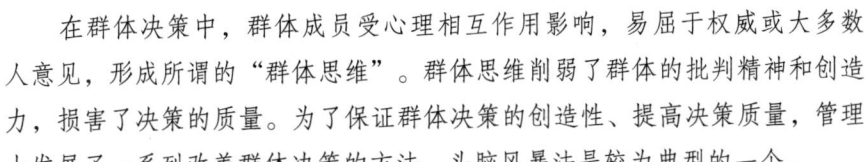

21 如何激活群体思维共振的"天线"

头脑风暴法：各抒己见，自由鸣放

在群体决策中，群体成员受心理相互作用影响，易屈于权威或大多数人意见，形成所谓的"群体思维"。群体思维削弱了群体的批判精神和创造力，损害了决策的质量。为了保证群体决策的创造性、提高决策质量，管理上发展了一系列改善群体决策的方法，头脑风暴法是较为典型的一个。

头脑风暴法是由美国创造学家A.F.奥斯本于1939年首次提出、1953年正式发表的一种激发性思维的方法。

头脑风暴法又可分直接头脑风暴法和质疑头脑风暴法。前者是在专家群体决策中尽可能激发创造性，产生尽可能多的设想的方法。后者则是对前者提出的设想、方案逐一质疑，分析其现实可行性的方法。

采用头脑风暴法组织群体决策时，要集中有关专家召开专题会议，主持者以明确的方式向所有参与者阐明问题，说明会议的规则，尽力创造融洽轻松的气氛。主持者一般不发表意见，以免影响会议的自由气氛，而是由专家们"自由提出尽可能多的方案"。

为便于提供一个良好的创造性思维环境，应该确定专家会议的最佳人数和会议进行的时间。经验证明，专家小组规模以10~15人为宜，会议时间一般以20~60分钟效果最佳。

专家的人选应严格限制，便于参加者把注意力集中于所涉及的问题。具体应按照下述三个原则选取：

（1）如果参加者相互认识，要从同一职位（职称或级别）的人员中选取，领导人员不应参加，否则可能对参加者造成某种压力。

（2）如果参加者互不认识，可从不同职位（职称或级别）的人员中选取。这时不应宣布参加人员职称或级别，不论成员的职称或级别的高低，都应同等对待。

（3）参加者的专业应力求与所论及的决策问题相一致，这并不是专家组成员的必要条件。但是，专家中最好包括一些学识渊博，对所论及问题有较深理解的其他领域的专家。

头脑风暴法的主持工作，最好由对决策问题的背景比较了解并熟悉头脑风暴法的处理程序和处理方法的人担任。

头脑风暴法专家小组应由下列人员组成：

方法论学者：专家会议的主持者。

设想产生者：专业领域的专家。

分析者：专业领域的高级专家。

演绎者：具有较高逻辑思维能力的专家。

头脑风暴法的所有参加者，都应具备较高的联想思维能力。在进行"头脑风暴"（即思维共振）时，应尽可能提供一个有助于把注意力高度集中于所讨论问题的环境。有时候某个人提出的设想，可能正是其他准备发言的人已经思考过的设想。其中一些最有价值的设想，往往是在已提出设想的基础之上，经过思维共振的"头脑风暴"，迅速发展起来的设想，以及对两个或多个设想的综合设想。因此，头脑风暴法产生的结果，应当认为是专家成员集体创造的成果，是专家组这个宏观智能结构互相感染的总体效应。

"头脑风暴"主持者的发言应能激起参加者的思维"灵感"，促使参加者想要回答会议提出的问题。通常在"头脑风暴"开始时，主持者需要采取询问的做法，因为主持者很难在会议开始5~10分钟内营造出自由交换意见的气氛，并激起参加者踊跃发言。

主持者的主动活动也只局限于会议开始时，一旦参加者被鼓励起来以后，新的设想就会源源不断地涌现出来。这时，主持者只需根据"头脑风暴"的原则进行适当引导即可。应当指出，发言量越大，意见越多种多样，所论问题越广越深，出现有价值设想的概率就越大。会议提出的设想应由专人进行记录，以便由分析组对会议产生的设想进行系统化处理，供下一阶段使用。系统化处理程序如下：

（1）对所有提出的设想编制名称一览表。

（2）用所有参会者都理解的术语说明每个设想的要点。

（3）找出重复的和互为补充的设想，并在此基础上形成综合设想。

在决策过程中，对上述直接头脑风暴法提出的系统化的方案和设想，还要采用质疑头脑风暴法进行质疑和完善。这是头脑风暴法对设想或方案的现实可行性进行评估的一个专门程序。质疑头脑风暴法包括四个阶段：

第一阶段：要求参加者对每一个提出的设想都要提出质疑，并进行全面评论。评论的重点是研究有碍设想实现的所有限制性因素。在质疑过程中，可能会产生一些可行的新设想。这些新设想，包括对已提出的设想无法实现的原因的论证、存在的限制因素，以及排除限制因素的建议。其结果通常是："××设想是不可行的，因为……如要使其可行，必须……"

第二阶段：对每一组或每一个设想，编制一个评论一览表，以及可行性设想一览表。

质疑头脑风暴法应遵守的原则与直接头脑风暴法一样，只是禁止对已有的设想提出肯定意见，而鼓励提出批评和新的可行设想。

在进行质疑头脑风暴法时，主持者应首先简明介绍所讨论问题的内容，简单介绍各种系统化的设想和方案，以便把参加者的注意力集中于对讨论问题进行全面评价上。质疑过程一直进行到没有问题可以质疑为止。质疑中提出的所有评价意见和可行设想，应专门予以记录。

第三阶段：对质疑过程中提出的评价意见进行评估，以便形成一个对解决所讨论问题实际可行的最终设想一览表。对于评价意见的评估，与对所讨论设想质疑一样重要。因为在质疑阶段，重点是研究有碍设想实施的所有限制因素，而这些限制因素即使在设想产生阶段，也是放在重要位置予以考虑的。

第四阶段：由分析组负责处理和分析质疑结果。分析组要邀请一些有能力对设想实施做出较准确判断的专家参加。如果须在很短时间就重大问题做出决策时，邀请这些专家参加尤为重要。

实践经验表明，头脑风暴法可以排除折中方案，对所讨论问题通过客观、连续的分析，找到一组切实可行的方案，因而头脑风暴法在军事决策和民用决策中得出了较广泛的应用。例如，在美国国防部制定长远科技规划中，曾邀请50名专家采取头脑风暴法开了两周会议。

参加者的任务是对事先提出的长远规划提出异议。通过讨论，得到一个使原规划文件变为协调一致的报告。在原规划文件中，只有25%~30%的意见得到保留，由此可以看出头脑风暴法的价值。

当然，头脑风暴法实施的成本（时间、费用等）是很高的。另外，头脑风暴法要求参与者有很好的素质。这些因素是否满足会影响头脑风暴法实施的效果。

·········· 极 简 管 理 学 ··········
头脑风暴法使用原则

使用头脑风暴法应遵守如下原则：

（1）无错判决原则。对各种意见、方案的评价必须放到最后阶段，此前不能对别人的意见提出批评和评价。认真对待任何一种设想，而不管其是否适当和可行。

（2）欢迎各抒己见，自由鸣放。创造一种自由的气氛，甚至容许参加者提出各种荒诞的想法。

（3）追求数量。意见越多，产生好意见的可能性越大。

（4）探索取长补短和改进的方法。除提出自己的意见外，还鼓励参加者对他人已经提出的设想进行补充、改进和综合。

22　看到多远的未来，就能走多远的路

安索夫战略管理理论：管理要从哪里来，到哪里去

如果用"乱哄哄，你方唱罢我登场"来形容当今战略管理流派众多、各种观点此起彼伏的状况，恐怕是一点儿也不过分的。著名战略管理学者明茨伯格把这种状况辛辣地喻为"盲人摸象"。在这种情况下，重温"战略管理的鼻祖"伊戈尔·安索夫的理论，从源头上把握战略管理，明白"我从哪里来"是知道"我往哪里走"的最好方法。

安索夫曾任美国国际大学战略管理高级教授，开设战略管理硕士、博士学位课程。此外，他还注册成立了一家战略管理咨询顾问公司，向各企业提供战略规划和战略管理的咨询服务。2002年7月14日，安索夫病逝于加利福尼亚州的圣地亚哥，享年83岁。

在1965年出版的安索夫第一本企业战略著作《公司战略》中，安索夫就明确宣称了自己的战略管理主张。他认为，战略管理目的是："发展一系列有实用价值的理论和程序，使经理人能用来经营……商业公司可以凭借这些实用的方法来做出战略决策。"这既是安索夫创立战略管理的理论体系的追求，也是他个人作为一位企业战略研究者给自己确立的使命。

在1979年出版的《战略管理》一书中，安索夫系统地提出了战略管理的八大要素模式：外部环境、战略预算、战略动力、管理能力、权力、权力结构、战略领导、战略行为。他明确指出，战略管理的本质是把"公司战略"当作对象和功能来进行系统的管理。如果说《公司战略》一书主要是对公司战略的概念、操作方法等进行系统的阐述，那么《战略管理》一书则是在发展环境高度动荡条件下对企业战略管理进行系统的研究。

根据安索夫的观点，战略管理是"企业高层管理者为保证企业的持续生存和发展，通过对企业外部环境与内部条件的分析，对企业全部经营活动所进行的根本性和

长远性的规划与指导"。

安索夫认为，战略管理与以往经营管理的不同之处在于：战略管理是面向未来动态地、连续地完成从决策到实现的过程。安索夫把经营战略定义为：企业为了适应外部环境，对目前从事的和将来要从事的经营活动进行的战略决策。因此，安索夫认为企业战略的核心应该是：弄清你所处的位置，界定你的目标，明确为实现这些目标而必须采取的行动。他把企业战略限定在产品和市场的范畴内，认为经营战略的内容由四个要素构成：产品市场范围、成长方向、竞争优势和协同作用。他把企业的决策划分为战略的（关于产品和市场）、行政的（关于结构和资源调配）和日常运作的（关于预算、监督和控制）。

安索夫认为，企业生存是由环境、战略和组织三者构成，只有当这三者协调一致、相互适应时，才能有效地提高企业的效益。在这些理论的基础上，他设计了安索夫模型。这个模型的核心是通过企业和市场的分析，确定有效的企业战略。

安索夫认为，企业战略管理本质上应视为一种管理思想——从战略意义上去管理企业。但这并不排斥战略规划，但更强调的是一种战略意识，或者说战略性思维的运用。其实，战略管理并不是一个什么神秘的概念。它就是一种思路，一种分析问题和解决问题的思路。从这一意义上讲，它与我们平常认识问题也要有思路没有什么不同。不同的是，战略管理的思路是一种系统思路，强调应站在长远和全局的角度去认识企业管理问题，而不是习惯上的"头痛医头，脚痛医脚"、就事论事的片断式思路。

安索夫的最突出贡献在于他对公司战略和战略管理的开创和奠基作用。在安索夫以前，战略规划只是企业管理的一小部分内容，无论是在大学的讲台上，还是在企业管理实务者的脑海里，都没有多少地位，有关的著作更是少得可怜。是安索夫把战略规划和战略管理引进管理学的殿堂，也是他把战略规划和战略管理带入企业管理实务者的心中；更是他写成一本又一本的战略名著，为后来的企业战略学者、实务者提供了不可或缺的"养分"。同样道理，安索夫也是靠这些贡献，理所当然地坐到管理学神殿的台阶上，成为管理学的后来学者们膜拜的对象。

今天，深入了解安索夫对于战略管理理论、战略管理实践、营造企业竞争优势和提升企业竞争力等的论述，都是具有重大理论意义和实践价值的。当前由于战略管理理论与实践的迅猛发展，各种战略管理分支学科、学派、理论、概念、程序、范式等层出不穷，以致管理实务者、管理理论研究者以及有志于战略管理理论的初学者无不感到无所适从。在这样的背景下，通过了解安索夫，理解战略管理一些概念的发源、本义和实质等，是深入理解和准确把握战略管理理论的有效方法之一。

··········极简管理学··········
战略管理的三个层次

1. 总体战略

总体战略是以企业整体为对象，是企业的战略总纲，也是企业最高层领导指导和控制企业的行动纲领。总体战略主要关注两个问题：一是企业应该做些什么。二是企业怎样发展业务。

2. 事业部战略

事业部战略是在总体战略基础上，特别是在共同的企业使命前提下，根据各个事业部门所面临的机会和挑战、自身条件等做出的战略决策。

3. 职能战略

作为战略执行部门，职能战略不仅要秉承企业总体战略的使命和要旨，更重要的是在事业部战略指导下，针对某一特定职能单位的性质制订战略执行计划。

23 如何成为市场竞争中遥遥领先的"黑马"

波特竞争战略：总成本领先+差别化+专一化

　　"波特竞争战略"是由当今全球第一战略权威，被誉为"竞争战略之父"的美国学者迈克尔·波特于1980年在其出版的《竞争战略》一书中提出的。波特竞争战略属于企业战略的一种，它是指企业在同一使用价值的竞争上采取进攻或防守的长期行为。

　　迈克尔·波特是哈佛大学商学院研究院的著名教授，是当今世界上少数最有影响的管理学家之一。他曾在1983年被任命为美国总统里根的产业竞争委员会主席，创立了企业竞争战略理论，并引发了美国乃至世界的竞争力讨论热潮。他还是世界各地很多企业管理者和政府官员的顾问。他先后获得过威尔兹经济学奖、亚当·斯密奖和麦肯锡奖，拥有很多大学的名誉博士学位。

　　波特对于竞争战略理论做出了非常重要的贡献，他首先提出了企业竞争的"五力模型"，见图3。他认为决定企业获利能力的首要因素是"产业吸引力"。

　　企业在拟订竞争战略时，必须要深入了解决定产业吸引力的竞争法则。竞争法则可以用五种竞争力来具体分析。这五种竞争力包括：新进入者的威胁、客户的议价能力、替代品或服务的威胁、供货商的议价能力和既有竞争者。

　　这五种竞争力能够决定产业的获利能力，它们会影响产品的价格、成本和必要的投资，也决定了产业结构。企业如果想要拥有长期的获利能力，就必须先了解所处的产业结构，并塑造对企业有利的产业结构。

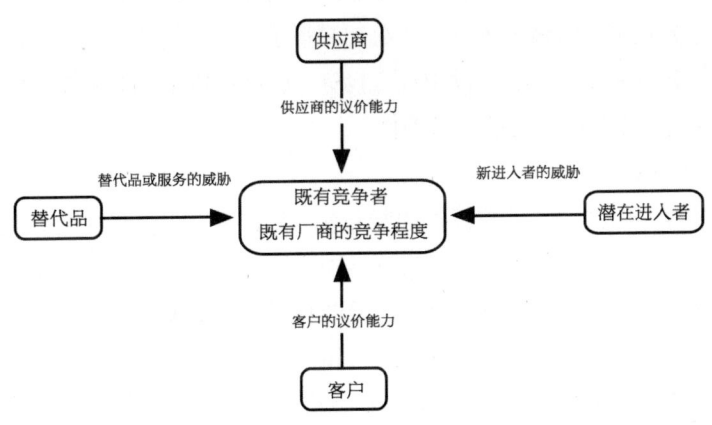

图3　波特竞争"五力模型"

波特更具影响力的贡献是在《竞争战略》一书中明确了三种通用战略。

波特认为，在与五种竞争力量的抗争中，蕴涵着三种通用战略。这三种战略是：总成本领先战略、差别化战略和专一化战略。

波特认为，这些战略类型的目标是使企业的经营在产业中技高一筹：在一些产业中，这意味着企业取得较高的利益；而在另一些产业中，一种战略的成功可能只是企业在绝对意义上能获取少许收益的必要条件。有时企业追逐的基本目标可能不止一个，但波特认为这种情况实现的可能性是较小的。因为要有效地贯彻任何一种战略，通常都要全力以赴，并且要有一个支持这一战略的组织安排。如果企业的基本目标不止一个，则这些方面的资源将被分散。

1. 总成本领先战略

总成本领先战略要求坚决地建立起高效、规模的生产设施，在经验的基础上全力以赴降低成本，抓紧成本与管理费用的控制，最大限度地减少研究、开发、服务、推销、广告等方面的成本费用。为了达到这些目标，就要在管理方面对成本给予高度的重视。尽管质量、服务以及其他方面是不容忽视的，但贯穿于整个战略之中的是低于竞争对手的成本。若公司成本较低，意味着当别的公司在竞争过程中已失去利润时，该公司依然可以获得利润。

赢得总成本最低的有利地位，通常要求具备较高的相对市场份额或其他优势，如与原材料供应方面的良好联系、产品的设计要便于制造生产、易于保持一个较宽的相关产品线以分散固定成本以及为建立起批量生产模式而对主要客户群进行服务。

总成本领先地位非常吸引人。一旦公司赢得了这样的地位，所获得的较高的边际利润又可以重新对新设备、现代设施进行投资，以维持成本上的领先地位，而这种再投资往往是保持成本领先状态的先决条件。

2. 差别化战略

差别化战略是将公司产品或提供的服务差别化，树立起一些在全产业范围内具有独特性的东西。实现差别化战略可以有许多种方式：设计名牌形象、技术上的独特、性能特点、客户服务、商业网络及其他方面的独特性。最理想的情况是公司在几个方面都有其差别化特点。例如，履带拖拉机公司不仅以商业网络和优良的零配件供应服务著称，而且以其优质耐用的产品质量享有盛誉。

差别化战略是一个在产业中赢得高水平收益的积极战略，因为它能建立起防御阵地对付五种竞争力量，虽然其防御的形式与总成本领先战略有所不同。波特认为，推行差别化战略有时会与争取占有更大的市场份额的活动相矛盾。推行差别化战略往往要求公司对于这一战略的排他性有思想准备。这一战略与提高市场份额两者不可兼顾。在建立公司的差别化战略的活动中总是伴随着很高的成本代价，有时即便全产业范围的顾客都了解公司的独特优点，也并不是所有顾客都愿意或有能力支付公司要求的高价格。

3. 专一化战略

专一化战略是主攻某个特殊的客户群、某产品线的一个细分区段或某一地区市场的战略。与差别化战略一样，专一化战略也可以有许多种方式。总成本领先战略与差别化战略都是要在全产业范围内实现其目标，但专一化战略是围绕着很好地为某一特殊目标服务这一中心建立的，它所开发推行的每一项职能化方针都要考虑这一中心思想。这一战略依靠的前提思想是：公司业务的专一化能够以更高的效率、更好的效果为某一狭窄的战略对象服务，从而超过在较广阔范围内的竞争对手们。波特认为这样做的结果是，公司通过满足特殊对象的需要而实现了差别化，或者在为这一对象服务时实现了低成本，或者两者兼得。这样的公司具有的赢利的潜力超过产业的普遍水平，这些优势保护公司抵御各种竞争力量的威胁。

但专一化战略常常意味着限制了可以获取的整个市场份额。专一化战略必然地包含着利润率与销售额之间互以对方为代价的关系。

波特在《竞争战略》一书中还对三种通用战略实施的要求进行了详细的分析，

并一一列举。波特认为，这三种战略是每一个公司必须明确的，因为徘徊在其间的公司处于极其糟糕的战略地位。这样的公司缺少市场占有率、缺少资本投资，从而削弱了"打低成本牌"的资本。全产业范围的差别化的必要条件是放弃对低成本的努力。而采用专一化战略，在更加有限的范围内建立起差别或低成本优势，更会有同样的问题。徘徊在其间的公司几乎注定是低利润的，所以它必须做出一种根本性战略决策，向三种通用战略靠拢。一旦公司处于徘徊状况，摆脱这种令人不快的状态往往要花费时间并要经过持续的努力；而相继采用三种战略的公司，波特认为注定会失败，因为它们要求的条件是不一致的。

波特的竞争战略研究开创了企业经营战略的崭新领域，对全球企业发展和管理理论研究的进步，都做出了重要的贡献。

··········极简管理学··········
波特的竞争战略理论的基本逻辑

（1）产业结构是决定企业盈利能力的关键因素。

（2）企业可以通过选择和执行一种基本战略影响产业中的五种作用力量（即产业结构），以改善和加强企业的相对竞争地位，获取市场竞争优势（低成本或差异化）。

（3）价值链活动是竞争优势的来源，企业可以通过价值链活动和价值链关系（包括一条价值链内的活动之间及两条或多条价值链之间的关系）的调整来实施其基本战略。

24 怎样找出并加长企业的战略短板

木桶定律：劣势部分决定组织整体水平

　　木桶定律由美国管理学家彼得提出。其核心内容为：一只水桶盛水的多少，并不取决于桶壁上最高的那块木块，而恰恰取决于桶壁上最短的那块。

　　围绕着这个核心内容，木桶定律还拓展出三个推论：

　　第一，只有构成木桶的所有木板都足够高，木桶才能盛满水。

　　第二，所有木板比最低木板高出的部分都是没有意义的，高得越多，浪费越大。

　　第三，要想增加木桶的容量，应该设法加高最低木板的高度，这是最有效也是最直接的途径。对于推论可以理解为：要想盛满水，不是去增高那些长木板，而是应该对最短的木板下功夫，依次补齐。

　　正是这样一个简单的生活常识，却被具有无限创造性的成功学家发展成为指导国家、企业和个人均衡发展的行动指南。而企业管理者最关注的就是如何将木桶定律与企业的发展管理联系起来，从而使企业在原有的基础上获得实质性的超越。

1. 木桶定律指导企业的业务发展

　　其实我们很容易发现木桶定律与企业发展的相通之处。一个企业就好比一个木桶，企业不断发展以适应竞争激烈的社会就好比木桶不断扩容以盛更多的水，而企业的各个职能部门就好比木桶各块长短不齐的木板。

　　对于一个企业来说，要想在激烈的竞争中立于不败之地，不能仅仅依靠一两个方面的突出能力，而是需要凭借整体的实力赢得优势。也就是说，如果企业从产品研发、生产管理、市场销售到客户管理的每个环节，存在薄弱环节都有可能导致企业在竞争中处于不利地位，最终制约企业的发展。

　　因此，如果企业想做大、做强，则需要木桶定律的指导。只有构成木桶的所有木板都足够高，木桶才能盛满水；只有企业的各个职能部门和各个方面均做到位，企业才能以雄厚的实力与竞争对手抗衡。

2. 木桶定律指导企业的团队建设

木桶定律可以启发我们对企业团队建设重要性的思考。要想增加木桶的容量，应该设法加高最低木板的高度，这是最有效也是最直接的途径。对于一个企业来说，决定团队战斗力强弱的不是能力最突出、表现最优异的人，而恰恰是能力最弱、表现最差的人。所以，企业的团队建设就是设法让落后的人能够迎头赶上，让所有的人都能维持在一个"足够高"的相等高度，这样才能完全发挥团队作用。

木桶定律对于团队建设的指导性作用还表现在不仅要做到没有明显的短板，还要保证每块木板结实、整个系统坚固、各环节接合紧密无隙，这其中就涉及群体与团队的概念。例如，一根没有磁性的铁棒，每个分子都在按自身的目标旋转，各自的磁性相互抵消，铁棒整体不显磁性，如同乌合之众没有组织力量一样，这只能称为是一个群体。如果将铁棒置入一个磁场中，每个分子在磁场的作用下朝同一方向旋转，铁棒整体就显示出很强的磁性，这个时候才是一个具有核心力的团队。对于一个企业来说，要建设一支具有竞争力的团队，而不是一盘散沙，这不仅要做到没有明显的短板，还要保证每块木板都结实牢固。

在实际工作中，管理者往往更注重对"明星员工"的利用，而忽视对一般员工的利用和开发。如果企业将过多的精力关注于"明星员工"，而忽略了占公司多数的一般员工，会打击团队士气，从而使"明星员工"的才能与团队合作两者间失去平衡。而且实践证明，"明星员工"很难服从团队的决定。明星之所以是明星，是因为他们觉得自己和其他人的起点不同，他们需要的是不断提高标准，挑战自己。所以，虽然"明星员工"的光芒很容易看见，但占绝大多数的"非明星员工"也需要鼓励。三个臭皮匠，顶个诸葛亮。对"非明星员工"激励得好，效果可以大大胜过对"明星员工"的激励。

有一个华讯员工，由于与主管的关系不太好，工作中的一些想法不能被肯定，从而忧心忡忡、兴致不高。刚巧，摩托罗拉公司需要从华讯借调一名技术人员去协助他们搞市场服务。于是，华讯的总经理在经过深思熟虑后，决定派这位员工去。这位员工很高兴，觉得有了一个施展自己才华的机会。去之前，总经理只对那位员工简单交代了几句："出去工作，既代表公司，也代表个人。怎样做，不用我教，如果觉得顶不住了，打个电话回来。"一个月后，摩托罗拉公司打来电话："你派出的兵还真棒！""我还有更好的呢！"华讯的总经理在不忘推销公司的同时，着实松了一口气。这位员工回来后，部门主管也对他另眼相看，他自己也增添了自信。后来，这位员工对华讯的发展做出了不小的贡献。

华讯的例子表明，注意对"短木板"的激励，可以使"短木板"慢慢变长，从而提高企业的总体实力。人力资源管理不能局限于个体的能力和水平，更应把所有的人融合在团队里，科学配置，好钢才能够用在刀刃上。木板的高低有时候不是个人问题，而是组织的问题。

所以，在加强木桶盛水能力的过程中，不能够把"高木板"和"低木板"简单地对立起来。每个人都有自己的"高木板"，与其不分青红皂白地赶他出局，不如发挥他的长处，把他放在合适的位置上。

除了在用人方面有效外，木桶定律在企业的销售能力、市场开发能力、服务能力、生产管理能力等方面同样有效。进一步说，每个企业都有它的薄弱环节，正是这些环节使企业许多资源闲置甚至浪费，发挥不了应有的作用。如常见的互相扯皮、决策低效、实施不力等薄弱环节，都严重地影响并制约着企业的发展。因此，企业要想做好、做强，必须从产品设计、价格政策、渠道建设、品牌培植、技术开发、财务监控、队伍培育、文化理念、战略定位等方面一一做到位才行。任何一个环节太薄弱都有可能导致企业在竞争中处于不利地位，最终导致失败的恶果。

··········极简管理学··········

木桶理论应用要领

（1）找出薄弱环节（短板），改进该环节。

（2）再找出新的薄弱环节（新的短板），再改进。

（3）只要坚持做下去，企业会成长。

（4）长板、短板不一定是指人，也可以是一个职能部门，或是一个产品。

（5）注意取长补短，提高效率。

25 如何知道企业能做什么和不能做什么

SWOT分析法：公司发展态势的全景扫描

　　SWOT分析法又称为态势分析法，是由旧金山大学的管理学教授于20世纪80年代初提出来的，是一种能够较客观而准确地分析和研究一个单位现实情况的方法。

　　SWOT分析法是将与研究对象密切相关的各种主要内部优势、劣势和外部的机会、威胁等，通过调查列举出来，并依照矩阵形式排列，然后用系统分析的思想，把各种因素相互匹配起来加以分析，从中得出一系列相应的结论，而结论通常带有一定的决策性。

　　SWOT四个英文字母分别代表：

　　优势：strength；劣势：weakness；机会：opportunity；威胁：threat。

　　SWOT分析主要包括以下三方面：

1. 优势与劣势分析（SW）

　　公司的优势是指在执行策略、完成计划以及达到确立的目标时可以利用的能力、资源以及技能。公司的劣势是指能力和资源方面的缺少或者缺陷。

　　由于企业是一个整体，并且竞争优势来源具有广泛性，因此，在做优劣势分析时必须从整个价值链的每个环节上，将企业与竞争对手做详细的对比，如产品是否新颖，制造工艺是否复杂，销售渠道是否畅通，以及价格是否具有竞争性等。如果一个企业在某一方面或几个方面的优势正是该行业企业应具备的关键成功要素，那么，该企业的综合竞争优势也许就强一些。需要指出的是，衡量一个企业及其产品是否具有竞争优势，只能站在现有潜在用户角度上，而不是站在企业的角度上。

2. 机会与威胁分析（OT）

　　比如，当前社会上流行的盗版威胁：盗版这种替代品限定了公司产品的最高价，替代品对公司有威胁，可能也带来机会。企业必须分析，替代品给公司的产品或服务带来的是"灭顶之灾",还是提供了更高的利润或价值;购买者转而购买替代品的转移成本;公司可以采取什么措施来降低成本或增加附加值,以降低消费者购买替代品的风险。

3. 整体分析

从整体上看,SWOT可以分为两部分:第一部分为SW,主要用来分析内部条件;第二部分为OT,主要用来分析外部条件。利用这种方法可以从中找出对自己有利的、值得发扬的因素,以及对自己不利的、要避开的东西,发现存在的问题,找出解决办法,并明确以后的发展方向。

根据这个分析,我们可以将问题按轻重缓急分类,明确哪些是急需解决的问题,哪些是可以稍微拖延的事情,哪些属于战略目标上的障碍,哪些属于战术上的问题,并将这些研究对象列举出来,依照矩阵形式排列,然后用系统分析的思想,把各种因素相互匹配起来加以分析,从中得出一系列相应的结论。而结论通常带有一定的决策性,有利于领导者和管理者做出较正确的决策和规划。SWOT分析矩阵见图4。

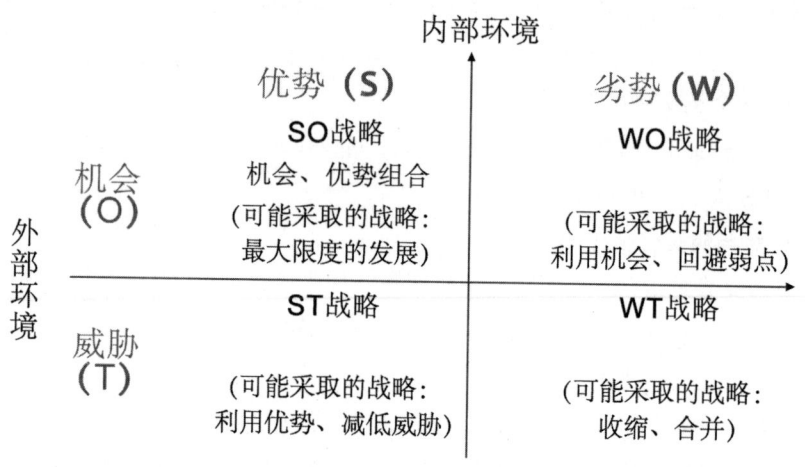

图4　SWOT分析矩阵

你可以按以下步骤完成SWOT分析表的制作:

(1)把识别出的所有优势分成两组,分类时应以下面的原则为基础:看看它们是与行业中潜在的机会有关,还是与潜在的威胁有关。

(2)用同样的方法把所有劣势分成两组:一组与机会有关,另一组与威胁有关。

（3）建构一个表格，优势、劣势、机会和威胁各占1/4。

（4）把公司的优势和劣势与机会或威胁配对，分别放在每个格子中。SWOT表格表明公司内部的优势和劣势与外部机会和威胁的平衡。

在你的企业计划中，你一定要把以下步骤都写出来：

（1）在某些领域内，你可能面临来自竞争者的威胁，或者在变化的环境中，有一种不利的趋势，在这些领域或趋势中，公司会有些劣势，那么你要把这些劣势消除掉。

（2）利用那些机会，这是公司真正的优势。

（3）某些领域中可能有潜在的机会，把这些领域中的劣势加以改进。

（4）对目前有优势的领域进行监控，以便在潜在的威胁出现的时候不感到吃惊。

按照企业竞争战略的完整概念，战略应是一个企业"能够做的"（即组织的强项和弱项）和"可能做的"（即环境的机会和威胁）之间的有机组合。运用SWOT分析法，公司可以将所有的内部因素（包括公司的优势和劣势）都集中在一起，然后用外部的力量（包括机会和威胁）来对这些因素进行评估。这些因素的平衡决定了公司应做什么以及什么时候去做。这一分析过程是对公司所处的情境进行全面、系统、准确的研究，因而根据研究结果可以制定相应的发展战略、计划以及对策等。

SWOT分析法常常被用于制定集团发展战略和分析竞争对手情况，在战略分析中，它是最常用的方法之一。

·········· 极简管理学 ··········
SWOT分析法六规则

成功应用SWOT分析法的简单规则：

（1）进行SWOT分析的时候必须对公司的优势与劣势有客观的认识。

（2）进行SWOT分析的时候必须区分公司的现状与前景。

（3）进行SWOT分析的时候必须考虑全面。

（4）进行SWOT分析的时候必须与竞争对手进行比较，如优于或是劣于你的竞争对手。

（5）保持SWOT分析法的简洁化，避免复杂化与过度分析。

（6）SWOT分析法因人而异。

26 如何让消费者对你的企业"一见钟情"

CI战略：塑造一个鲜明和持久的企业形象

CI是英文corporate identity的缩写，有些文献中也称CIS，直译为企业形象识别系统，意译为企业形象设计。CI是指企业有意识、有计划地将自己企业的各种特征向社会公众主动地展示与传播，使公众在市场环境中对某一个特定的企业有一个标准化、差别化的印象和认识，以便更好地识别并留下良好的印象。

所谓CI战略，是对企业形象的有关要素（理念、行为、视觉）进行全面系统的策划、规范，并通过全方位、多媒体的统一传播，塑造出独特的、一贯的优良形象，以谋求社会大众认同的企业形象战略。

CI的核心目的是通过企业行为识别和企业视觉传达企业理念，树立企业形象。

CI的早期实践可以追溯到1914年德国的AEG电器公司首创CI。AEG在其系列电器产品上，首次采用彼德·贝汉斯所设计的商标，成为CI中统一视觉形象的雏形。紧接着，1932—1940年，英国实施伦敦地下铁路工程。该工程由英国工业设计协会会长佛兰克·毕克负责，被称为"设计政策"的经典之作。

第二次世界大战后，国际经济复苏，企业经营者感到建立统一的识别系统，以及塑造独特经营观念的重要性。自1950年起，欧美各大企业纷纷导入CI。

1956年，美国IBM公司以公司文化和企业形象为出发点，突出表现制造尖端科技产品的精神，将公司的全称International Business Machines设计为蓝色的富有品质感和时代感的造型IBM。这既是这八条纹的标准字在其后四十几年中成为"蓝色巨人"的形象代表，即"前卫、科技、智慧"的代名词，也是CI正式诞生的重要标志。

20世纪70年代的代表作是以强烈震撼的红色、独特的瓶形、律动的条纹所构成的Coca-Cola标志。

日本企业在20世纪70年以后、中国企业在20世纪90年代后也开始创造自己的CI，从而使之发展成为一个世界性的趋势。

CI一般分为三个方面，即：

企业的理念识别——mind identity，简称MI。它是指企业在长期生产经营过程中所形成的企业共同认可和遵守的价值准则和文化观念，以及由企业价值准则和文化观念决定的企业经营方向、经营思想和经营战略目标。

企业的行为识别——behavior identity，简称BI。它是企业理念的行为表现，包括在理念指导下的企业员工对内和对外的各种行为，以及企业的各种生产经营行为。

企业的视觉识别——visual identity，简称VI。它是企业理念的视觉化，通过企业形象广告、标识、商标、品牌、产品包装、企业内部环境布局和厂容厂貌等媒介及方式向大众表现、传达企业理念。

按照CI战略理论和操作技法的要求，成功地实施CI战略应遵循下述几个原则：

（1）坚持战略性的原则。CI战略既为现代企业形象战略，就必然具有长期性、全局性和战略性的特征。CI战略应立足当前，放眼长远。它绝非是1~2年、3~6年的近期规划，而是企业未来10年、20年甚至更长时间的具体发展步骤和实施策略。

（2）坚持民族性的原则。"愈是民族的，愈是世界的"。CI战略是从企业发展方向、经营方向上设计与规划自我，CI的创意、策划、设计工作的基础应该立足于我们民族的文化传统、消费心理、审美习惯、艺术品位等，才有可能为公众所认同，从而获得成功。

（3）坚持个性化的原则。CI战略是企业为塑造完美的总体形象在企业群中实施差别化的策略，要求企业形象具有鲜明的个性特征和独具一格的特质，不能"千人一面"。IBM与可口可乐就是个性成功的典范。

（4）坚持整体性的原则。从CI的三个方面来看，它们不是相互脱节的，而必须表里一致，协调统一，BI、VI为MI服务，外美内秀，才是值得称道的。

应该说，CI导入是企业追求内在美和外在美和谐统一的过程，而同时企业的CI战略实施是一个不断运动发展的系统工程。它要求企业根据自身各个时期的不同情况加以修正、补充与创新，这样企业才有可能长久保持和发挥CI的强大作用与优势。

CI的作用包括如下五个方面。

1. 改善企业体质

CI通过周密、严谨、有序的系统工程，对企业状态进行全面彻底的检讨，并根据发现的问题，设计出解决问题的程序、模式、标准及方向，以帮助企业转变机制、更新观念、规范行为、广纳贤才和重塑形象，使企业具备自我适应、调整和更新的能力，从而推进企业的成长。CI的导入会引起企业经营观念和管理手段的双重变化，因而能有效地、全面地改善企业体制，重新建立一个崭新的企业形象。

2. 统一和提升企业形象

CI是对以经营理念为核心的所有形象要素的整合，以形成一个全面统一、独特的企业形象，它将企业的各种特性要素化作一个简单的视觉符号——标志、标准字体，化作一种统一的色彩，化作一句广告口号、一种行为模式。通过各种传播媒体使人们在异彩缤纷的世界，一眼便能识别这个企业。

3. 加强内部凝聚力

CI对于增强企业的凝聚力、提高企业竞争力的作用主要表现在两个方面：其一，通过对员工价值观和行为观的造就与规范，使员工超脱低层次的狭隘眼光，动员其为共同的企业目标团结成利益一致的有机整体，自觉调节个人与集体之间的关系，培养员工的归属意识、群体意识和参与意识。其二，标准化、规范化的视觉统一设计，能给人耳目一新、朝气蓬勃的感觉，可以为企业创造良好的环境氛围，达到耳濡目染、潜移默化的作用，激励员工士气，使其最大限度地发挥积极性和创造性，产生"1+1>2"的整体效应。

4. 创造消费信心

现代社会中，客户是企业的上帝，他们用手中的钞票作选票，支持符合其愿望的企业。消费信心是他们投票的导向，而良好的企业形象是投票的依据。CI创造出的统一、独特的企业形象，像是企业发给客户的信用卡，使客户放心大胆地采取购买行为。

5. 创造适宜的外部经营环境

良好的企业形象，犹如一个巨大的磁场，吸引着资金、技术、人才等经营要素，保持企业长久的生命力。卓越的CI战略，吸引着优秀人才的加盟，并发挥他们的最大潜力，吸引着银行的贷款、股东的投资、政府的支持、保险公司的担保等，为企业创造了良好的外部经营环境。

可口可乐公司曾这样宣称：如果有一天，一场大火把公司化为灰烬，我们仍可以凭借可口可乐的声誉重建可口可乐帝国。这不能不说是可口可乐卓越的CI战略的成功。

·········· 极简管理学 ··········
CI战略的六大功能

　　CI通过标准化、系统化的规范管理，还可以改善企业体质，增强适应能力。对内，它可以强化群体意识，增强企业的向心力和凝聚力。对外，它可使社会大众更明晰地认知该企业，建立起鲜明统一、高人一等的企业形象，为企业的未来发展创造整体竞争优势。具体来说，CI战略具有以下六大功能：识别功能、管理功能、传播功能、应变功能、协调功能和文化教育功能。

⚓ 27 企业经营要以客户满意度为导向

CS战略：客户的满意就是我的满意

　　CS是英文customer satisfaction的缩写，意为"客户满意"。

　　CS的基本指导思想是：企业的整个经营活动要以客户满意度为指针，要从客户的角度、用客户的观点而不是企业自身的利益和观点来分析考虑客户的需求，尽可能全面尊重和维护客户的利益。这里的"客户"是一个相对广义的概念，它不仅指企业产品销售和服务的对象，而且指企业整个经营活动中不可缺少的合作伙伴。

　　随着社会经济与文化的发展，人们的消费观念及对产品的认识发生了巨大变化。过去物质缺乏，人们所得有限，买东西首先着眼于产品是否经久耐用，主要考虑产品的质地与价格，消费行为属理性。到了物质比较充裕时，消费行为逐步增加了感性的成分，人们对产品使用功能的重视在一定程度上高于对产品质地、价格的重视。到了20世纪80年代末与90年代初，客户消费需求不断上升，对产品品质的概念有了新的认识。过去认为产品品质需符合所制定的标准，还要增加其吸引力并使之区别于其他竞争产品，即产品不仅要有其标准配备，还要具备能吸引客户的魅力要素，要能让客户满意。购买过程中，客户更加关心产品能否使生活充实与舒适，能否为生活带来活力和美感。可以说，当今市场正进入以客户主观满意为目标的情感消费阶段。美国策略计划研究所通过调查700种不同品牌的日用品在过去20年的历史，了解其资本投资、开发费用、员工人数等因素与产品高价值之间的关系。结果发现，只要消费者感觉某种产品好，那么这项产品就可以打高价。至于开发费用、产品的上市速度等因素均与产品的高价无关。此外，学者们还发现，如果能改变客户对产品的感觉，就可以增加产品的市场占有率。面对这样的消费市场，企业在产品开发中制定和实施CS经营战略就显得尤为重要。

　　与CS相对的概念是产生较早的CI。实践表明，CI对企业的市场营销与公共关系建设有非常直接的作用。但是随着经济的发展及人们对市场认识的深化，CI的局限性也逐渐暴露出来。人们开始认识到，CI是商品推销时代的产物，CI的运作带有明显的商品推销时代的特点，即企业按照自我理解和自我设计向市场和客户宣传自己。因此，CI的思想方法和实际操作的立足点是从"企业"的角度来要求公众去认识。然而当今市场营销时代已经全面来临，要求企业自觉适应市场，服从市场，于是在CI的基础上产生了CS。

　　CS热潮始于汽车业，接着导入家电、电脑、机械等制造业，目前已扩展到银行、证券、运输、旅游等服务性行业。瑞典几年前建立了全国性的客户满意度指标，政府借用这套指标来评价国民福利。

　　CS经营战略的主导思想是，企业的整个经营活动要以客户满意为核心，通过产品满足客户需求来实现企业的经营目标。客户从厂家所提供的产品价值做出判断，并在此判断的基础上做出购买的决策。因购买产品而出现的客户满意程度，取决于与购买预期相关的商品的效用。如果商品的效用与预期脱节，客户就会不满意。如果商品的效用符合预期，客户就会满意。如果商品的效用超过了预期，客户就会高度满意或欣喜。

　　CS战略是企业处于买方市场条件下经营观念的一个根本转折，即由从前的以产定销的生产观念和销售观念，变为由消费需求决定生产和销售的客户满意的观念。这就使企业的营销活动从单一的生产和流通领域，扩展到整个社会，确立了全新的整体营销方式。生产力和科技水平大大提高，商品极其丰富，竞争日益激烈，消费需求变化频繁，消费层次不断上升的市场现实，确定了客户作为营销活动中心的地位。

　　CS战略的内容包括：

　　（1）尽可能地把客户的不满意从产品本身去除，并顺应客户的需求趋势，预先在产品本身上创造客户的满意。

　　（2）不断完善服务系统，包括提高服务速度、质量等方面。

　　（3）重视客户的意见。据美国的一项调查，成功的技术革新和民用新产品中有60%~80%来自用户的建议。

　　（4）千方百计留住老客户，他们是最好的"推销员"。

　　（5）建立以客户为中心相应的企业组织。要求对客户的需求和意见具有快速反应机制，养成鼓励创新的组织氛围，组织内部保持上下沟通的顺畅。

　　（6）分级授权。这是及时完成令客户满意服务的重要一环。如果执行工作的人员没有充分的处理决定权，什么问题都须等待上级命令，客户满足是无法保证的。

CS经营战略开辟了企业经营战略的新视野、新观念和新方法。CS战略通过名牌效应树立了企业的良好形象，确保了原有客户，形成了口碑效应，大大节约了销售成本。同时，消费者对自身喜爱和依赖的产品的价格变动敏感度低，他们注重产品的内在价值，承受力强，信任度高。

实现CS战略，企业可以从不同的途径来达到。

1. 从企业整体入手

（1）从企业文化层面上确立以客户为中心，以客户利益至上，以客户满意为目标的经营理念。

（2）让客户参与产品设计与研发。

（3）培育忠诚客户。

2. 从4P／4C理论出发

（1）产品策略，消费者个性需求的满足。

（2）价格策略／成本策略，以消费者接受为底线。

（3）渠道策略，方便客户买。

（4）促销策略，强调双方的沟通。

3. 充分利用新的信息技术手段

（1）通过信息系统的应用，企业可以有效地优化客户价值链。

（2）鉴于以信息（知识）作为关键成分的产品或服务变得越来越有价值，由客户参与创造的知识就变成了企业和客户所共有的资产。

（3）借助于现代信息技术。

（4）企业可以把基本业务流程重新编排、组织，以满足客户的需求。

（5）借助信息系统，可以将购买、使用、销售、功能集成、价值再创造等多项过程整合在一起。

············ 极 简 管 理 学 ············
CS战略与客户满意流程

　　贯彻CS战略需要在企业内部建立一套科学的客户满意流程，即企业为了赢得客户的满意应做好的，从市场调研、产品开发到生产、售后服务全过程，标准化了的典型事项和要求。它是企业使客户达到满意的必经途径。所以，客户满意流程包括以下几个步骤：

　　（1）建立客户满意的理念和战略。

　　（2）以客户为导向的新产品开发。

　　（3）以客户满意为目标的质量体系。

　　（4）寻找改进机会的客户满意度调研。

　　（5）以客户满意来实现客户忠诚。

28 从"以产品为中心"到"以客户为中心"

CRM战略：将现有客户变为忠实客户

客户关系管理是企业为提高核心竞争力，利用相应的信息技术以及互联网技术协调企业与客户之间在销售、营销和服务上的交互，从而提升企业的管理方式，向客户提供创新式的个性化的客户交互和服务的过程。其最终目标是吸引新客户、保留老客户以及将已有客户转为忠实客户，增加市场。

客户关系管理（customer relationship management，CRM）作为一种企业管理的新方法，起源于20世纪80年代初期的专门收集整理客户与企业联系的所有信息的接触管理理论，到20世纪90年代初则演化为包括电话服务中心与支援资料分析的客户关怀理论。经过20多年的发展，目前它不仅成为一种具有可操作性的管理方法和管理技能，更是一种企业战略管理理念。

传统企业管理的着眼点一直以来都是企业内部的生产职能，对客户缺乏科学的认识和管理。当企业面对哪种产品受欢迎、原因是什么、有多少关键客户和合适客户、从哪些客户身上获得了多少利润、客户服务有哪些问题、广告有多大作用等一系列问题时，企业往往只能凭经验揣测和根据结果倒推。

CRM是从"以产品为中心"向"以客户为中心"转变过程中的必然产物，它使企业的关注焦点从企业的内部动作拓展到与客户的关系上来。它能帮助企业广泛获得客户的真实信息，在客户需求的拉动下，重组企业内部资源以及物流优势资源，通过个性化的客户服务，提高客户价值和企业价值。

CRM是企业为提高核心竞争力达到竞争制胜、快速成长的目的，树立以客户为中心的发展战略，并在此基础上开展的包括判断、选择、争取、发展和保持客户所需实施的全部商业过程；是企业以客户关系为重点，通过开展系统化的客户研究，通过优化企业组织体系和业务流程，提高客户满意度和忠诚度，提高企业效率和利润水平的工作实践，也是企业在不断改进与客户关系相关的全部业务流程，最终实现电子化、自动化运营目标的过程中，所创造并使用的先进的信息技术、软硬件和优化的管理方法、解决方法的总和。

CRM管理的内容包括客户识别和管理、服务人员管理、市场行为管理、伙伴关系管理、信息与系统管理。

CRM战略的实施步骤如下：

1. 确立业务计划

企业在考虑部署CRM方案之前，首先确定利用这一新系统实现的具体的生意目标，如提高客户满意度、缩短产品销售周期以及增加合同的成交率等。企业应了解这一系统的价值。

2. 建立CRM员工队伍

为成功地实现CRM方案，管理者还要对企业业务进行统筹考虑，并建立一支有效的员工队伍。每一个准备使用这一销售系统方案的部门均需选出一名代表加入该员工队伍。

3. 评估销售、服务过程

在评估一个CRM方案的可行性之前，使用者需多花费一些时间，详细规划和分析自身具体业务流程。为此，使用者需广泛地征求员工意见，了解他们对销售、服务过程的理解和需求；确保企业高层管理人员的参与，以确立最佳方案。

4. 明确实际需求

充分了解企业的业务运作情况后，接下来使用者需从销售和服务人员的角度出发，确定其所需功能，并令最终寻找出对其有益的及其所希望使用的功能。就产品的销售而言，企业存在着两大用户群：销售管理人员和销售人员。其中，销售管理人员感兴趣的是市场预测、销售渠道管理以及销售报告的提交；而销售人员则希望迅速生成精确的销售额和销售建议、产品目录以及客户资料等。

5. 选择供应商

使用者须确保所选择的供应商对你的企业所要解决的问题有充分的理解，了解其方案可以提供的功能及应如何使用其CRM方案，确保该供应商所提交的每一软、硬设施都具有详尽的文字说明。

6. 开发与部署

CRM方案的设计，需要企业与供应商两个方面的共同努力。为使这一方案得以迅速实现，企业应先部署那些当前最为需要的功能，然后再分阶段不断添加新功能。其中，应优先考虑使用这一系统的员工的需求，并针对某一用户群对这一系统进行测试。另外，企业还应针对其CRM方案确立相应的培训计划。

客户关系管理是企业管理理论中的前沿性课题，它对企业的作用不仅是客户管理技能的提高，更将促进企业管理理念的更新。客户关系管理的意义与作用具体表现在以下几个方面。

1. 开拓市场

企业通过电话、传真、E-mail和面访等多种手段，与客户频繁交往，扩大销售活动的范围，增加与客户往来的信息。这样，有利于企业掌握市场最新动态，把握竞争的最好时机。

2. 吸引客户

由于客户与企业有较多的渠道进行交流，企业联系客户比较方便，客户服务和客户支持体系得到加强，客户满意度得到提高，这样有利于企业吸引客户。

3. 减少中间环节

客户关系管理系统可以汇集来自四面八方的客户信息，有利于企业全面了解客户的情况，并把所得到的客户信息添加到系统。这样将使销售渠道更为畅通，信息传递的中间环节减少，销售的中间环节也相应地减少。

4. 降低销售成本

由于销售的中间环节减少，企业的销售费用将大大降低，销售成本也跟着降低。

5. 提高企业运行效率

建立客户关系管理系统以后，企业可以利用客户关系信息对客户和销售业绩进行动态跟踪分析，及时处理客户方面的问题，企业在经营方面的运行效率将会大大提高。

··········极简管理学··········
客户关系管理的三层含义

（1）体现为新型企业管理的指导思想和理念。

（2）是创新的企业管理模式和运营机制。

（3）是企业管理中信息技术、软硬件系统集成的管理方法和应用解决方案的总和。

29 谁想玩好竞争游戏，谁就要通晓竞争规则

PARTS战略：合作与竞争的博弈游戏

用价值网定义所有的参与者，分析与竞争者、供应商、客户和互补者的互动型关系，寻找合作与竞争的机会，在此基础上，改变构成商业博弈的竞争合作五大战略要素，即参与者（participators）、附加值（added values）、规则（rules）、战术（tactics）和范围（scope），简称PARTS。

PARTS中的任何一个要素，形成多个不同的博弈，保证了"PARTS不会失去任何机会""不断产生新战略"，并分析和比较各种博弈的结果，确定适应商业环境的合作竞争战略。通过实施，企业最终实现扩大商业机会和共同发展的战略目标。

成功的企业运营策略是从正确评估这些要素开始的，并且能够改变其中的一种或几种。

PARTS战略要素主要内容如下。

1. 参与者

合作竞争中第一位的、也是最根本的概念是"参与者（participators）"。在经营活动中的各种参与者，他们是客户、供应商、竞争者，还有辅助者。

按照被动的博弈思维方式，参与者所参与的博弈一经确定便不可更改，参与者的角色、互相之间的关系等元素就固定下来，参与者所要做的只是研究如何完成博弈的过程，以获得最大的收益。这种思维定势应该被打破，必须认识到企业运营博弈中参与者的角色不是固定不变的，有时通过改变参与者来改变博弈是一种聪明的举动，当然也包括改变自己。企业可以考虑成为参与者或引入其他参与者。

2. 附加值

第二个概念是"附加值（added values）"。它表明每一位参与者都在博弈中带来价值，一般情况下，每个参与者在博弈中所获得的价值不可能超过它本身的附加值。因此，企业要在博弈中获得更大价值，就必须增加附加值的价值，或者降低其他参与

者的附加值。每一个参与相关经营活动的人或企业都必然为其参与的经营活动带来更多的（增加的）价值。增值是必须的，否则参与者将被排除在参与之外，但增值不是一成不变的。附加值决定了参与者在游戏中的地位或价值，是决定参与者在游戏中获得多少利益份额的根本力量。

附加值有两种类型：

（1）垄断者的附加值：垄断利润+限制供应。

（2）竞争中的附加值：高质量与低成本的兼顾或权衡（向客户提供更多的价值）。

3. 规则

"规则（rules）"是第三个概念，它决定了参与的玩法。在经营活动中，没有通用的规则，参与者往往是根据惯例、合同或法律来制订"参与"规则。有时规则是极其重要的，甚至会完全改变参与的结果。

改变规则的途径：

（1）与客户的合同。

（2）与供应商的合同。

（3）大量客户市场规则。

4. 战术

当不同的人用不同的观念看待同一件事的时候，不同的观念对事情的结果有很大的影响。不同的观念对事物的影响不是绝对的，但观念本身的确是合作竞争思想的基本要素之一。改变参与者的观念，那么就一定会改变其行动。用来改变观念的方法，我们称为"战术（tactics）"。

战术是参与者为建立其他参与者的感知所采取的行为。有些战术是为了拨开迷雾，有些是为了保持迷雾，还有一些是为了制造新迷雾。

改变人们（竞争者、互补者、消费者）的感知，你就改变了博弈。塑造（Shape）感知正是战术行为的主旨所在。

5. 范围

由观念的探讨，我们进入到参与"范围"或"领域（scope）"的概念。这里我们用范围来描述参与者对其经营活动范围的定义。尽管人们分析与认识各个参与活动时将它们独立起来，但各个参与游戏必然是相关联的。为了理解各个参与游戏的发展方向与结果，我们需要考虑这些关联。

上面五个概念构成合作经营思想的核心。把它们的英文单词字首字母组合在一起，即PARTS。将"PARTS"看作一个整体，就是合作经营的思想；将"PARTS"看成各个部分，各个部分又相互关联，那就是合作经营的内涵（参与者、附加值、规则、战术和范围）。

·········极简管理学·········
PARTS模式排列的自我检查清单

1. 游戏者

（1）你是否为你的企业组织画了价值网，注意到了尽可能包括所有游戏者？

（2）在与客户和供货商、竞争者和辅佐商的关系中存在哪些合作与竞争的机会？

（3）你是否希望改变游戏者的构成？希望增加哪些新游戏者？

（4）如果你参与游戏，谁有所失？谁有所得？

2. 附加值

（1）你的附加值是什么？

（2）如何增加你的附加值？你能否培养忠诚的客户和供货商？

（3）游戏中其他游戏者的附加值是什么？限制他们的附加值是否会对你有利？

3. 规则

（1）哪些规则对你有利？哪些会对你有害？

（2）你希望有哪些新的规则？你希望与客户和供货商签订怎样的合同？

（3）你有无能力制定这些新规则？别人有无能力推翻它们？

4. 战术

（1）其他游戏者对游戏的认知如何？这种认知对游戏的进行有些什么影响？

（2）你希望保留什么样的认知？改变哪些认知？

（3）你是否希望使游戏透明化？

5. 范围

（1）游戏的现有范围如何？你是否希望做些改变？

（2）你是否希望将目前的游戏同其他游戏联系起来？

（3）你是否希望取消目前的游戏与其他游戏的联系？

⚓30 战略目标不是建立平衡，而是打破平衡

新7S原则：超强竞争时代的制胜新规则

　　新7S原则是美国管理大师、企业竞争理论研究学者达·维尼于20世纪90年代提出来的，强调的是企业能否打破现状、抓住主动权和建立一系列暂时的优势。

　　达·维尼是在研究竞争环境变化过程中短期竞争优势和持久竞争优势的关系时，提出超强竞争理论的。他认为，今天的企业处在超强竞争的环境下，这是一种优势迅速崛起并迅速消失的环境，不是一家企业或公司就可以建立起永恒的竞争优势（因为每次的企业互动都会改变竞争的本质），而是必须通过一连串短暂的行动来建立一系列暂时的竞争优势，而每一项行动又必须通过一连串短暂的行动来建立一系列暂时的竞争优势，每一个行动又必须结合竞争对手的特点来策划和评判。战略目标将是打破现状，而不是建立稳定和平衡。在此基础上，新7S模式是透过市场的破坏，发现并建立暂时的优势，维持企业的动能。

　　达·维尼指出，不断变化的技术、信息的普及和全球化的竞争迫使企业在各个竞争领域中进行日趋激烈的较量。在超强竞争时代，追求持久优势已不合时宜。以前，由于有默认的合作协定或禁入障碍，只允许行业巨头维持它们的优势，以换取它们的默许不再穷追猛打，把失败者淘汰出局，因此对抗不会太激烈。今天，竞争者不再像从前那样彬彬有礼，由于竞争对抗的不断加剧，公司不再遵循过去的君子传统。新的竞争法则是一种打破现状、创造一系列非连续性优势的积极战略，其核心是采用7S原则迈向更高层次的竞争。

　　7S是在企业内各个方面之间创造静态的战略搭配，新7S模型强调的是以对长期的动态战略互动的了解为基础，达到四个主要目标：一是破坏现状。二是创造暂时的优势。三是掌握先机。四是维持优势。

　　具体来说，"7S"是指以下内容。

（1）更高的股东满意度（stakeholder satisfaction）。这里的"股东"是一个十分广泛的概念，即客户的概念，包括过去企业最重视的股东、市场导向管理中迅速得到重视的客户以及近几年人本管理的主角即员工。

（2）战略预测（strategic soothsaying）。要做到客户满意，公司就必须用到战略预测。公司只有了解市场和技术的未来演变，才能看清下一个优势会出现在哪里，从而率先创造出新的机会。

（3）速度定位（speed）。在如今超强竞争环境下，成功与否在于能否创造出一系列的暂时优势，所以公司快速从一个优势转移到另一个优势的能力非常重要。速度让公司可以捕捉需求、设法破坏现状、瓦解竞争对手的优势，并在竞争对手采取行动之前就创造出新的优势。

（4）出其不意的定位（surprise）。经营者们要做的工作，是探寻价值创新的道路，而很少去控制和管理现有的业务运作。

（5）改变竞争规则（shifting the rules against the competition）。改变竞争规则可以打破产业中既有的观念和标准模式。亦步亦趋，是被动应战，常常取不到好的效果。

（6）告示战略意图（signaling strategic intent）。向公众及产业内同行公布你的战略意图和未来行动，有助于告诫竞争对手，不要侵入你的市场领域；同时，还可以在客户中有效地形成"占位效应"，即有购买意图的客户会等待告示公司的该种产品研制生产出来后再购买，而不去购买市场上已有的其他公司的同类产品。

（7）同时的、一连串的战略出击（simultaneous and sequential strategic thrusts）。仅有静态的能力，或是仅有优良的资源都是不够的，资源需要有效地加以运用。公司战略成功的关键，在于将知识和能力妥善运用，以一连串的行动夺取胜利，并将优势迅速移到不同的市场。

该模型是建立在企业处于一种优势迅速崛起并迅速消失的超强竞争环境下，为了建立起永恒的竞争优势，企业通过一连串短暂的行动来建立一系列暂时的竞争优势，而每个行动又是结合竞争对手及自身的特点来策划与评判。

新7S原则强调的是企业能否打破现状、抓住主动权和建立一系列暂时的优势。其中前两个S，即更高客户满意度和战略预测，在于建立一种愿景，打破市场现状。它包括确立目标、制定企业打破现状的战略、找出企业打破某一市场所必需的核心能力。接下来的两个S是速度和出其不意，两者着眼于多种关键能力，可用来采取一系列行动以图打破现状。最后三个S即改变竞争规则、宣示战略意图和同时发起持续不断的策略冲击，主要是超强竞争环境中打破市场现状的战术和行动。

新7S模型是以破坏性的快速制胜方式来表现的，如图5所示，它分为三个部分。

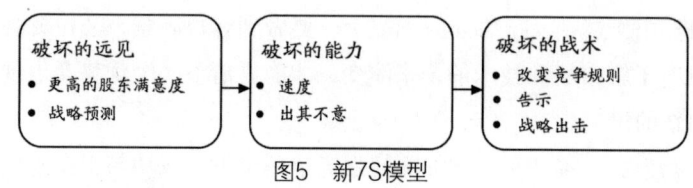

图5　新7S模型

第一部分，"破坏的远见"。

在超强竞争环境下，企业必须不断地打破现状，向客户提供比对手更好的服务，以占据优势。创造更高的股东满意度是目的，战略预测则是寻找并制造破坏机会的方法。

第二部分，"破坏的能力"。

在组织中建立快速行动能力，才能将破坏变成现实；建立让对手惊奇的能力，增强破坏的力量。

第三部分，"破坏的战术"。

改变动态竞争中的规则，利用告示作为影响未来的动态策略互动，实施战略出击是动态竞争攻防的方法。

在超强竞争中成功的企业混合运用新7S原则来抓住其市场的主动权。这些企业采用动态战略通过一个一个的短期优势不断向前推进。它们打破业内现状，建立新的秩序，然后再予以打破。它们就这样永远向前，借此保持竞争势头，迫使竞争对手永远落在后面。

新7S原则的应用分析

新7S原则主要用于解决的问题是：

（1）企业竞争战略制定。

（2）组织结构调整。

（3）市场环境分析。

31 如何开辟无人竞争的没有血腥的市场

蓝海战略：超越产业竞争，开创全新市场

> "蓝海"是相对"红海"而言。传统的竞争极端激烈的市场是"红海"，而"蓝海"是一个未知的市场空间，是没有竞争或竞争较少的领域。企业可以通过价值创新手段进入崭新的市场领域，获得更快的增长和更高的利润。

蓝海战略是由欧洲工商管理学院的W.钱·金和莫博涅提出的。用简单的话来解释就是：红海就是红色的大海，防鲨网的范围之内，水质混浊，营养贫乏，但是人很多，在这个小圈围之内不能出围，竞争激烈；而相对蓝海就是蓝色的大海，防鲨网之外的海洋深处，水质和营养物都很好很丰富，范围也相当广泛，竞争的人也少，蓝海竞争胜者将得到比红海多得多的利益。

蓝海战略的宗旨在于打破现有产业的边界，在一片全新的无人竞争的市场中开拓新的市场，通过创造和获得新的需求、实施差异化和低成本，获取更高利润率。因此，人们把无人竞争的市场比作没有血腥的蓝海。

蓝海战略认为，聚焦于红海等于接受了商战的限制性因素，即在有限的土地上求胜，却否认了商业世界开创新市场的可能。运用蓝海战略，视线将超越竞争对手移向买方需求，跨越现有竞争边界，将不同市场的买方价值元素筛选并重新排序，从给定结构下的定位选择向改变市场结构本身转变。

W.钱·金和莫博涅在研究1880—2000年30多个产业150次战略行动的基础上，指出价值创新是蓝海战略的基石。价值创新挑战了基于竞争的传统教条即价值和成本的权衡取舍关系，让企业将创新与效用、价格与成本整合一体，不是比照现有产业最佳实践去赶超对手，而是改变产业框架重新设定游戏规则；不是瞄准现有市场"高端"或"低端"客户，而是面向潜在需求的买方大众；不是一味细分市场满足客户偏好，而是合并细分市场整合需求。

一个典型的蓝海战略例子是太阳马戏团，在传统马戏团受制于"动物保护""马戏明星供方砍价"和"家庭娱乐竞争买方砍价"而萎缩的马戏业中，从传统马戏的儿童观众转向成年人和商界人士，以马戏的形式来表达戏剧的情节，吸引人们以高于传统马戏数倍的门票来享受这项前所未见的娱乐。

构思蓝海的战略布局需要回答四个问题。

（1）哪些被产业认定为理所当然的元素需要剔除？

这个问题剔除产业中企业竞争攀比的元素，这些元素经常被认为理所当然，虽然它们不再具有价值。

（2）哪些元素的含量应该被减少到产业标准之下？

这个问题促使企业做出决定，看看现有产品或服务是否在功能上设计过头，只为打败竞争对手，企业所给超过客户所需并徒然增加成本。

（3）哪些元素的含量应该被增加到产业标准之上？

这个问题促使企业去发掘产业中消费者不得不做出的妥协。

（4）哪些产业从未有过的元素需要创造？

这个问题帮助企业发现买方价值的全新源泉，以创造新需求改变产业战略定价标准。

蓝海战略共提出六项原则，包括四项战略制定原则（重建市场边界、注重全局而非数字、超越现有需求、遵循合理的战略顺序）和两项战略执行原则（克服关键组织障碍、将战略执行建成战略的一部分）。

1. 蓝海战略原则之一：重建市场边界

从硬碰硬的竞争到开创蓝海，使用六条路径重建市场边界。

（1）产业：跨越产业看市场。

红海思维：人云亦云为产业定界，并一心成为其中最优。

蓝海观点：一家企业不仅与自身产业对手竞争，而且与替代品或服务的产业对手竞争。

实例：日本电信运营商NTT DoCoMo于1999年推出i-mode手机一键上网，将只使用语音服务的客户变为使用语音和数据服务（音乐、图片、资讯）的客户。

（2）战略集团：跨越产业内不同的战略集团看市场。

红海思维：受制于广为接受的战略集团概念（如豪华车、经济型车、家庭车），并努力在集团中技压群雄。

蓝海观点：突破狭窄视野，搞清楚什么因素决定客户选择，如高档和低档消费品的选择。

实例：曲线美健身俱乐部专为女性服务，剔除奢华设施，小型化社区布点，会员依次使用一组器械，每周三次，每次半小时完成，每月只需30美元。

（3）买方群体：重新界定产业的买方群体。

红海思维：只关注单一买方，不关注最终用户。

蓝海观点：买方是由购买者、使用者和施加影响者共同组成的买方链条。

实例：诺和诺德公司是一家胰岛素厂商，将胰岛素和注射笔整合创造出NovoLet注射装置，便于病人随身携带使用。

（4）产品或服务范围：跨越互补性产品和服务看市场。

红海思维：雷同方式为产品服务的范围定界。

蓝海观点：互补性产品或服务蕴含着未经发掘的需求，简单方法是分析客户在使用产品之前、之中、之后都有哪些需要。

实例：北客公司发现市政府并非关注公交车本身价格而是维护费用，通过使用玻璃纤维车身，提高车价却降低维护成本，创造了公司与市政府的双赢。

（5）功能情感导向：跨越针对卖方的产业功能与情感导向。

红海思维：接受现有产业固化的功能情感导向。

蓝海观点：市场调查反馈的往往是产业教育的结果，企业挑战现有功能与情感导向能发现新空间。如果在情感层竞争，可否去除哪些元素使之功能化？反之亦然。

实例：快美发屋针对男性，取消按摩、饮料等情感元素，以"气洗"代替"水洗"，专注剪发，使理发时间减到10分钟，费用从3000日元降到1000日元。

（6）时间：跨越时间参与塑造外部潮流。

红海思维：制定战略只关注现阶段的竞争威胁。

蓝海观点：从商业角度洞悉技术与政策潮流如何改变客户获取的价值，如何影响商业模式。

实例：苹果公司通过iPod和iTunes提供正版音乐下载服务，实现海量音乐库、高音质、单曲下载及低费用。

2. 蓝海战略原则之二：注重全局而非数字

一个企业永远不应将其眼睛外包给别人，伟大的战略洞察力是走入基层、挑战竞争边界的结果。蓝海战略建议绘制战略布局图，将一家企业在市场中现有战略定位以视觉形式表现出来，开启企业组织各类人员的创造性，把视线引向蓝海。

3. 蓝海战略原则之三：超越现有需求

通常，企业为增加自己的市场份额努力保留和拓展现有客户，常常导致更精微的市场细分。然而，为使蓝海规模最大化，企业需要反其道而行，不应只把视线集中于客户，还需要关注非客户。企业不要一味通过个性化和细分市场来满足客户差异，而应寻找买方共同点，将非客户置于客户之前，将共同点置于差异点之前，将合并细分市场置于多层次细分市场之前。

非客户可以分为三个层次。

第一层次：徘徊在企业的市场边界，随时准备换船而走的"准非客户"。

这些"准非客户"，在找到更好的选择前，只是最低限度地使用现有产品和服务，一旦有更好选择就会换船而走。例如，针对上班族无所适从的午餐，英国Pret A Manger快餐厅关注上班族午餐的共同需求：快速、新鲜、健康，提供新鲜美味的成品三明治，免除餐位，将购买行为缩短为90秒。该餐厅每年在英国得以售出2500万只三明治。

第二层次：有意回避市场的"拒绝型非客户"。

因为市场现有产品或服务不可接受或者超出他们的经济承受能力而不使用。1964年德高广告创造了"街道家具"概念，此前户外广告为公路广告牌和运输工具广告，广告呈现时间很短，德高意识到缺乏市中心固定广告放置点是产业不受欢迎的原因。为此，德高通过向市政府免费提供街道家具及其维修保养，出售广告空间获得高达40%的利润率。

第三层次：处于远离市场的"未探知型非客户"。

产业内的企业通常从未把这些"未探知型非客户"定为目标客户，这些人的需求常常被想当然认为属于其他市场。如果企业知道他们丢弃的此类客户数量之大，肯定大吃一惊。例如，牙齿增白从来被认为是牙医的事儿，当最近口腔护理厂商着眼于这种需求时，市场随之大增。

4. 蓝海战略原则之四：遵循合理的战略顺序

企业要遵循合理的战略顺序，建立强劲的商业模式，确保将蓝海创意变为战略执行，从而获得蓝海利润。合理的战略顺序可以买方效用、价格、成本、接受分为四步骤。

5. 蓝海战略原则之五：克服关键组织障碍

企业经理们证明执行蓝海战略的挑战是严峻的，他们面对四重障碍：一是认知障碍，沉迷于现状的组织。二是有限的资源，执行战略需要大量资源。三是动力障碍，缺乏有干劲的员工。四是组织政治障碍，来自强大既得利益者的反对，"在公司中还没有站起来就被人撂倒了"。

蓝海战略根据威廉·布拉顿领导的纽约警察局20世纪90年代变革，提出了引爆点领导法。其理论是在任何组织中，当数量达到临界规模的人们以信心和能量感染了整个组织而行动起来去实现一个创意时，根本性变化就会发生。与组织变革理论转变大众为基点不同，引爆点领导法认为转变大众就要把力量集中于极端，也就是对组织业绩有超凡影响力的人、行为和活动之上。

6. 蓝海战略原则之六：将战略执行建成战略的一部分

执行蓝海战略，企业最终需要求助于最根本的行动基础，即组织基层员工的态度和行为，必须创造一种充满信任和忠诚的文化来鼓舞人们认同战略。当人们被要求走出习惯范围改变工作方式时，恐慌情绪便会增长，他们会猜测这种变化背后真正的理由是什么。

员工距离高层越远就越不容易参与战略创建，也就越惴惴不安。不考虑基层思想和感受，将新战略硬塞就会引起反感情绪。要想在基层建立信任与忠诚，鼓舞资源合作，企业需要将战略执行建成战略的一部分，需要借助"公平过程"来制定和执行战略。"公平过程"来源于社会科学家对心理学的研究。他们研究确认，人们不仅在意结果本身，也在意产生结果的过程公正。当程序公正得以实施，人们对结果的满意度和支持度就上升。

有三个因素为公平过程定义，这就是3E原则：邀请参与（engagement）、解释原委（explanation）、明确期望（clarity of expectation）。邀请参与表达，允许发表意见和反驳，表达管理层的尊重；解释原委让所有的相关人等了解最终的战略决策为何如此制定；明确期望是清晰讲述新的游戏规则，如何评价业绩和惩罚不佳。

实现公平过程的关键不在于新的目标、期望和责任，而在于人们是否清楚地理解了它们。围绕公平过程的原则组织蓝海战略的制定，一开始就将战略执行建成战略创建的一部分，就能够将政治游说和偏袒降到最少，使人们集中精力执行战略。

·············极简管理学·············
蓝海战略的特色

与血流成河的红海策略相比，蓝海战略的特色有五点：

（1）开创没有竞争的新市场。

（2）不与对手竞争，使竞争变得不相干。

（3）创造出新的需求，并通过成本控制，追求持续领先。

（4）同时追求客户所能获得的高价值与产品的低成本。

（5）调整整个公司的操作系统，予以完全的配合。

32 跨越不同业务、不同产业、不同国度的竞争策略

综合战略理论：源于战略，高于战略

波特的竞争战略理论揭示了竞争优势的基本来源，但对于经营多种业务、跨越不同产业和不同国度的大集团和控股公司来讲，基本竞争战略有其局限性。这就需要一种更为综合的战略指导技术来帮助企业制定长远的战略规划。

综合战略理论出自众多战略专家们对实际公司战略的总结和理论升华。

综合战略可以分为三种类型：扩张型战略、加强型战略和防御型战略。

扩张型战略又分为一体化战略（包括前向一体化战略、后向一体化战略、横向一体化战略）和多元化战略（包括集中多元化战略、混合多元化战略）。

加强型战略有市场渗透战略、市场开发战略和产品开发战略。

防御型战略有合资经营战略、收割战略、剥离战略和清算战略。

综合战略的分类情况如图6所示。

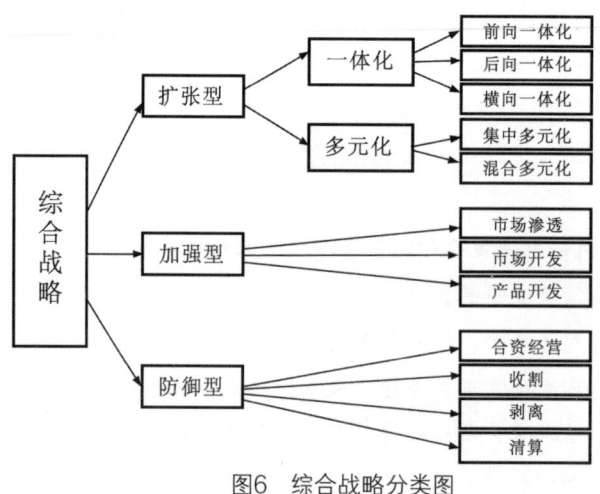

图6　综合战略分类图

1. 扩张型战略

（1）前向一体化战略。前向一体化战略是指获得分销商或零售商的所有权或加强对他们的控制。

实施前向一体化有两种形式：一是收购兼并下游企业。二是以特许经营权的方式控制下游企业。

收购兼并下游企业的动机或是为了控制分销渠道，占据市场；或是因为下游企业砍价能力高，有大量的利润可以攫取。采取收购兼并的优点是可以迅速扩大市场，缺点是全部的风险由自己承担。可口可乐公司采取的是前向一体化战略，该公司不断地收购本国及国外的分装商，并提高这些分装商的生产和销售。特许经营权是另一种有效的前向一体化战略，最大优点是将成本和风险分散到下游企业，在食品和服务行业特许经营权大行其道。

（2）后向一体化战略。后向一体化战略是指获得供应方的所有权或增强对其控制。后向一体化的手段有收购、参股和技术协作。收购往往发生在供货方数量较少或货源有限的情况下，收购的目的是控制成本和形成原材料垄断优势。

参股和技术协作是目前更为可行且成本和风险较低的后向一体化战略。收购是聚集上游企业，而参股和技术协作是分散下游企业。公司通过参股和技术协作有意培养多个供应商，从而提高自身的砍价能力，获得更优惠的价格，并且减少了投资风险。这种做法目前正在被制造业广泛采用。

（3）横向一体化战略。横向一体化战略是指获得竞争对手的所有权或加强对其控制。横向一体化可以降低产业内的竞争压力，提高公司的砍价能力，改善整个产业结构，使产业长期盈利能力提高。直接竞争者之间的一体化更易于产生效益，因为它在避免设备重置方面具有更大的潜力，接收公司的管理者也更易于了解被接收公司。

横向一体化的实施有两种形式：一是合并。二是结成战略联盟。

横向合并在许多产业中成为最受管理者重视的战略。美国的银行业仅1995年就有500家银行宣布合并。战略联盟一般在不同地域的企业之间达成，是竞争对手谋求合作、瓜分市场和降低风险的重要手段，目前正被越来越多的跨国公司采用。

多元化战略分为两种基本类型：集中多元化和混合多元化。20世纪60年代和70年代多元化最为流行，其出发点在于降低对单一产业的依赖性，减少经营风险。但从总体上看，经营多元化的企业管理越来越困难，多元化经营面临着危机。事实上，从多元化经营成功的案例看，多元化的实施要注重企业间业务单元的有形关联和无形关联，注重利用企业现有的强项取胜。

（4）集中多元化战略。增加新的、但与原有的业务相关的产品与服务称为集中多元化，有时又称为同心多元化。采取集中多元化的企业一般处于零增长或慢增长的产业，增加新的相关产品将显著促进现有产品的销售。

另外，集中多元化也促使企业在某一产业的特殊优势扩展到相关产业和产品中，从而形成独特的竞争优势。这一战略的一个典型例子是MCI公司，这家公司目前正迅速地变为一家多元经营的通信业巨型公司。其业务范围从咨询服务、传呼服务、软件销售、Internet上网到无线通信，无所不包，但都围绕着通信产业。

（5）混合多元化战略。增加新的与原有业务不相关的产品或服务称为混合多元化。这种战略主要是为达到两种目的：一是充分利用过剩资源（如管理优势、制度优势或财务优势等）。二是降低经营单一行业的投资风险。

2. 加强型战略

（1）市场渗透战略。当企业特定产品或服务在当前市场中还未达到饱和，用户对产品的使用率还可以显著提高时，企业往往采用市场渗透战略。市场渗透战略是通过更大的市场营销力度，提高现有产品质量或服务水准，进一步提高市场份额。这一战略被广泛地单独使用或与其他战略结合使用。市场渗透的做法包括增加销售人员、增加广告开支、采取广泛的促销手段或加强公关宣传努力。

宝洁公司便是一例。该公司投入大量资金进行广告营销，以提高其Venezia牌高级香水的市场份额。其广告形式包括在精美的杂志上做整页广告并附有香水味的纸条。

（2）市场开发战略。市场开发战略是指将现有产品或服务打入新的地区市场。前提条件是存在未开发或未饱和的市场。采用该战略的企业一般存在过剩的生产能力和营销能力，并且可以得到可靠的、经济的高质量销售网络。在20世纪80年代和20世纪90年代，沃尔玛公司一直是采取进攻性市场开发战略的典范之一。

（3）产品开发战略。产品开发战略是通过改进和改变产品和服务而增加销售。进行产品开发通常需要大量的研究和开发费用。以产品开发战略求得企业未来发展的范例之一是快船大西洋公司。该公司计划于1998年推出第一艘跨越大西洋的由喷气式发动机推动的货运轮船。该船时速可达到每小时70千米，而当时一般的货船每小时只能行使37千米。这样的货轮为公司赢得了大量的订单，也对传统的货轮造成极大威胁。

3. 防御型战略

采取防御型战略一般出于两种类型的考虑：一是面对衰退行业有计划地退出。二是在行业成熟期，为了维持公司在产业中的相对地位，与竞争对手合作或达成某种妥协。

防御型战略包括合资经营战略、收割战略、剥离战略和清算战略。

（1）合资经营战略。当两个或两个以上的公司想结成暂时的合作关系，谋求共同利益时，进行合资经营是一种有效的战略。通常的合作形式有两种：一种是合资经营，即两个或更多的发起人公司组建一个独立的公司，并按照各自的股份而分享这一新建实体的所有权。另一种合作形式是合作经营，具体做法包括合伙研究和开发、相互销售产品、相互特许经营、交叉生产和共同投标联盟等。合资经营和合作经营形式越来越多地被跨国公司采用，因为这些形式有利于公司改进与外部的交流和扩大经营网络，有利于进行全球化经营。

例如，佳能公司向柯达公司提供复印机，法国汤姆森公司和日本FVC公司共同生产录像机，以及通用汽车公司和丰田汽车公司共同组装汽车。竞争者之间的合作要取得成功，双方必须提供一些独特的东西，如在技术、销售、基础研究或制造能力方面的优势。然而主要的风险在于，在签署合同后的经营管理中，可能会出现不愿意转移重要技能和技术的情况。

（2）收割战略。收割战略是产业面对衰退阶段公司实施的有计划、有控制的退出战略。执行收割战略时，企业力图优化业务的现金流，取消或大幅度削减新的投资，减少设备投资，在后续的销售中从业务的任何残留优势上谋取利益，以提高价格或从过去的商誉中获利，甚至广告和研究也被大大削减。常见的收割战术包括：减少产品型号；缩减销售渠道；放弃小客户；降低库存，在交货时间、维修速度或销售援助方面减少服务。收割的最终结果是使该业务被出售或清算。

并非所有的业务都是可收割的。收割战略的前提是公司过去存在能赖以生存的真正优势，在大幅削减服务质量，终止广告宣传的同时，销售量不会大幅缩减。实施收割战略的最佳时机是在衰退阶段的产业环境还没有恶化到成为竞相削价的痛苦战争之前。

（3）剥离战略。出售公司的分部、分公司或任何一整块业务被称为剥离。公司会出于两种目的采取剥离战略。一种是将剥离作为某项业务的退出战略。实施该战略的前提是，某项业务只有在衰退的早期出售才能使净投资收益最大化，而不是实施收割战略之后再出售。及早出售常常使公司从收购中实现价值最大化，因为出售越早，出卖者的砍价能力越高。一旦衰退明显，产业内的资产购买者将具有很强的砍价能力，而将价格压得低于实际价值。另一种采取剥离的目的在于公司总体战略方向的调整。它来源于众多公司致力于集中加强自己的核心优势，降低多元化经营的程度。1994年，美国公司完成的剥离总值达到226亿美元。进行剥离的公司其股票市值在第一年平均上升了20.2%！而同期的标准普尔股票价格综合指数仅上升了1.5%。

（4）清算战略。为实现有形资产价值而将公司全部资产分块售出被称为清算（Liquidation）。清算等于承认失败，因而是一种在感情上难以接受的战略。然而，停止营业可能是比继续大笔亏损更为有利的选择。

综合战略制定步骤

首先要确立公司的宗旨。

其次要对公司进行外部环境分析和内部环境分析。

再次要根据公司的外部机会和威胁以及内部优势和弱点，选择与上述条件匹配的战略。

最后要对战略进行筛选和评价，获得最为合理和最具吸引力的战略。

组织与沟通篇

33 管理最重要的工作不是管人，而是修"路"

修路理论：用制度管人，按制度办事

当一个人在同一个地方出现两次以上同样的差错，或者两个以上不同的人在同一个地方出现同一差错，那一定不是人有问题，而是这条让他们出差错的"路"有问题。现代管理学对此称为"修路理论"。

世界上没有完美的制度，也没有完美的管理。任何一家先进的公司，管理中都会存在问题。管理进步最快的方法之一就是：每次完善一点点，每天进步一点点，每个人每一次都能因不断修"路"而进步一点点。这里所讲的"路"就是制度和规范，"修路"就是指制度建设。作为管理者，最重要的工作不是"管"——惩罚犯错的下属并要求他不要重犯错误，而是修"路"。

管理学界流传一句话："管理就是管出道理，道理就是规则规范。"没有规矩，不成方圆，这里所讲的规则规范，指的就是管理中的各项规章制度。

约翰和亨利到一家公司联系业务。这家公司的办公室在一幢豪华写字楼里，落地玻璃门窗，非常气派。可是，由于玻璃过于透明，许多来访客人因不留意，头撞在高大明亮的玻璃大门上。不到一刻钟，竟然有两位客人在同一个地方头撞玻璃。

亨利忍不住笑了，对约翰说："这些人也真是的，走起路来，这么大的玻璃居然看不见。眼睛到哪里去了？"

约翰并不赞同亨利的说法，他说："真正愚蠢的不是撞玻璃门的客人，而是设计者。如果不同的人在同一个地方犯错误，那就证明这个地方确实存在缺陷。人们应该考虑怎么修正缺陷，而不是嘲笑那些犯错误的人。"

亨利于是向这家公司的经理提了意见，在这扇门上贴上一根横向标志线。

从此再没有来访客人撞到玻璃门了。

这个故事涉及"修路原则"，即当一个人在同一个地方出现两次以上同样的差错，或者两个以上的人在同一个地方出现同一差错，那一定不是人有问题，而是这条让他们出差错的"路"有问题。此时，人作为问题的领导，最重要的工作不是管人——要求他不要重犯错误，而是"修路"。

管理进步最快的方法之一就是：每次完善一点点，每天进步一点点。每个人每一次都能因不断"修路"而进步一点点。这里所讲的"路"就是制度和规范，"修路"就是指制度建设。

"修路"理论告诉我们，管理工作最重要的不是直接去管人，而是去制定让人各司其职的制度，即修筑让人各行其道的路。

制定管理制度的主要依据有以下三个方面。

（1）实际生产力水平，即要把生产经营的具体情况和条件作为制定管理制度最重要的依据。同时，制定者还应考虑随着科学技术的发展而带来的生产力发展。制定的管理制度要切合实际，既反映出生产过程的客观规律，又反映生产力发展的客观要求。

（2）成功的经验和失败的教训。成功的经验（包括企业内部的和企业外部的）用制度加以肯定，让人们照着做；失败的教训（包括企业内部的和外部的）用制度加以否定，禁止人们重蹈覆辙，保证事故不再重演。

（3）国家的方针、政策、法令、法规。管理制度既反映生产过程的客观规律，又适应生产关系的客观要求。因此，制定管理制度必须以国家的方针、政策、法令、法规为依据，使制定的制度符合国家有关法令法规。

制定管理制度的过程，是领导与员工相结合，反复进行调查研究的过程；是总结本企业的经验，总结历史的经验与学习成功企业的先进经验，探索企业管理的新方法，提高管理水平的过程；同时也是从员工中来，到员工中去，发动员工进行自我教育，参加民主管理，提高企业素质的过程。制定规章制度应该遵循的基本程序是：

调查—分析—起草；讨论—修改—会签；审定—试行—修订—全面推行。

也就是说，管理制度的制定，要经过充分调查、认真研究，才能起稿。草稿形成以后，要发到有关职能部门的基层单位反复讨论，斟词酌句，周密修改，并经过有关部门会签和领导审定，然后在小范围内试行检验。对试行中暴露出的问题和破绽，要认真进行修改。重要的规章制度，还要提交总经理或者董事会通过。只有遵循上述基本程序，制定出的管理制度才能切合实际，具有权威性和合法性，才能顺利贯彻执行。

··········极 简 管 理 学··········
制定管理制度的八条戒律

一戒草率从事。二戒抵触法规。三戒自相矛盾。四戒咬文嚼字。

五戒舍本逐末。六戒违背常理。七戒不切实际。八戒形同虚设。

34 如何建设一个"窗明几净"的企业

破窗理论：及时修好第一个被打碎的窗户

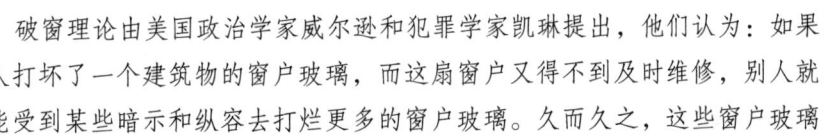

　　破窗理论由美国政治学家威尔逊和犯罪学家凯琳提出，他们认为：如果有人打坏了一个建筑物的窗户玻璃，而这扇窗户又得不到及时维修，别人就可能受到某些暗示和纵容去打烂更多的窗户玻璃。久而久之，这些窗户玻璃就给人造成一种无序的感觉。结果在这种公众麻木不仁的情况下，犯罪就会滋生、繁荣。

　　破窗理论在社会管理和企业管理中都有着重要的借鉴意义，它给我们的启示是：对于那些看起来是偶然的、个别的、轻微的"过错"，如果熟视无睹或纠正不力，就会纵容更多的人"去打烂更多的窗户玻璃"。必须及时修好"第一个被打碎的窗户玻璃"，对犯有过错者给予必要惩罚，这样才能有效阻止"破窗现象"于萌芽状态。

　　在日常生活和工作中，经常可以发现这样一些现象。

　　一个人带头摘取商店门口摆放的鲜花，其他人就群起而效仿，将数个花篮中的鲜花一抢而空。桌上的财物，敞开的大门，可能使本无贪念的人心生贪念。有的员工在工作中违反程序，还称"××都是这样干的！"或者"上次就是这样做的！"对于违反公司程序或廉政规定的行为，有关组织没有进行严肃处理，没有引起员工的重视，从而使类似行为再次甚至重复发生。对于工作不讲求成本效益的行为，有关领导不以为然，使下属员工的浪费行为得不到纠正，反而日趋严重……

　　"破窗理论"在社会管理和企业管理中给我们的启示是：必须及时修好"第一个被打碎的玻璃窗户"。中国有个成语叫"防微杜渐"，说的正是这个道理。

　　纽约市交通警察局局长布拉顿受到"破窗理论"的启发。他在给《法律与政策》杂志写的一篇文章中谈到："地铁无序和地铁犯罪在20世纪80年代后期开始蔓延。那些长期逃票的、违反交通规则的、无家可归骂街的、站台上非法推销的、墙壁上涂鸦的……所有这些加在一起，使得整个地铁里弥漫着一种无序的空气。我相信，这种无序就是不断上升的抢劫犯罪率的一个关键动因。因为那些偶然性的犯罪，包括一些躁动的青少年，把地铁完全看成可以为所欲为、无法无天的场所。"

布拉顿采取的措施是号召所有的交警认真推进有关"生活质量"的法律，他以"破窗理论"为师，虽然地铁站的重大刑案不断增加，他却全力打击逃票。结果发现，每7名逃票嫌疑犯中，就有1名是通缉犯；每20名逃票嫌疑犯中，就有1名携带武器。结果，从抓逃票开始，地铁站的犯罪率竟然开始下降，治安大幅好转。

1994年1月，布拉顿被任命为纽约市的警察局局长，就是因为他对"破窗理论"的出色阐释。而布拉顿开始把这一理论推广到纽约的每一条街道、每一个角落。他指出，这些小奸小恶正是暴力犯罪的引爆点。因为针对这些看来微小、却有象征意义的犯罪行动进行大力整顿，结果带来很大的效果。"警局的最高领导居然要关心街头那些'毛毛雨'犯罪，这在纽约市是史无前例的，甚至在整个美国绝大多数警察局也是史无前例的。"马里兰大学政策研究专家沙尔曼感慨地说。在"破窗理论"的指导下，纽约市的治安大幅好转，甚至成为全美大都会中，治安最好的城市之一。人们把这个庞大的都市几十年来从没有过的崭新气象都归功于布拉顿。"破窗理论"在社会治安综合治理以及反腐败中的应用意义是显而易见的，在企业管理中也有重要的借鉴意义。

管理者应当加强培养员工的责任意识，让员工明确自己的职责，不做"破窗"的第一人，养成遵守工作程序的习惯，自觉遵守公司规章制度，按程序办事，并使其成为个人道德水平的体现。作为一种行为规范、价值取向的企业文化，其形成的过程需要每一位以企业为家、"厂荣我荣"的成员的自觉的行动，需要公司各部门、各级管理者的表率和支持。在公司所有成员的共同努力下，公司才能永远"窗明几净"，无"破窗"之忧！

··········极简管理学··········
提高员工遵守纪律的自觉性

为了促使公司形成自觉遵守纪律的好风气，领导应该采取以下几个明确的措施：

一是广泛宣传。二是调查了解。三是冷静处理。四是私下处分。五是一视同仁。六是坚决公正。七是消除怨恨。

35 公开透明是防止管理不正之风的法宝

金鱼缸法则：管理要建立在透明公正之上

　　金鱼缸是玻璃做的，透明度很高，无论从哪个角度去看，都可以一目了然地观察到缸内金鱼的活动情况。金鱼缸法则是一种比喻，也就是极高透明度的民主管理模式。

　　鱼缸透明的前提是鱼缸缸体采用的透明材料，此外就是要有清澈、通透的水质，所以，企业的管理者要不断提升自身的综合素质和职业道德，为管理工作的公开透明提供"透明的鱼缸和清澈的水质"，而管理工作的公平、公正正是透明的鱼缸和清澈的水质。因此，在企业管理工作中要始终遵循和执行"公平、公正、公开"的原则去开展各项工作。做到了公平、公正，就不怕公开，而企业管理的公开、透明又会对企业管理本身起到巨大的推动作用，使企业得到持续、良性的发展。

　　金鱼缸效应作为现代管理制度的一项基本原则，在各个领域都有很好的运用。

　　政务公开是金鱼缸效应在政府管理领域的运用。政务公开主要的要求是使政府的工作内容公开化，对于政府筹划或正准备进行的各项工作，如城市建设、道路规划、医疗保健措施、事务处理等分类进行公开，并对各项工作内容及进程予以公开，任何公民都可以通过特定途径，如政务公开栏、政务公开网络等进行查询、监督。政务信息本身就是政府信息的一部分，政务公开有利于政府信息公开的进一步透明化。我国政府实行政务公开，对于反腐倡廉和提高政党的执政能力都起到了很大的推动作用。

　　金鱼缸效应运用到企业管理中，就是要求管理者必须增加规章制度和各项工作的透明度。各项规章制度和工作有了透明度，管理者的行为就会置于员工的监督之下，就会有效地防止管理者滥用权力，从而强化管理者的自我约束机制。同时，员工在履行监督义务的同时，自身的主人翁意识和责任感得到极大的提升，而敬业、爱岗和创新的精神也将得到升华。

目前，企业界常采用"开诚布公管理法"，其哲学基础与"金鱼缸法则"一样，就是"开诚布公"。史塔克是业界施行"开诚布公管理法"的先驱之一，他因道德表现杰出，堪为众人表率，而获得"企业信用奖"。史塔克接掌"春田重整公司"（SRC）时，SRC刚从母公司"国际丰收公司"脱离出来，整个公司的经营状况可说是摇摇欲坠。史塔克认为，唯一能使公司长久维持正常经营的方法，就是以真相为基础。他决定让公司里的每一位员工都了解公司整体的经营状况。他亲自教员工看懂、了解公司的财务报表，而且定期公布公司的账册与各项财务资料，让全公司上上下下都知道公司目前的状况及未来的目标。

管理制度和各项工作的透明、公开是提升管理水平、防止不正之风的法宝之一。

··········极简管理学··········
纠正员工认为不公平的地方

　　纠正不公平现象是保持组织制度公正、推进管理公平的重要措施。要切实纠正企业中的不公平现象，首先要明确了解员工认为不公平的地方有哪些。员工认为不公平的地方有：

（1）没有机会提升。

（2）所涨薪水没有达到预期。

（3）个别员工与领导打成一片，而其他员工被冷落。

（4）未被允许参加某项工作，而有人从中受益。

（5）个人认为自己工做出色，但领导评价却不高。

（6）领导太忙而很少接见员工。

（7）领导只会不断挑错，而不会鼓励与表扬。

（8）领导未对自己努力工作的行为做出反应，但对其他人的小小进步却大加褒扬。

（9）不合理的福利分配制度。

36 为何控制结果就可以控制行为

强化理论：奖励一种行为，惩罚一种行为

　　强化理论是美国的心理学家和行为科学家斯金纳、赫西、布兰查德等人提出的一种理论。斯金纳生于1904年，他于1931年获得哈佛大学的心理学博士学位。他在心理学的学术观点上属于极端的行为主义者，其目标在于预测和控制人的行为而不是去推测人的内部心理过程和状态。他提出了一种"操作条件反射"理论，认为人或动物为了达到某种目的，会采取一定的行为作用于环境。当这种行为的后果对其有利时，这种行为就会在以后重复出现；不利时，这种行为就会减弱或消失。人们可以用这种正强化或负强化的办法来影响行为的后果，从而修正其行为，这就是强化理论，也叫作行为修正理论。

　　斯金纳所倡导的强化理论是以强化原则为基础的关于理解和修正人的行为的一种学说。强化从其最基本的形式来讲，是指对某种行为的肯定或否定的后果（报酬或惩罚），它至少在一定程度上会决定这种行为在今后是否会重复发生。根据强化的性质和目的，强化可分为正强化和负强化。

　　在管理上，正强化就是奖励那些组织上需要的行为，从而加强这种行为；负强化就是惩罚那些与组织需要不相容的行为，从而削弱这种行为。正强化的方法包括奖金、对成绩的认可、表扬、改善工作环境和人际关系、提升、安排担任挑战性的工作、给予学习和成长的机会等。负强化的方法包括批评、处分、降级等，有时不给予奖励或少给奖励也是一种负强化。

　　之后，斯金纳又将强化理论进一步发展，并用于人的学习上，发明了程序教育法和教育机器。他强调在学习中应遵循小步子和及时反馈的原则，将大问题分成许多小问题，循序渐进。他还将编好的教育程序放在机器里对人进行教学，收到了良好的效果。

强化理论具体应用的一些行为原则如下。

（1）经过强化的行为趋向于重复发生。强化因素就是会使某种行为在将来重复发生的可能性增加的任何一种"后果"。例如，当某种行为的后果是受人称赞时，就增加了这种行为重复发生的可能性。

（2）要依照强化对象的不同，采取不同的强化措施。人们的年龄、性别、职业、学历、经历的不同，其需要也就不同，强化方式也不一样。例如，有的人更重视物质奖励，有的人更重视精神鼓励，则应区别情况采用不同的强化措施。

（3）小步子前进，分阶段设立目标，并对目标予以明确规定和表述。对于人的激励首先要设立一个明确的、鼓舞人心而又切实可行的目标，只有目标明确而具体时，才能进行衡量和采取适当的强化措施。同时还要将目标进行分解，分成许多小目标，在完成每个小目标后都及时给予强化，这样不仅有利于目标的实现，而且通过不断地激励，可以增强信心。如果目标定得太高，会使人感到不易达到或者能够达到的希望很小，这就很难充分调动人们为达到目标而做出努力的积极性。

（4）及时反馈。及时反馈就是通过某种形式和途径，及时将工作结果告诉行动者。要取得最好的激励效果，就应该在行为发生以后尽快采取适当的强化方法。一个人在实施了某种行为以后，即使是领导者表示"已注意到这种行为"这样简单的反馈，也能起到正强化的作用。如果领导者对这种行为不予关注，这种行为重复发生的可能性就会减少甚至消失。所以，必须利用及时反馈作为一种强化手段。

（5）正强化比负强化更有效。所以，在强化手段的运用上，应以正强化为主；必要时也要对坏的行为给以惩罚，做到奖惩结合、赏罚分明。

强化理论只强调外部因素或环境刺激对行为的影响，忽略人的内在因素和主观能动性对环境的反作用，具有机械论的色彩，这是它的局限性。但是许多行为科学家认为，强化理论有助于人们对行为的理解和引导。因为一种行为必然会有后果，而这些后果在一定程度上会决定这种行为在将来是否重复发生。

那么，与其对这种行为和后果的关系采取一种碰运气的态度，还不如对其加以分析和控制，使大家都知道应该有什么后果才最好。这并不是对员工进行操纵，而是使员工有一个在各种明确规定的备选方案中进行选择的最好的机会。因而，强化理论已被广泛地应用在激励和人的行为的改造上。

······· 极简管理学 ·······
强化理论应用准则

　　在实际中应用强化理论，关键在于如何使强化机制协调运转并产生整体效应。为此，实施者应注意以下五个方面：

　　（1）应以正强化方式为主。

　　（2）采用负强化（尤其是惩罚）手段要慎重。

　　（3）注意强化的时效性。

　　（4）因人制宜，采用不同的强化方式。

　　（5）利用信息反馈增强强化的效果。

37 为什么奖金比工资更能激发员工工作动力

组织行为矫正：怎样塑造员工的"好"行为

组织行为矫正又称为"行为矫正"，是强化理论在管理实践中的应用，是指采用有规律的、循序渐进的方式引导出所需要的行为，并使之固化的过程。

从实际角度来说，当员工行为与管理者的要求和目标相关很大时，矫正是实现管理目标的重要手段。此时员工要做出合乎理想的行为很难，而如果只有满足标准才给予奖励，则奖励本身太渺茫，奖励很难奏效。进行行为矫正，即主动地、循序渐进地引导所需要的行为，则可能成功达到目的。

组织行为矫正具体分为五个步骤，如图7所示。

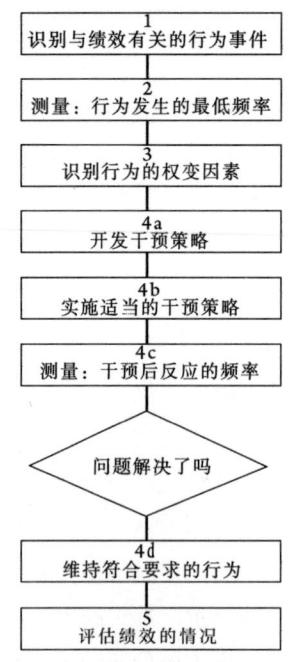

图7　组织行为矫正的五个步骤

第一步：识别与绩效有关的行为事件。员工所做的不同的工作对现实的贡献或意义不同，因此，行为矫正首先要确认出哪些行为对工作绩效有显著的影响。往往出现的情况是，关键行为虽然只占所有行为的5%~10%，但绩效的贡献可能高达70%~80%。

第二步：测量行为发生的最低频率。管理者要确定绩效的基线水平，也就是要找到行为的基础效率水平。

第三步：识别行为的权变因素。采用功能分析法鉴别工作行为的各种情境因素，以便管理者了解出现各种行为的原因。

第四步：拟订并执行适当的干预措施。为了强化必要的绩效和削弱不必要的行为，适当的策略是改变某些绩效——报酬的关联因素，如结构、和谐、技术、群体或任务，这些与奖励高水平的绩效形成高度正相关。

第五步：评估绩效的情况。

行为矫正的方法主要有四种：正面强化、反面强化、惩罚和消退。

（1）正面强化：是指对做出的行为予以奖励。

（2）负面强化：是指因做出某种行为而不再予以惩罚。

（3）惩罚：是指对做出的行为给予批评和处罚。

（4）消退：是指对出现的某种行为不予强化，久而久之，这种行为被判定为无价值而消退。

强化方法的运用对行为矫正的效果有重要影响。例如，完全强化对于学习初期的、不稳定的、不常出现的行为有很好的强化效果。但这种强化会很快导致饱足感，从而对奖励感觉麻木，难以达到强化效果。然而一旦撤销强化，行为便会迅速消退。相反，部分强化适用于稳定的或经常出现的行为。另外，研究发现，变化性强化往往比固定强化效果好。例如，奖金比固定工资强化效果好，前者与绩效相关，是不定期、不定比率的"间歇强化"，而后者对雇员来说已然习以为常，强化的作用很弱。

行为矫正在组织管理中有很大的应用价值。一个著名的案例是艾默尔公司进行的关于包装搬运工作方式的研究。

艾默尔公司出于经济考虑，希望工人尽量使用运输专用的金属箱。当管理人员询问工人搬运的货物中有多少是用金属箱时，工人的回答一律是90%，但事实上比例仅有45%。为了鼓励员工使用金属箱，管理层建立了一个反馈和积极强化方案。每个装运工接受指导并记录他每天的装运量，每天结束工作后由工人自行计算金属箱使用率，并据此发放奖励。结果，该方案实施的每一天，金属箱的使用率增加90%，并一直保持该水平。据公司称，这项措施在3年内为公司节省了200万美元。

许多其他的组织和企业也结合自己的需要制定多种措施进行行为矫正，如以全勤奖取代病假照付制、发挥榜样作用等。当然，有人对这种管理激励方法颇有微词。有人认为组织行为矫正术有意操纵人的行为，减少人的自由意志，是不道德之举。同时，运用此方法达到目标之后能否持续发挥作用，员工是否会觉得受刺激，以及这不仅是管理者促进员工提高绩效的手段，而且确实是对员工的鼓励，答案也未可知。

··········（极简管理学）··········
强化手段的时间组合模式

行为矫正过程中，强化手段可以有两种不同的时间组合模式：

一种是连续强化，又叫完全强化，即只要所要求的行为一出现就给予强化。

另一种叫间接强化或部分强化，即不是每次良好行为出现都给予强化，而是间断地强化，但又足以使良好行为得到鼓励而重复出现。

后者比前者会产生更强的抵抗消退的作用，所引起的行为更持久。这可能是因为人类有寻求规律和一致性的倾向。间歇强化不符合这种倾向，于是更激发人们用更大的努力寻求一贯性奖赏。这也是赌博为什么容易上瘾的原因。

38 没有有效的监督，就没有工作的动力

赫勒法则：管理就是严肃的爱

英国管理学家赫勒指出，当人们知道自己的工作成绩有人检查的时候会加倍努力。在管理中，有效的监督是上级肯定下级的一种表现，也是上级对下级工作的一种尊重。这在管理学上被称为赫勒法则。

只有在相互信任的情况下，监督才会成为动力。有效的监督不是对员工能力的不信任，而是对员工劳动付出的一种尊重。

人们常说，没有压力就没有动力。在现实生活中，的确如此。没有人管着你，你就什么也不想做。这都是人类的惰性在作怪。人生来都是喜欢享受的，没有生存的压力、没有别人的监督，很少有人会拼命工作。

每一个当过学生的人几乎都有这样的感受，如果老师第二天不检查作业的话，你这一天就会不想写作业。我们也知道学习不是为了老师，但是如果老师不监督我们，我们就会想玩。这是孩子的天性，也是人类的通性。当然，这其中也不乏一些自控力特别好或者天生就很勤劳的人。但是在企业中，为别人打工，钱拿得一样多，能少干些就是赚了。很多人都抱有以上想法，认为给别人打工没必要那么尽力。也正是因为这种想法的存在，所以监工这种职业很早就出现在人类的历史上。有人监督，工作不得不卖力；有人监督，心中有顾忌，就会认真对待工作。没有人检查自己的工作，你不自觉地会懈怠；如果有人要检查你的工作，你也会自然地紧张起来。人就是这样奇怪，没人管还不行。

世界两大快餐巨头麦当劳和肯德基都很懂得这个道理。

麦当劳有名的"走动式管理"，既让管理人员下到基层体验了第一线的工作，又使员工的工作受到了监督，可谓一举两得。管理人员到各店里现场指导员工解决问题，不仅能使管理者更加深入地了解这些员工，对员工的工作起到监督的作用，而且当管理者向员工请教、咨询问题时，会使员工们有一种被重视和尊敬的感觉，这样更

加能促使员工积极热情地工作。

肯德基的监督方法更绝。肯德基的国际公司设在美国，但它雇佣、培训了一批专门的监督人员，让他们佯装成客户，不定时地秘密对全球肯德基各个分店进行检查评分。这让肯德基的各个分店的经理和雇员，无时无刻不感觉到一种压力，对工作是一点也不敢怠慢。通过这种方式，肯德基不仅对它的各个分店的情况随时有所了解，而且这种有效的监督也大大地促使肯德基的员工们提高了工作效率。

很多时候，公司管理者总是抱怨公司决策落实起来难的问题，其实这往往是因为公司没有一个有效的监督体系。如果管理者把任务布置下去，并能及时对这些任务进行检查，而且对任务的完成程度进行评估，实行相应的奖惩制度，那么决策落实难的问题基本上就不会出现了。可是有些管理者把决策一宣布就不管了，没有检查，没有奖惩，员工们也没有压力和动力，那么决策就只能是一句空话、一纸空文。所以，当公司的决策难以落实时，不要责怪员工的执行力差，而是从自身找原因，想一想是不是自己的监督工作没有做到位。

有效的监督，不是对员工能力的不信任，而是对员工劳动付出的一种尊重；有效的监督，不是公司对员工的苛刻和压迫，而是对员工工作的一种肯定和激励；有效的监督，不是让管理者时刻盯着员工，又累又苦地活着，而是让公司建立起一套完善的监督体制和奖惩制度。总之，有效的监督是企业发展必不可少的管理手段。

人们往往认为给对方足够的自由和空间，是尊重他；其实有效的监督，也是对人的一种尊重，是对他人劳动付出的一种尊重。干好与干坏都一样，谁还会有干劲呢？有监督，有评比，有奖惩，人们才会有进步的动力。人们的付出都想得到别人的认可，有效的监督就是对他人工作的一种肯定。把你当作一个有能力完成本职工作的人，才会对你有所要求，才会对你进行监督，这就是一种尊重。

·············极简管理学···········
企业监督四制度

1. 督查制度

督查制度的建设是对督查事项的跟踪监督，明确各部门工作职责，增强全体干部职工对规章制度的执行力。一个企业可以根据其组织结构的复杂性和人员多少，考虑设置一级或两级检察机构。

2. 追究制度

要建立环环相扣的责任追究制，对不同层次、各个岗位的员工，制定出精细的责罚条例，让执行力弱或有过错者为其行为"买单"。

3. 复命制度

对主管领导所安排的任何工作，不管完成与否，被安排人都要在规定时间内向安排人复命，保证事事有落实、件件有回音。

4. 考评制度

根据各部门员工承担的责任，加强检查考评，细化考评标准，并建立完善一系列督查考评办法，以充分调动员工的积极性，提高执行力。

39 授员工以鱼，不如授员工以渔

洛伯定理：老板不在时，员工在干什么

美国管理学家R·洛伯研究发现，对于一个经理人来说，最要紧的不是你在场时的情况，而是你不在场时会怎样。如果只想让下属听你的，那么当你不在身边时，他们就不知道应该听谁的。这种现象被称为洛伯定理。

洛伯定理告诉我们，要想让员工在你不在场的时候知道该怎样做，则必须建立切实可行的制度和规程，并把责任落实在每个员工的身上。

国外儿童教育学家做过一个有趣的试验：把几个儿童依次单独放在一个藏着监视器的小房间里，告诉他，身后有一个玩具，但是，要求他无论玩具发出什么动静都不要回头看。试验的结果是，所有的孩子最后都忍不住回头偷看了一下，试验的关键在下一步，每一个孩子从房间出来后都被问到是不是回头看了，有些孩子承认了，有些孩子就坚持说自己没看。教育学家说，孩子回头是正常的，因为他们的自制力抵抗不了玩具的诱惑，但是，孩子应该有能力控制自己不撒谎。

这一现象其实可以用洛伯定理来解释。也就是说，当你不在场的时候可能发生你预想不到的事情，那是下属只听你的所造成的。为什么会形成这种局面？这可能不是你的初衷，其实是你在授权方面出现了问题。如果事无巨细，事必躬亲，必然抑制了部下的能力和自由发挥的空间。

所谓授权，是指上级领导者将部分职权委托给下属的行为，其实质是领导者不要做别人能做的事，而只做必须由自己来做的事。因为任何一个领导者，其时间、精力、知识和能力都是有限的，一个人不可能事必躬亲地承担实现组织目标的全部任务。授权的目的是使领导者的能力得到延伸，同时也培养员工独立自主、独当一面的工作能力。

一个管理者在管理一个组织的时候，要给予下属一定的自主空间，锻炼下属独立处理事情的能力。如果一直是高压政策，对谁都不放心，大权独揽，像一个掌管全局的大管家，则下属不过是他命令和思路的执行者，不需要头脑，不需要主见，只是执行而已。这样的管理者尽管可以把一个组织管理得井井有条，但他手下的员工被日复一日地管理成了只会听话、行动的"好同志"。一旦他不在场时，属下就成了一群无头苍蝇，纪律开始散漫，工作效率开始降低，有事谁也不愿负责任——因为平时谁也没负过责，又怕一旦出了差错没法交代。

所以，对于一个管理者来说，不要大权独揽，事必躬亲，该授权时则授权，否则自己累得心力交瘁不说，员工也会对工作缺乏热情。时间长了，这会使下属产生依赖心理或不被信任的感觉，并在你不在的时候无所适从、互相推诿、错失良机。

综观成功的企业，既包括许多被认为相对分权的企业，也包括许多被认为是相对集权的企业，其授权程度并没有一个普遍的标准，也许一些看似细节的权力可能就不在授权之内。但作为管理者，你必须告诉下属，当你不在场的时候，他们如何处理随机事件，尤其是关乎企业命运的突发事件。

管理者首要的任务，是扮演好教练的角色，也就是负责企业内人才的延续。企业管理者要负责培育、激励员工，激发员工潜能，同时也通过合理地授权，给员工创造施展聪明才智的机会和表现的舞台，让他们能从中得到磨炼与成长，成为具有判断、创新能力的人才。而管理者也能有更多的时间去做更重要的决定及思考企业的远景方向。

管理的最高境界就是让员工感受不到你的存在，他能够明确目标、自我管理、自我激励，把个人价值与企业价值有机地结合起来，在实现个人价值的同时，也为企业创造价值。

那么，管理者如何授权呢？

1. 选择你要授权的工作

你可以挑选一些别人做得跟你一样好的非优先工作，将这些事情授权出去。你应该把重点放在你的优先工作上，将妨碍你专心的任何工作授权他人。因为缺乏必要的技巧或专业知识，所以自己无法做的事情，就授权他人。因为没有兴趣或是占用太多时间的工作，你可以不必自己做，也交给他人去做。

2. 挑选最好的人授权

你授权给他人，而他们做得很好，你要学习他们的特点、价值观与特质。交代工作时，你要注意是否有人提出问题，仔细聆听并且观察。

3. 信任你授权的人

除了信任外，你还要给他机会，让他以自己的方式去做。大多数的工作都有很多可行的方式，但是你有权要求要做得正确妥善。赫斯特报业前任执行长鲍伯·但泽强调信任是有效率授权的关键，他说："一开始就要信任。我十几岁就从事分类广告销售工作，我将广告交出去，就信任印刷工的排版，也信任广告部门。后来我成为同一家报社的发行人，还是以信任感对待978位同事。在我成为赫斯特报业集团的全国执行长之后，我对各城市的主管与6000名同事都很放心。有些人可能说这就是授权，我比较喜欢信任的概念。"

4. 给予明确的任务与指令

跟其他人解释某件事情，其实没那么简单。有些人喜欢用过度简化的名词解释，让听者有受到侮辱的感觉。有些人说得模糊不完整，让人很难抓住他要表达什么。听众害怕提出疑问，以免显得愚蠢或是没有专心听，状况就变得更加复杂。因此，不要过度解释，也不要说得不够，对于你想要解释的东西，想想如果你不了解如何做，应该要知道什么。

5. 授权工作的职责，而不只是委托工作

授权要以责任为前提，针对授权的工作，界定员工所负职权的范围与程度，使员工明确自己的工作职责，承担应有的工作责任，确保责任到人。

6. 有明确的完成日期以及一套追踪的制度

计划开始时就要有明确的期限，包括几个小期限。这样才能及时查核工作的进度，而不是坐等最后期限。如果你授权执行这个计划的人，技术水平还不是让你很放心的话，这点就更加重要。

··········· 极简管理学 ···········
领导授权五原则

（1）授权要完整，不能零碎地授权，或只授一部分权。
（2）授权要有层次，针对不同的级别要授不同层次的权力。
（3）授权过程中给予适当的协助。
（4）要求被授权者直接参与授权内容。
（5）避免被逆授权。

40 如何消除投机取巧的"搭便车"现象

搭便车理论：小猪等着大猪跑

搭便车理论由美国经济学家曼柯·奥尔逊于1965年发表的《集体行动的逻辑：公共利益和团体理论》一书中提出。其基本含义是不付成本而坐享他人之利。

猪圈里有两头猪，一头大猪，一头小猪。猪圈的一边有个踏板，每踩一下踏板，在远离踏板的猪圈的另一边的投食口就会落下少量的食物。如果有一只猪去踩踏板，另一只猪就有机会抢先吃到另一边落下的食物。当小猪踩动踏板时，大猪会在小猪跑到食槽之前吃光所有的食物；若是大猪踩动了踏板，则它还有机会在小猪吃完落下的食物之前跑到食槽，争吃到另一半残羹。

猪会采取什么策略？答案是：小猪将选择"搭便车"策略，也就是舒舒服服地等在食槽边；而大猪则为一点残羹不知疲倦地奔忙于踏板和食槽之间。

原因何在？这是因为，小猪踩踏板将一无所获，不踩踏板反而能吃上食物。对小猪而言，无论大猪是否踩动踏板，不踩踏板总是好的选择。反观大猪，已明知小猪是不会去踩动踏板的，自己亲自去踩踏板总比不踩强吧，所以只好亲历亲为了。

在企业中，有不少人都只想付出最小的代价，得到最大的回报，争着做那只坐享其成的"小猪"。如果团队中每个人都想做"小猪"，却不想付出劳动，不愿承担起义务，最后导致每个人都无法获得利益，整个团队绩效低下，工作无法开展。

"搭便车"现象无疑会打击组织中其他员工的工作积极性。这种现象存在得越严重，对员工工作的积极性打击就越大。管理者要通过实施各种措施，不给那些投机取巧的员工有"搭便车"的机会，消除组织中的"搭便车"现象。

组织目标的达成，需要团队中所有人的精诚努力，离不开团队精神。而在实际工作中，团队的成功或失败会掩藏单个员工的表现，从而削弱员工的积极性。比如，很多人在一艘船上划船，有人会想，既然我不用承担自己行为的全部后果，那我就少出一点力，而本来拼尽全力承受痛苦的员工不能得到全部的好处，他也会少用一点力。这样便造成许多划船者未尽全力，从而使整艘船的速度低于正常水平。这个道理说明，进行整个团队的绩效管理尽管有利于团队的协同合作，但会造成因"搭便车"而带来的产量损失。

要解决这个问题，管理者在管理过程中需要多花费些时间，减少利益团体成员的数量，尽量针对每个员工个体实施奖惩措施。管理者要把个体的奖惩与团体的奖惩结合起来，以便为公司创造更多的利益。

具体来说，管理者可以运用以下几项措施，来刺激团队中每一个成员的工作动力：

（1）激发部下的工作士气，利用奖赏、以身作则来激励部下，让他们产生工作的激情。

（2）分派工作，设定目标的方式恰当。如果简单地对员工说："你们必须在三天内做成某件事!"员工会感到茫然。如果把工作的界限明确地说出来，让员工们明白："五个人三天完成多少数量的工作即可！"这样一来，通过目标的细化，大家都感到任务能够完成。于是大家就只想快速把它完成。

（3）编制得当，适才适所。设置几个层次的管理体系，不同的人有各自的工作，每人负担的责任有大小，奖惩也有差别，大家就会尽力去把工作做好。

（4）工作的指导明确而有规则。每个员工都知道自己的任务是什么，都有人监督他们的行动，大家无法偷懒怠工、偷工减料，工作自然完成得又快又好。

（5）以高额奖金诱发部下的干劲。公司可以运用各种打动人心的办法，使人人努力工作，不敢懈怠。这样，工作自然可以高速完成。

管理者应该深刻地观察员工心理和工作中的各种问题，把握住工作分配的关键点，要明确每个人应该做什么，不应该做什么。有些工作是必须合作才能完成的，但在合作中也要有明晰的分工。

任何一个任务的背后都隐藏着与员工休戚相关的利益，员工们由于处于被动地位，有时候不能想到这些利害关系。管理者就必须冷静地为他们分析利弊，让他们意识到做好工作的必要性，从而自觉地努力工作，确保任务的完成。

············极简管理学············
三招消除"搭便车"现象

如何消除给组织中的"搭便车"现象？经研究有以下三种方法：

一是建立一"坑"多"树"的岗位竞聘机制。打破岗位长期垄断，实施定期竞聘，是消除"搭便车"现象的一剂良方。

二是通过科学有效的激励和惩罚手段，培养和激发员工努力工作的积极性。公司对认真负责、追求上进的员工给予奖励，对投机取巧、偷工减料的员工进行惩罚，在团队中培育一种人人向上、追求先进的好风气。

三是建立工作汇报制度。人人都来汇报工作了，没有工作内容的人就会紧张起来，进而行动起来。"搭便车"现象自然就会失去滋生的土壤。

41　长痛不如短痛，该炒人时就炒人

酒与污水定律：一勺污水会污染一桶酒

　　把一匙酒倒进一桶污水，得到的是一桶污水；如果把一匙污水倒进一桶酒，得到的还是一桶污水。这就是管理学上有趣的"酒与污水定律"。

　　有这样一个职场寓言。四只猴子共同搬运一块正方形的石板。其中A兢兢业业，一心要完成搬运任务；D是从一开始就没有出力，但是装作很卖力的样子，嘴里还高喊着口号；B和C则是随大流者，它们的出力的程度完全取决于上级领导的态度。

　　于是，这块石板能不能正常搬运，就要看B、C究竟是学习A，还是模仿D。一般来说，由于A出力受累，而D比较悠闲，因此B、C会本能地模仿D，石板当然会砸下来。

　　当然，如果在这个过程中加入管理者介入的因素，结果会有所不同。但是向哪个方向发展，则完全要看管理者的介入表现。

　　如果管理者不仅在口头上大力弘扬A的精神，而且在实际工作中重用、提拔A，那么B、C就会向A学习，至少不会偷懒，不敢模仿D。这样，即使D不出力，那块石板也能顺利地搬运到目的地。可是如果管理者仅在口头上表扬A，而实际上重用提拔的是D，甚至连口头上也没有表扬A，而是表扬D（因为D尽管没有出力，而口号喊得最响），那么B、C就会模仿D。这样，即使A还在用力，但是B、C、D都松手了，石板仍然会砸下来。

　　在任何组织里，几乎都存在像D这样的"害群之马"的人物，他们存在的目的似乎就是把事情搞砸。最糟糕的是，他们像马群里的"害群之马"，使整个马群不得安宁；也像果箱里的"烂苹果"，如果不及时处理，它会迅速传染，把果箱里其他苹果也弄烂。

　　破坏者能力非凡的原因在于，破坏总比建设容易。一个能工巧匠花费时日精心制作的陶瓷器，一头驴子一秒钟就能毁坏掉。如果一个组织里有这样的一头驴子，即使拥有再多的能工巧匠，也不会有多少像样的工作成果。

　　"烂苹果"的可怕之处，在于它那惊人的破坏力。一个正直能干的人进入一个混乱的部门可能会被吞没，而一个无能无才者能很快将一个高效的部门变成一盘散沙。组织系统往往是脆弱的，是建立在相互理解、妥协和容忍的基础上的，很容易被侵害、被毒化。

　　如果你的组织里有这样的一个"烂苹果"，你就应该马上把它清除掉，该解雇就解雇，否则就会像一勺污水那样污染一桶酒。

　　酒与污水定律，其实在我们中国也有同理的谚语：一块臭肉坏了满锅汤，一粒老鼠屎坏了一锅粥，一条臭鱼腥了一锅汤。

　　无论是来自西方的定律还是中国的谚语，都已经对负面影响的始作俑者做了准确的定性：污水、臭肉、老鼠屎、臭鱼。这些已经定性的东西已经没有改变和改造的可能。污水总不可以成为酒，臭肉总不可以成为好肉，老鼠屎总不可以成为调料，臭鱼又怎么可能成为好鱼？既然如此，就要及时处置，对极坏的东西不需要再抱什么幻想。农夫和蛇的故事也同样在给我们启发。一个人的品质是多年养成的，企业就是在用人，不需要再背负育人的义务。不合适的，不能融入企业文化的，尽快使之离开，对企业是一件好事，对当事者也未必不是一件好事。常言道，长痛不如短痛。还有句话，该出手时就出手。这样的处置，也许企业是要付出代价的。但这种代价是值得的。

　　在我们的可视范围里，要把60%的眼光放在10%的人才身上，把15%的眼光留给70%的庸才，把剩下的25%的眼光坚定不移地盯住20%的小人。要趁那匙污水还没发臭之前，像变魔术一样把他悄悄地净化，即使倒进了芳香甘醇的美酒里也不会坏了口味，反而增添了雅兴，这就是最好的效率！

··········〔极〕〔简〕〔管〕〔理〕〔学〕··········
谁是公司里的"危险人物"

　　不务正业的人；不负责任的人；爱找借口的人；老是抱怨的人；热衷吹牛的人；钩心斗角的人；搬弄是非的人；传播流言的人；口蜜腹剑的人；两面三刀的人；溜须拍马的人。

42 管理者要学会像蜜蜂一样"舞蹈"

蜂舞法则：管理到位，沟通先到位

蜜蜂的舞蹈主要有"圆舞"和"镰舞"两种形式。工蜂回来后，常做一种有规律的飞舞。如果工蜂跳圆舞，就是告诉同伴蜜源与蜂房相距不远，在100米左右。工蜂如果跳镰舞，则是通知同伴蜜源离蜂房较远。路程越远，工蜂跳的圈数越多，频率也越快。如果跳"8"字形舞，并摇摆其腹部，舞蹈的中轴线跟巢顶的夹角正好表示蜜源方向和太阳方向的夹角。蜜蜂跳舞时头朝上或朝下，与告知蜜源位置之方向有关：跳舞时头向上，表明找寻蜜源位置必须朝着太阳的方向飞行。这就是蜂舞法则的来源。

蜂舞法则揭示的道理是：信息是主动性的源泉，加强沟通才能改善管理的效果。

Jenny是一个护理医院的领导，手下有7个管理人员和125个员工。董事会决定裁去5个员工，因此她在星期五的早上寄出125封信，把她准备裁员的计划向125个员工作了陈述。到了星期一的早上，当Jenny步入办公室时，她感到十分异常，她发现所有的人——管理人员和员工似乎都炒了她的鱿鱼。因为她在那天早上失去了她以往的权威，所有的指挥全部失灵了。Jenny犯了一个严重的错误：缺少沟通。第一，她没有与她的7个管理人员沟通，7个管理人员全然不了解她在上个星期五所做的事情。第二，没有选好适当的方式，她发出的125封信使每个员工感到不安全，因此他们在星期一早上联合起来抗议Jenny的计划。

虽然裁员可能是董事会的决定，但一位领导者要想办好这件事，需要一定的工作能力和管理方法。缺乏沟通研究，将对管理工作不利。

当前，企业面临日益激烈的市场竞争，迫切需要调动一切积极因素以应对竞争。员工作为企业最重要的生产要素，同样要面对严酷的市场竞争。员工的就业压力越来越大，职场内外的焦虑和浮躁情绪危害着在职者和求职者的健康。管理者需要和员工多谈心、多沟通，以安抚员工的情绪，舒解员工的压力，增强员工的工作积极性和创造性。

与员工进行有效沟通，有助于企业科学决策。在微软公司，由于人员分布在100多个国家和地区，公司给每一位员工提供一个免费的网址，用于与公司内任何人进行交流，包括与最高层人物谈心。这种即时互动的交流，确保了微软在世界各地的决策能够集思广益，提高了决策的科学性。

与员工进行有效沟通，能直接展示领导者的人格魅力。人格魅力在企业管理中具有很好的感染力和示范效应。通用汽车前总裁韦尔奇是一位与人沟通的高手，他有很高的谈心技巧。他能说出1000名公司高级管理者的名字和职务，熟知公司3000名管理者的表现，并根据他们的表现授奖。韦尔奇还善于采取非正式方法与员工沟通，有时他会突然造访某个工厂或办公室，有时又会临时安排与下属共进午餐，工作人员还会从传真机上见到总裁的亲笔批示。

真诚沟通也是留人的一种技巧，公司不仅要以事业留人，还要以感情留人。有这样一个故事：公司一名很优秀的员工要辞职，该员工的上司觉得单位很需要这个人，想办法要让他留下来。经过交谈了解到，这名员工不满意他用电子邮件发指令的方式，但未向他提起过。了解了内情，上司主动与这位员工促膝交谈，留住了这名优秀员工。

有效沟通还有助于公司创名牌。松下公司很多产品的开发都是在与用户及员工的交谈中获得灵感的。如果员工有新的创意，松下甚至会拨一笔专款，让他去另开办一家工厂，实现他的创意。在这些交流中，公司不仅充分倾听到员工的意见，解决了员工悬而未决的问题，更便于找准经营思路创出品牌。

有人以为沟通只要人际交往时不隐瞒、真实地表达本意就行了。其实，这还不够。确实，不以诚相待就根本谈不上良性沟通，但往往真知灼见在合理碰撞时也会不欢而散。因此，沟通不仅需要真实，也需要技巧。这里有五个沟通的小技巧：对人对事皆以真诚欣赏与赞美为前提；先说自己错在哪里，然后才指出别人的错误；说话要顾及别人的面子；只要对方稍有改进，即加以鼓励；嘉勉要诚恳，赞美要大方。从人性的角度看，每个人都是想被他人认可的。

沟通，除了知道其讲话的本意外，还要知其所以然。在庭审辩论过程中，律师的一种辩论技巧就是并不会将对方的辩论意见做简单地条件反射，而是要知道其论点的依据是什么，对方有怎样的意见，会如何反驳等。之后律师才去应战，否则就易坠入陷阱。人事工作也一样，如主试者问面试者："你家住在哪里？"面试者条件反射的回答是据实相告，而真正懂沟通技巧的面试者就会知道主试者的随意"开场白"可能是在判断其上下班的路程所要花的时间。因此，面试者可以回答："我只要乘一辆车就能到单位。""我家到贵单位只要半个小时。"这一问一答就是一次沟通的过程，深究其根源往往能使沟通取得事半功倍的效果。

沟通是一个把组织的成员联系在一起以实现共同目标的手段。管理者要像蜜蜂采蜜一样，吸取各种沟通方式的特点，将"蜂舞"沟通技巧融入自己的管理艺术中。

··········极简管理学··········
沟通力决定领导力

沟通是解决一切问题的基础。在企业管理中，沟通虽不是万能的，但没有沟通是万万不能的。具体地说，沟通在领导中的重要作用体现在以下几个方面：

第一，良好的组织沟通，尤其是畅通无阻的上下沟通，可以起到振奋员工士气、提高工作效率的作用。

第二，在有效的人际沟通中，沟通者互相讨论、启发，共同思考、探索，往往能迸发出创意的火花。

第三，沟通的一个重要职能就是沟通信息。

第四，企业管理者可通过信息沟通了解客户的需要、供应商的供应能力、股东的要求及其他外部环境信息。

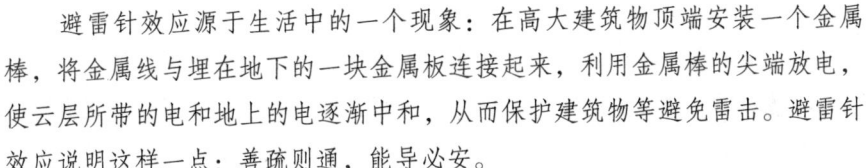

43 如何让员工对你敞开心扉

避雷针效应：善疏则通，能导必安

避雷针效应源于生活中的一个现象：在高大建筑物顶端安装一个金属棒，将金属线与埋在地下的一块金属板连接起来，利用金属棒的尖端放电，使云层所带的电和地上的电逐渐中和，从而保护建筑物等避免雷击。避雷针效应说明这样一点：善疏则通，能导必安。

避雷针效应提示人们：对矛盾和焦点要加以解决和疏导，否则会导致矛盾激化。管理者要关注员工的心理和思想问题，要加强谈心、交流，多做沟通工作。

沟通是管理的常用方法，如果沟通工作做好了，能在很大程度上帮助你处理好与员工之间的关系，完成工作任务，达到绩效目标。相反，如果沟通不好，则可能会产生许多你意想不到的问题，造成管理混乱，效率低下，甚至员工离职等问题。因此，现代管理者要保持沟通之心，让沟通成为你的工作利器。

英国管理学家L.威尔德说："管理者应该具有多种能力，但最基本的能力是有效沟通。"一个有经验和高效的管理者，一定是优秀的沟通者，他们深知发挥领导力和影响力的主要途径是人际沟通和互动。

沟通是管理的浓缩。唯有沟通才能减少摩擦、化解矛盾、消除误解、避免冲突，发挥团队和管理的最佳效能。

曾被任命为美国国防部副部长的惠普公司领袖帕卡德是一位深谙管理"大智慧"的领导人。他认为，管理不仅是一种权威，而且更重要的是一种沟通，一种让被管理者真心接受管理的"理"。为此，他创造了一种独特的"周游式管理办法"，鼓励部门负责人深入基层，直接接触广大职工；建议停止建造封闭的单间办公室，取而代之的是用齐肩的隔栏将一间巨大的房间隔成迷宫一般，从而体现公司上至总裁，下至初出茅庐的办事员，全体人员一律平等的精神，彼此间可以随意沟通。这种美国少见的"敞开式大房间"，因有利于上下左右通气、创造无拘束和合作的气氛，为惠普事业的发展做出了不小的贡献。

作为管理者，不要在工作中人为地设置屏障分隔。敞开办公室的门，制造平等的气氛，也就是敞开了彼此合作与心灵沟通的门。

对于管理者来说，要想获得良好的沟通效果，就要善于运用避雷针效应抓住员工心理，打开员工心扉。

抓住员工心理是与对方交往、说服对方的重要途径。沟通之难不在于见多识广或表达之难，而在于看透员工的内心，并在此基础上巧妙地表现自己。人的心理十分微妙，即使同样的一句话也会因员工的情绪变化而得到不同的理解。读懂员工的内心，才能控制其情绪的变化。

沉默的员工就是一扇关闭的门，如果管理者在交往中稍有不慎，那么对方就永远不会向你打开心扉。怎样才能使沉默寡言的人向管理者敞开心怀呢？首先应该进入对方的内心世界，引发其产生心理动摇。只要管理者抓住了沉默员工的心理，员工就会很容易地向管理者敞开心扉。

管理者可以表示自己十分同情员工的处境。如果员工因为遭遇挫折而不言不语，管理者不妨表示同情，可以用一种宽慰的语气对员工说："如果我处在同样的环境，遇到同样的事情，肯定也会失败。"这样，员工就不再担心管理者会严厉地批评他，进而也愿意和管理者展开交谈。

管理者即使遇到了与自己没有任何关系的事，只要具备一定契机和理由，也应该像对待自己的事一样做出积极的姿态，这样才能感化别人。感化别人的关键在于情感、需求、本能等行为动机，不要跟员工或者上级空谈道理，那样是没有效果的。

管理者只有充分尊重员工的个性，满足员工的需求，站在员工的立场上，做到换位思考、将心比心，才能够真正了解员工的所思所想。

沟通是解决问题的基础，通过沟通把自己的想法和观点传达给别人，才是有效地解决问题的方法。拿出你所有的热情，你会发现，沟通可以颠覆距离一说。拿出你的诚心和爱心，打开情感的大门，让员工先认可你，理解你，进而对你推心置腹，彼此交心，这样可以达到"肝胆相照"的效果。

因此，企业的管理者与员工之间应通过信息交流达到情感交流，由沟通达到心通。

·········· 极简管理学 ··········
提高沟通水准的必要条件

如何能让员工愿意与你交谈？怎样把你的公司变成一架精干、平衡和适应性强的沟通机器？如果你与人力资源专家和人际沟通专家讨论这个问题，就能总结出以下三个提高沟通水准的必要条件。

（1）使沟通成为你公司里的优先事项，并且让每个员工都知道你重视沟通。

（2）为员工提供与管理层交谈的机会。

（3）建立信任的氛围。没有了信任，员工很可能不愿意与他人分享自己的想法和意见。在如今精简、重组、合并和收购成为主流的时代，员工们常常害怕说出他们的想法。

44 如何让上意充分下达，下情能为上知

位差效应：有平等才有交流，有平等才有忠诚

　　来自领导层的信息只有20%~25%被下级知道并正确理解，而从下到上反馈的信息则不超过10%，平行交流的效率则可达到90%以上，管理学上把这种现象归纳为沟通的位差效应。它说明：平等交流是企业有效沟通的保证。

　　平等沟通，下情能为上知，上意迅速下达。作为较高层次的管理者，应努力坚持走群众路线，注重实际和调查研究，主动与下属沟通。管理者应加强自身民主意识的修炼，保持平易近人、谦虚谨慎，让员工愿意与自己沟通。要做到真正的平等沟通，一方面有赖于管理者注重自身的民主作风的修炼，另一方面需要大力建设企业内部的沟通渠道。

　　在企业内建立平等的沟通渠道，可以大大增加领导者与下属之间的协调沟通，使他们在价值观、道德观、经营哲学等方面很快地达成一致；可以使上下级之间、各个部门之间的信息形成较为对称的流动，业务流、信息流、制度流也更为通畅，信息在执行过程中发生变形的情况也会大大减少。

　　许多企业强调沟通，却往往忽视有效沟通渠道的建立。企业规模不大时，这种问题可能不会很明显。但当企业发展到一定规模的时候必定会出现沟通上的问题，从而影响企业的发展。如果不能很好地解决这些问题，企业发展就会严重受挫。在企业中，信息的交流主要有三种：上传、下达、平行交流。前两种是非平等交流，后一种总体上是一种平等交流。要想扩大沟通的有效性，就需要把平等的理念注入前两种交流形式。

　　一个企业要实现高速运转，要让企业充满生机和活力，有赖于下情能为上知，上意迅速下达，有赖于部门之间互通信息，同甘共苦，协同作战。要做到这一点，有效的沟通渠道是必需的。权威调查资料表明，在一个企业中，中级领导大约有60%的时间在与人沟通，高级领导则可达80%，沟通的有效性对领导力和企业发展的影响由此

可见一斑。国内外事业有成的企业无不视沟通为管理的真谛。正如英特尔公司的前任CEO安迪·格鲁夫所言，"领导公司成功的方法是沟通、沟通、再沟通"。

以意见上传而言，最大的问题就在于言路不畅，当管理层次增加以后，基层的声音就很难传达到高层领导那里。要解决这些问题，最好的方法就是打破上下级之间的等级壁垒，实现尽可能的平等交流。在沃尔玛，这一信条得到了完美的体现。

沃尔玛公司一再强调倾听基层员工意见的重要性，即使现在公司规模不断扩大也是如此。在公司内，沃尔玛实行门户开放政策，即任何时间、地点，任何员工都有机会发言，都可以口头或书面形式与管理人员乃至总裁进行沟通，提出自己的建议和关心的事情，包括投诉受到不公平的待遇。公司保证提供机会讨论员工们的意见，对于可行的建议，公司会积极采纳并用来管理公司。在沃尔玛公司，经常有一些各地的基层员工来到总部要求见董事长。董事长沃尔顿先生总是耐心地接待他们，并做到将他们要说的话听完。如果员工是正确的，他就会认真地解决有关的问题。他要求公司每一位经理人员认真贯彻公司的这一思想，而不要只做表面文章。沃尔玛重视对员工的精神鼓励，总部和各个商店的橱窗中，都悬挂着先进员工的照片。公司还对特别优秀的管理人员，授予"山姆·沃尔顿企业家"的称号。

通常情况下，沃尔玛公司在阿肯色州罗杰斯机场的飞机库里都会停有12架飞机。为了能听到最基层的声音，地区经理们每个星期一的早晨都要乘坐飞机前往自己分管的地区视察。视察一般从星期一进行到星期四。在视察过程中，经理会大量接触基层的员工，了解他们的信息和对公司的建议，了解他们对商品销售走势的看法，并对提出有价值建议的员工进行及时奖励。因为能广开言路，倾听最基层员工的意见，沃尔玛总是能了解到最新的信息，从而及时做出调整。在意见下达方面，沃尔玛做得同样出色。山姆·沃尔顿强调，公司领导是员工的公仆。公仆领导，也就是领导和员工之间是一个"倒金字塔"的组织关系。领导在整个支架的最基层，员工是中间的基石，客户永远是放在第一位。领导为员工服务，员工为客户服务。只有把客户服务好了，员工的口袋里才会有更多的钞票。员工作为直接与客户接触的人，其工作精神状态至关重要。因此，领导的工作就是指导、支持、关心、服务员工。员工心情舒畅，有了自豪感，就会更好地服务于客户。

在沃尔玛，任何一个员工佩带的工牌上除了名字外，没有标明职务，包括最高总裁。公司内部没有上下级之分，见面就直呼其名。这种规定使员工们放下了思想包袱，分享到了平等分工的快乐，营造了一个上下平等的工作氛围。

沃尔顿还强调，员工是合伙人。沃尔玛公司拥有全美国最大的股东大会。每次开会，沃尔玛都要求有尽可能多的部门经理和员工参加，让他们看到公司的全貌，了解公司的理念、制度、成绩和问题，做到心中有数。每次股东大会结束后，沃尔顿都会邀请所有出席大会的员工约2500人到自己家里来举办野餐会。在野餐会上，沃尔顿与众多不同层次的员工聊天，大家畅所欲言，交流对工作的看法，提出对公司的建议，讨论公司的现状和未来。每次股东大会结束后，被邀请的员工和没有参加的员工都会看到会议的录像，而且公司的刊物《沃尔玛世界》也会对股东大会的情况进行详细的报道，让每个员工都能了解到大会的每一个细节，做到对公司有全面的了解。沃尔顿说："我想通过这样的方式使我们团结得更紧密，使大家亲如一家，并为共同的目标而奋斗！"

正是这种视员工为合伙人的平等精神，造就了沃尔玛员工对公司的强烈认同和主人翁精神。在同行业中，沃尔玛的工资不是最高的，但他的员工却以在沃尔玛工作为快乐，因为他们在沃尔玛是合伙人。

平等的沟通渠道为沃尔玛带来了巨大的财富，同时给我们以无尽的启示：有平等才有交流，有平等才有忠诚，有平等才有效率，有平等才有竞争力。

一个沟通顺畅的企业必然是一个工作气氛融洽、工作效率极高的企业。在这样的企业里工作，哪怕再苦再累，也是心甘情愿的，因为心情是愉快的！沟通创造和谐，沟通赢得人心，沟通能够鼓舞士气和斗志。这种士气和斗志，就是支撑企业大厦的中坚和脊梁。有了这样的中坚和脊梁，必定人心所向，又何愁企业不发展呢？

··········极简管理学··········

管理者发布命令应做到"四项注意"

管理者发布命令、安排工作应做到：

（1）忌凭自己的权力压制他人。

（2）要仔细聆听下属的意见。

（3）若同意对方的意见，就可以说："我也是这样想的。"这样会使下属为自己的意见而感到骄傲。

（4）如果不同意，必须向部下说明理由。如果只是把上级命令发布下去，下属还是会我行我素。

45 不善于倾听是管理者最大的失职

斯坦纳定理：说得愈少，听到的愈多

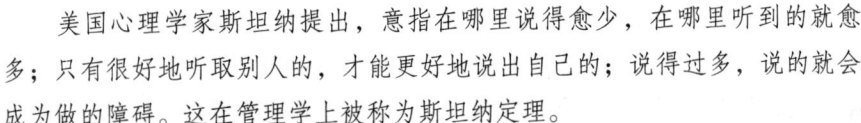

　　美国心理学家斯坦纳提出，意指在哪里说得愈少，在哪里听到的就愈多；只有很好地听取别人的，才能更好地说出自己的；说得过多，说的就会成为做的障碍。这在管理学上被称为斯坦纳定理。

　　斯坦纳定理启发人们：第一，虚心听取别人的意见是一个人进步的必要条件。第二，自己意见不成熟时不能发表，说得过多，说的就会成为做的障碍。第三，多听、多做、少说是一个人成熟的表现。

　　倾听能力是企业领导最重要的能力之一。它可以使同事、下属乐意讲述甚至倾诉，令对话持续不断，有利于消除隔阂、减少误会。

　　微软CEO史蒂夫·鲍尔默曾说："我的大脑时刻不停。即使听完一个人说的事情，但不能真正消化理解这些东西，我也要认真倾听。这就是我大脑工作的方式。它总是在不停地接受、分析、思考、理解、反应。如果你真想激励人们做好工作，那就必须倾听他们所说的，并让他们感觉到你是在倾听。这对我及周围的人都有好处。"

　　倾听的艺术算得上是无障碍沟通的关键所在，而无障碍沟通又是成功的企业管理的砥石。要想通过沟通清除工作中的摩擦和障碍，我们应该注意沟通中非常重要的一个环节，那就是倾听。

　　倾听是沟通过程中一个重要的环节。几乎在任何交流中，我们所能做到的重要的事就是倾听。比如，作为一名管理者，在讲话前，只有倾听，才能帮助你在回答问题时提供更多的信息帮助。如果我们养成了倾听的习惯，就必然会了解员工的问题、挫折以及需求。

　　很多管理者都有这样的体会：一位因感到自己待遇不公而愤愤不平的员工找你评理，你只需认真地听他倾诉。他倾诉完后心情就会平静许多，你甚至不需做出什么决定来解决此事。

英国学者约翰·阿尔代说："对于真正的交流大师来说，倾听和讲话是相互关联的，就像一块布的经线和纬线一样。当他倾听的时候，他是站在他同伴的心灵的入口；而当他讲话时，他则邀请他的听众站在通往他自己思想的入口。"美国著名石油大亨约翰·洛克菲勒说："我们的政策一直都是耐心地倾听和开诚布公地讨论，直到最后一点证据都摊在桌上才尝试达成结论。"据说，他的座右铭就是"让别人说吧"。惠普公司的创始人帕卡德也特别强调："倾听，然后去理解。"

"不善于倾听不同的声音，是管理者最大的疏忽。"玛丽·凯在《玛丽·凯谈人的管理》一书中，曾对倾听的影响做了如此的说明。玛丽·凯经营的企业能够迅速发展成为拥有20万名美容顾问的化妆公司，其成功秘诀之一是她非常重视每一个人的价值，而且很清楚员工真正需要的不是金钱、地位，他们需要的是一位真正能"倾听"他们意见的管理者。因此，她严格要求自己，并且使所有的管理人员铭记这条金科玉律：倾听，是最优先的事，绝对不可轻视倾听的能力。

西方有句谚语："倾听是最高的恭维。"谈话是沟通最常用，也是最有效的手段，而谈话中"会听"比"会说"更重要。其实，沟通的主角不是语言，而是人与人、心与心。

沟通要听"心"。在企业中，管理者如果不悉心倾听员工的心声，就无法体现出企业对员工的尊重，有时候还会导致灾难性的后果。

管理是讲究艺术的，对人的管理更是如此。新一代的管理者更应认识到这一点：高谈阔论，教训下属，以自我为中心的领导方式已不适用。倾听是一种有效的沟通方式。具有成熟智慧的管理者会认为倾听别人的意见比表现自己渊博的知识更重要。他要善于帮助和启发他人表达出自己的思想和感情，不主动发表自己的观点，善于聆听别人的意见，激发他们的创造性思维。这样不仅使员工增强对管理者的信任感，还可以使管理者从中获取有用的信息，更有效地组织工作。

············ 极简管理学 ············
高效倾听要诀

如何做好倾听？这也是一门深奥的艺术，管理者必须掌握以下要诀：

（1）真诚倾听，即要带着"心"倾听。

（2）思考倾听，即要带着"脑"倾听。

（3）关注倾听，即要带着"爱"倾听。

（4）主动倾听，即要带着"热忱"倾听。

（5）交流倾听，即要带着"理解"倾听。

（6）全面倾听，即要带着"公正"倾听。

（7）虚心倾听，即要带着"学习"倾听。

46 麦当劳为何锯掉管理者的椅子靠背

走动管理法：离开老板椅，和员工打成一片

　　"走动管理"的概念起源于美国管理学者彼得思与瓦特门在1982年出版的《追求卓越》一书。该书提到，表现卓越的知名企业中，高阶主管不是成天待在豪华的办公室中，等候部属的报告，而是在日理万机之余，仍能经常到各个单位或部门走动。该书作者因此建议，高阶主管应该至少有一半以上的时间要走出办公室，实际了解员工的工作状况，并给予鼓舞。

　　所谓"走动管理"，是指高阶主管利用时间经常抽空前往各个基层部门和工作第一线走动，以获得更丰富、更直接的员工工作问题，并及时了解所属员工工作困境的一种策略。西方工业发达国家的企业界颇为推崇"走动管理"。之所以如此，主要是提醒管理者不能脱离经营实际，要有"和群众打成一片"的精神。

　　管理者多到下面走动，可以及时发现员工的思想状况和工作问题，促使当面迅速拍板解决问题。

　　惠普公司创造了一种独特的"周游式管理法"，鼓励管理者深入基层，直接接触广大员工。为了达到这一目的，惠普的办公室布局采用少见的"敞开式"大房间，即全体人员都在一间敞厅中办公。各部门之间只有矮屏分隔，除少量会议室、会客室外，无论哪级领导都不设单独的办公室。同时，公司内不称呼职衔，即使对董事长也直呼其名。这样有利于上下左右通气，创造无拘束、合作的气氛。

　　实践证明，企业管理人员多到生产一线去看看、听听、问问，这既有利于和一线的生产工人保持感情上的融洽和思想上的沟通，更有利于及早发现问题、解决问题。

　　西式快餐连锁模式的发明者——"麦当劳"集团的第二任总裁雷·克罗克先生，他在走访了30多家连锁店后，站在办公室的大落地玻璃前陷入了沉思。此时，麦当劳正陷入经营绩效的低谷时期，他的办公桌堆满了调查报告。过了一会，克罗克紧锁的眉头舒展开了，他快步走到桌前奋笔疾书起来。大约过了3天，所有麦当劳店长的办公桌上都放置了一份文件，那是克罗克亲自下达的一个命令。这份命令很奇怪，它要求每一位店长用钢锯锯下他们的办公椅椅背。面对这份奇怪的命令，有些店长觉得很不理解，但他们仍然执行了这个命令。过了一个星期，这个命令的用意慢慢地明显了。原来，克罗克的用意是让每一位店长都不要舒服地坐在办公室里，而要在店里走动，发现问题并解决问题。麦当劳的店长们把这种在走动中完成的管理称为"走动式管理"，并且将之运用到各个快餐行业中。经过这段小插曲，"麦当劳"的经营业绩也开始慢慢回升。

走动式管理最直接的好处是使管理者掌握企业经营的第一手资料，及时了解企业运作状况，便于管理者根据具体情况有的放矢地制定政策和管理制度，并可以随时解决一线操作中出现的问题，从而解决大企业效率低的难题。

在金字塔式的阶层制管理体制下，下级向上级汇报情况，往往是报喜不报忧，等到事态扩大到解决不了时，才不得不向上级求救。这是企业经营中的隐患，走动式管理显然可以使这一弊端得到克服。

同时，走动式管理也是对下属有效的考核和激励办法。下属的工作业绩如何，去一线看一看自然一清二楚。而下属预计到上司会经常走动，自然也不敢谎报情况，反而会努力把事情做好，以随时接受上司的走动式检查。

对员工士气的有效激励是企业管理的重要环节，走动式管理是发挥激励作用的有效手段。这样的管理者显然给员工树立起身体力行的形象，并且也表达了希望与大家沟通和交流的意愿。实际上，这形成了一种很好的信息沟通渠道，将报表上无法反映的情况反馈给管理者，使许多管理上的问题处理起来事半功倍。

部门管理人员之间的走动，也可以加强部门之间的沟通，共同提高工作效率，出色地完成工作。

正如一则故事所讲，一个著名企业的董事长在退休时把职位委托给一个年轻人，继任者向他请教管理的秘诀，他指着大班椅说："去走动吧，告诉你，这张椅子我很少去坐。"

另外，走动管理最适用于离第一线比较远的高层主管，组织比较庞大的单位由于层级较多，高层主管更需勤于走动，便于做好政策性的决定。至于其他层级的主管离工作现场比较接近，平时就应该透过敏锐的观察，搜集必要的信息。走动管理是一种方法或技术，不是一种理论，它强调高层主管应及时搜集第一手的信息。至于其他经营管理事项，管理者则应采取其他适当的方法或技术。

·········· 极简管理学 ··········
走动管理的"一看二问三查四追"

管理者在实施走动管理法时，需要做到以下几点：

看：勤观察，靠自己的双眼找出真相。

问：多看多问少说不表态，是企业一线的基本原则。

查：对布置的工作要严查，加强企业的执行力，确保企业任务的贯彻落实。

追：对发现的问题要追踪，及时进行处理。问题成堆，时间越久，难度就越大。及时追踪、处理问题是一个良好的习惯。

领导与激励篇

47 管理者最缺的不是技能，而是胸怀

奥格威法则：用强者更强，用弱者更弱

　　美国奥美广告公司和奥美公关公司是世界闻名的业界巨头，1948年由"现代广告之父"大卫·奥格威创建。奥格威在一次董事会上，事先在每位董事的桌前放了一个玩具娃娃。"这就代表你们自己，"他说，"请打开看看。"董事们打开玩具娃娃，惊奇地发现里面还有一个小一号的玩具娃娃；再打开它，里面还有一个更小的……最后一个娃娃上放着奥格威写的字条："如果你永远都只启用比你水平低的人，我们的公司将沦为侏儒公司。如果我们每个人都任用比我们自己更强的人，我们就能成为巨人公司。"这句话隐含的讥讽对象是那些喜欢雇用平庸者而显示自己不同凡响的狭隘型管理者，也指出了把公司做大的用人秘诀。因此，言简意赅的"奥格威法则"广为人知。

　　奥格威法则启示管理者：如果你用的人都比你差，那么他们就只能做出比你更差的事情。一流的人才才能造就一流的公司，领导要敢于任用能力比自己强的人才，这样事业才能做大做强。

　　现在什么最贵？人才！在竞争如此激烈的时代，一个公司要想立足于世界经济之林，靠的是什么？就是人才。有了人才，什么都会有。没了人才，什么都没了。

　　美国钢铁大王卡内基曾经说过："即使将我所有工厂、设备、市场和资金全部夺去，但只要保留我的技术人员和组织人员，4年之后，我将仍然是'钢铁大王'。"这就说明了人才的重要性。卡内基之所以能成为钢铁大王，与他知人善任、重视人才是分不开的。他本人对于冶金技术一窍不通，但他总能找到精通冶金工业技术、擅长发明创造的人才为他服务。比如，世界知名的炼钢工程专家之一比利·琼斯，就在位于匹兹堡的卡内基钢铁公司埋头苦干。卡内基的墓碑上赫然刻着："一位知道选用比他本人能力更强的人来为他工作的人安息在这里。"对于这样的评价，卡内基可谓是实至名归。

成功的领导者都有一种特长，就是善于借用人才，并能够用比自己更强的人才，激发更大的力量。这是成功者最重要的、最宝贵的优点。

任何人如果想成为一个企业的领袖，或者在某项事业上获得巨大的成功，首要的条件是要有一种鉴别人才的眼光，能够识别出他人的优点，并在自己的事业道路上利用他们的这些优点。

如果你所挑选的人才与你的才能相当，那么你就像用了两个人一样。如果你所挑选的人才尽管职位在你之下，才能却超过你，那么你用人的水平可算得上高人一等。

在知识经济时代，管理者更需要有敢于和善于使用强者的胆量和能力。在企业内部激励、重用比自己更优秀的人才，可以让企业变得越来越有活力，越来越有竞争力。

在现实生活中，我们常看到这样的现象：有些管理者把别人的进步当成是对自己的威胁，对能力和学识超过自己的同事百般诋毁，说人家这也不行那也不是，甚至说得一无是处。

有的管理者十分害怕优秀的人加入自己的团队，甚至害怕优秀的人被招聘到同一职能的其他团队，他们采取孤立、不合作的行为，直到把后者排挤到别的部门去。但是，只用比自己能力低的人并保持这样状态的公司还能进步吗？还有什么机会建设自己的领导力呢？这种狭隘的做法既损害了公司的利益，也损害了自己的长远利益。

作为一名团队领导，要想做到善用比自己强的人，就必须克服嫉贤妒能的心理。有些管理者之所以不用比自己强的人，除了怕这些人难以驾驭，甚至会抢了自己的饭碗之外，主要还是嫉贤妒能的心理在作怪。他们总以为自己是领导，自己应该是水平最高的，各方面都应该比别人高上一筹。因此，遇上比自己能力强、本领大的员工时，他们就萌生妒意，采取种种办法压制这些人才。殊不知，嫉贤妒能是在排斥优秀的人才，并将这些人才送到竞争对手的公司那里，这无异于是自掘坟墓。

一个人能做一个好的领导，能干一番大的事业，不在于他自身的能力有多强，而在于他能否吸引和接受比自己强的人才为自己工作。人才是一种动力，是公司不断向前发展的动力。动力的马力有多大，公司就会跑得多快。好的产品、好的硬件设施、雄厚的财力，自然是一个公司不可或缺的资源，但真正支撑这个公司的支柱还是人才。一个公司只有财、物，并不能带来任何新的变化，只有具有大批的优秀人才才会有发展的潜力，因此，人才是一个公司最重要、最根本的资源。如果想要使公司充满生机活力，就必须选贤任能，雇请一流人才，敢于用比自己能力强的人。

一流的人才才能造就一流的公司。懂得这个道理的领导，才会是个好领导。领导不一定什么都懂，但一定要懂得用人，有容得下人才的胸襟，这样他的事业才能做大做强。

一流的人才造就一流的公司。一个公司要想发展壮大，就必须要雇用尽可能多的人才。一个管理者要想高效地开展工作，快速地实现企业和组织目标，就必须敢于任用那些能力突出的人才。你不必样样都比你的员工强，你要做的就是要用好这些比你强的人。

如果管理者永远都只任用比自己能力低的人，那他的公司将一步步沦为侏儒公司；如果管理者有胆量和气度任用比自己更强的人，那他的公司就可能会成为巨人公司。

一个好的管理者，要有专业的管理知识，要有良好的文化素养，但更要有广阔的胸襟和用人的智慧。敢于用比自己能力强的人，才能让自己的团队越来越强，事业越做越大。

··········**极简管理学**··········
奥格威法则的核心

所谓奥格威法则，其核心讲的就是要知人善用。知人善用有两层意思：一是要知道这个人的专长，然后把他放在合适的位置，让他发光放亮，尽显专长。二是要知道某人的某些能力比自己强，敢于让他担当重任，信任他，不妒才。

48 说一千道一万，不如以身示范

威尔逊法则：魅力永远胜于权力

　　美国行政管理学家切克·威尔逊提出，如果部下得知有一位领导在场负责解决困难时，他们会因此信心倍增。这被称为威尔逊法则。

　　威尔逊法则说明：身教重于言传，身教比言教更具说服力。

　　身为一名管理者，要比员工付出加倍的努力和心血，以身示范，激励士气。言教不如身教，说一千道一万，不如以身示范，自己做到了才能去教育员工。以身立教，以行导行，用自己的习惯去引导员工要比单纯的说教更具有效力。管理者的工作习惯和自我约束力，对员工有着十分重要的影响。如果管理者满腔热情，对工作尽职尽责，那么管理的效果自然就会事半功倍。

　　美国大器晚成的女企业家玛丽·凯·阿什在这个问题上更有自己独到的见解。她认为，领导的速度就是众人的速度，称职的经理应该以身作则。

　　她说：“一个称职的经理必须能以实际行动激励部下，经理不但应在工作习惯方面，而且应在衣着打扮方面为众人树立一个好榜样，经理形象是十分重要的……”“我只是在自己的形象极佳时才肯接待光临我家的客人，我认为，自己是一家化妆品公司的创始人，必须给人留下好的印象。因此，与其不能给人留下好印象，不如干脆闭门谢客。我甚至不得不限制自己最喜爱的消遣方式：养花。我认为，要是让我们公司的一个人看见我身上沾满了泥浆，那多不好。我的这些做法已被传扬出去了。有人告诉我，我们的全国销售主任中有许多人在学着我的样子，都穿得十分漂亮，成了各自地区成千上万的美容顾问在穿着方面效法的榜样……”“人们往往模仿经理的工作习惯和修养，不管其工作习惯和修养是好还是坏。假如一位经理常常迟到，吃完午饭后迟迟不回到办公室，打起私人电话没完没了，不时因喝咖啡而中断工作，一天到晚眼睛直盯着墙上的挂钟，那么，他的部下大概也会如法炮制。值得庆幸的是，员工们也会模仿一个经理的好习惯……”“作为一个经理，你重任在肩，你的职位越高，越应重视给人留下适当的印象。因为经理总是处于众目睽睽之下，所以你在采取行动时务必要考虑到这一点。如果你能以身作则，过不了多久，你的部下就会照着你的样子去做。"

在企业管理中，身教不仅起到了导向和示范作用，而且还有凝聚人心、化解矛盾、鼓舞士气和催人奋进的特殊功能。身教还是密切管理人员与员工的黏合剂。管理人员的职位越高，身教影响力的涉及面越宽、越广。管理人员只有自身过硬，才能引起见贤思齐的广泛思想共鸣，带出过硬的团队。而且，从某个或某些领导身上往往可以看到一个企业的前途与希望。因此，企业的管理者要注重自己的言行，发挥好表率的作用，以自身的人格魅力影响和带动员工爱岗敬业，为企业做贡献。

曾经在一个报告会上，有一位著名企业家说："在现实世界里，众所皆知的一流管理者无一例外地都具有一种罕见的人格特质，他们处处展现出魅力领袖的风范。他们不但能激发下属们的工作意愿，又具有高超的沟通能力，能够动之以情，晓之以理，浑身散发出热情洋溢的力量。尤其重要的是，他们带领团队屡创佳绩，拥有一连串骄人的辉煌成就。运用奖赏力与强制力来领导，也许有效，但是如果你要提高自己的领导魅力，赢得众人的尊重和喜爱，我建议你们要尽最大的努力以影响和争取下属的心。假如谁能做到这点，谁就能成为一位成功的管理者，而且也可能完成许多不可能完成的任务。"

一个人为什么为他的主管或组织卖力工作？很重要的原因，就是他的主管所拥有个人魅力像磁铁般征服了他的心，激励他勇往直前。你可能会听到一个下属说："你和他在一起待上一分钟，你就能感受到他浑身散发出来的光和热。我之所以努力工作，就是因为他强大的魅力深深吸引我。"

从领导效能的观点来看，我们不得不承认：魅力远胜过权力。优秀的领导才能，特别是个人的魅力或影响力，比他的职位高低和提供优越的薪资、福利重要得多，魅力才是真正促使他们发挥最大潜力、实现任何计划和目标的魔杖。

多少年来，有关统御、领导的书籍和研究报告数以千计，讨论的主题涉及组织领导、管理者行为、权力领导，可谓数量众多，内容广泛。这些重要的主题，都包含了许多不错的构想。事实上，就一句话：与其做一位实权在手的主管，不如做一位浑身散发无穷"魅力"的管理者。也就是说，主管们需要更多的是令人佩服的魅力，而不是令人生畏的权力。

带人要带心。做一位管理者，除非我们具备了相当程度的魅力与影响力，否则，是很难实现领导统御的第一个课题：赢得下属的信赖和忠心。因此，是否拥有这种魅力，是一个领导或主管能否成功的关键。

极简管理学
非权力影响力

非权力影响力是指在管理工作中，管理者通过自己的行为给员工提供一种值得学习和效仿的模式，使之在被管理者身上产生影响的一种力量。被管理者可以通过耳闻目睹，了解、收集管理者发出的种种信息，通过内心感受和体验，内化为自己的主观意识和态度，进而引起思想感情的变化，最后转变为自觉自愿的行动。

49 怎样让下属感受到管理者的温暖

南风法则：以柔克刚，征服人心

　　哈佛管理学教授在讲课时常常引用这样一个事例：北风和南风比威力，看谁能把行人身上的大衣脱掉。北风首先来一场寒冷刺骨的冷风，结果行人为了抵御北风的侵袭，便把大衣裹得紧紧的。南风则徐徐吹动，顿时风和日丽，行人因为觉得春暖上身，始而解开纽扣，继而脱掉大衣。南风获得了胜利。这就是管理学中的"南风法则"。

　　南风法则告诉我们：温暖胜于严寒。运用到管理实践中，南风法则要求管理者要尊重和关心下属，时刻以下属为本，多点"人情味"，多注意解决下属日常生活中的实际困难，使下属真正感受到管理者给予的温暖。这样，下属出于感激就会更加努力、积极地为企业工作，维护企业利益。

　　大树在狂风之中巍然挺立，丝毫不肯屈服，却在和风丽日中轻轻摇动枝头，仿佛在和微风握手。鲜花在暴雨中摇摆不停，却在阳光下欢快地起舞，仿佛在跟太阳微笑。我们不畏惧别人的强硬，却有抵抗不了的温柔。远方朋友的一句问候，温暖我们心房良久。这些都说明，温暖比严寒更有力量。

　　很多管理者在纠正下属的错误时狠吹"北风"，但是，寒冷刺骨的"北风"只会激起下属的对立情绪和逆反心理。一个成功的管理者是把你手下的兵全部带成与你一样强势、一样优秀的人，而不是以强势来把自己的兵变成任你使唤的奴才。

　　通常情况下，用温和的方式去启发员工进行自我思考或者反省，进而说服他们，往往比强硬的手段更有效。北风固然凶猛，结果却事与愿违；南风虽然轻柔，却能达到预期目标。

　　美国总统林肯勇于负责，意志坚强，同时心胸宽广。他很能包容他人的弱点和错误，经常使人感动。

　　有一次，有人告诉他，国防部长埃德温·斯坦顿曾骂他是个该死的傻瓜。林肯听了却轻描淡写地说："如果斯坦顿说我是个该死的傻瓜，那我很可能是的，因为他办事一向认真，他说的十之八九是正确的。"

斯坦顿得知后极为感动，马上到林肯面前表示了崇高的敬意。

一个领导除了拥有别人所没有的权力外，同时也承担着别人所没有的责任。既然有责任，决定要承担，你就必须有以柔克刚的本领。

在企业管理中，这一招也是非常有用的。人的性格千奇百怪，这个世界上什么人都有。如果你是一个管理者，而你的团队里恰好就有一些不好管理的人，软硬不吃，你该怎么办呢？其实，以柔克刚就是一个很好的方法。如果你运用得好，就会收到意想不到的效果。

在教育员工的时候也要讲究方法，你声嘶力竭地呵斥与痛骂，会使他们的"大衣裹得更紧"；采用和风细雨"南风"式的教育方法，你会轻而易举地让他们"脱掉大衣"，达到你的教育目的，收到更好的教育效果。

作为领导，要善于运用"南风法则"，多给下属吹一点徐徐南风，少吹一点凛冽北风。当下属犯错误时，你应先避开问题的实质，把下属从犯错误的阴影中带出来，走到温暖的"阳光"下，给下属创造一个愉悦的心境，和风习习吹掉他们自我保护的大衣，然后耐心细致地进行说服教育。这样一来，何愁下属不向你敞开心扉呢？

总之，管理者在工作实践中，与员工时交流沟通时，要特别注意讲究方式方法。管理者要多予人温暖，少给人严寒，多温和相待，少严厉对人。

·········· 极简管理学 ··········
温情传递魅力

受人欢迎的领导都有优良的品行，同时在处理人际关系时能做到不卑不亢，尽量能照顾别人的面子；受欢迎的领导在出现尴尬场面时，能妥善地化解并调节气氛；受欢迎的领导在出现激烈的争执时，能最适时地打圆场，照顾双方的情绪，起到调节的作用；受欢迎的领导对待周围的人能一视同仁，不以贫富美丑、职位高低来划分亲疏，不道别人之短，也不说自己之长。

⚓ 50 为什么卡特总统承认错误后支持率会上升

特里法则：承认错误会得到错误以外的东西

　　特里法则是由美国田纳西银行前总经理L.特里提出的。它的意思是，承认错误是一个人最大的力量源泉，因为正视错误的人将得到错误以外的东西。

　　特里法则告诉我们，错误虽是世界的一部分，人类不得不接受与错误共生的命运，但只要我们能够正视错误，懂得从错误中总结经验教训，就可以获得成功。

　　作为一名管理者，要有认错的勇气。下属对管理者的评价，往往要看管理者是否有责任感，是否勇于承认错误。如果管理者有这样的品质，那么不仅会赢得下属的尊重、信任和支持，还会使下属有安全感，同时也会带动下属多反思自己的错误，从而增强下属的责任感。

　　在营救驻伊朗的美国大使馆人质的作战计划失败后，当时美国总统吉米·卡特在电视里郑重声明："一切责任在我。"仅仅因为上面那句话，卡特总统的支持率骤然上升了10%以上。

　　卡特总统的例子说明：下属对一个领导的评价，往往取决于他是否有责任感；勇于承担责任不仅使下属有安全感，而且会使下属进行反思。反思过后，人们会发现自己的缺陷，从而在大家面前主动道歉，并承担责任。

　　很多领导犯了错误不愿意承认，是因为他们觉得那样会很没面子，会被下属瞧不起，使自己的影响力下降。所以，有的上司一旦出现错误，就喜欢将责任推到下属的身上。

　　实际上，一个不愿意承认错误的领导才更容易失去人心。一位企业的管理者讲述了自己的困惑：

　　"我都不知道该怎么管理下属了。一个个犯了错误后，他们都像自己有理似的，一点改正的意识也没有。一个员工数据统计出现了错误，推来推去，最后居然告诉我是电脑系统出现了问题。即使如此，不也是他失职没有及时修理电脑造成的吗？这样的情况公司里面出现得太多了，我屡次在会议上提出来，却没人放在心上，你说我该怎么办？"

其实这位企业的管理者本身就是一个喜欢将责任推给下属的领导，出现了问题就喜欢挑下属的错误，并且喜欢大声训斥和挖苦下属，而不是先从自身找原因。这样的态度使得下属觉得很委屈，明明努力去做了，却被指着鼻子骂。因此，下属就变得越来越喜欢相互推诿了。

做下属的最担心的就是做错事，特别是花了很多精力却出了错。而在这个时候，如果做领导的来了句"一切责任在我"，那么这个下属又会是何种心境呢？

领导这样做，表面上看，是把责任揽在了自己身上，使自己成为受谴责的对象，实质上不过是把下属的责任提到上级领导身上，从而使问题解决起来容易一些。假如你是个中级领导，你为你的下属承担了责任，那么你的上司是否也会反思，他也有某些责任呢？一旦公司里上行下效，形成勇于承担责任的风气，便会杜绝互相推诿、上下不团结的局面，使公司有更强的凝聚力，从而更有竞争力。当人们犯错误的时候，脑子里往往会出现想隐瞒自己错误的想法，害怕承认之后会很没面子。其实，承认错误并不是什么丢人的事；反之，在某种意义上，它还是一种具有"英雄色彩"的行为。错误承认得越及时，就越容易被改正和补救。而且，由自己主动认错也比别人提出批评后再认错，更能得到别人的谅解。更何况，一次错误并不会阻碍你今后的道路。真正会阻碍的，是那些不愿承担责任、不愿改正错误的态度。

有些领导者不愿意在下属面前承认犯错，这样往往会造成与下属的疏远，降低影响力。其实，承认错误反而能赢得员工的理解和支持，会让自己得到错误以外的东西。做领导的，一旦出了错误，应该像吉米·卡特总统一样及时、主动地承认。这样的坦诚和负责任的态度往往能够为自己赢得更多的支持，从而成为一个有影响力的人。

··········极简管理学··········
特里法则的核心意义

第一，以端正的态度来面对错误并努力改正，是人类不断进步的力量源泉和基石。

第二，努力克服人性弱点，正确认识承认错误与"丢面子"之间的辩证关系。

第三，敢于承认错误是避免再次犯错的重要前提。

第四，抓住每一次所犯的错误，认真总结，力争不再犯重复性错误。

⚓51　把适当的人放在适当的位置上

简道尔法则：知人善任是管理者的必修课

　　美国百事可乐前总裁唐纳德·简道尔提出：企业要尊重人、培养人、锻炼人，各尽所能，人适其位，把适当的人放在最适合的位置上。这一结论被称为简道尔法则。

　　作为管理者，要有知人善任的能力，要能够识别队伍中每一个员工的能力，根据员工自身的能力和专业学识，将其放在与其能力相匹配的岗位上，才能最大限度地发挥每一个员工的潜力，让每一个员工都有施展才华的空间，以便为企业带来最大的效用。

　　知人，先要对所需、所用之人有一个较全面的了解。在知人的基础上才有可能"选择"合适的人才，知人是管理者用人的第一要素和前提。当然，知人识才是为了善任人才，通过善任人才来获得企业持续的竞争力。

　　要用好人才，就必须"择人任势"。一个人不可能具备种种才能，胜任一切岗位，某一特定人才总有适合他的位置。这就需要管理者在知人的基础上，在人才的使用上给予恰当安排，形成人员配置的最佳组合。

　　大材小用或者小材大用都是任人失败之处。大材小用就无法发挥人才的长处，有满腹经纶却无处施展；大材小用造成人才的极大浪费，必挫伤人才的积极性，使其另谋高就。小材大用只会把原来的局面越弄越糟，成为发展路上的绊脚石。

　　管理者的首要任务，就是选用合适的人，做合适的事。管理工作能否圆满完成，关键因素就在于人。只要善于汇聚众人的智慧，把各种各样的人用好，人尽其才，各尽其能，你的事业便可兴旺发达，你将尽享成功的乐趣。这一道理对于那些做出卓越成就的管理者来说更是谙熟于心，并为之投入大量的时间，付出大量的精力。他们知道，作为一个管理者，最重要的工作不是制定目标，不是不停地修改规章制度，而是选人和用人。做不好这一工作，所有的目标和设想都将是海市蜃楼。

　　企业管理者的主要职责在于按照企业生产经营管理的要求和员工的素质特长，合理"用兵点将"。

　　日本"重建大王"坪内寿夫就是"点将"的高手，他在活用人才方面颇具特色。坪内寿夫指出：每个企业都有一些"窗边族"，也就是专门在窗边待着，什么也不必做，就可以领取高薪的人。终日卖命勤奋的员工，看到这些悠闲的"窗边族"，心中当然有所不满。如果公司无法改变这种现象，恐怕是难以整顿的。我们讲究的是劳动价值，假如公司存在着游手好闲者，其他的人自然也会缺乏工作意愿。我们公司会把这些"窗边族"另派用场，在造船部门中绝对看不见任何"窗边族"。

　　这就是坪内寿夫所倡导的适才适所主义。适才适所主义就是要根据员工的不同情况，安排到最适合他们的工作岗位上去。实施的结果使得原先只从事造船业的人，都觉得自己还能够从事其他工作。很多人尝试新的工作后，对自己的能力很惊讶，发现自己对新的工作得心应手。

　　一位商界著名人物，也是银行界的领袖曾说："我的成功得益于鉴别人才的眼力。这种眼力使得我能把每一个职员都安排到恰当的位置上，并且从来没有出过差错。"不仅如此，他还努力使员工们知道他们所担任的岗位对于整个事业的重大意义。这样一来，这些员工无需监督，就能把事情办得有条有理。

　　一个善于用人、善于安排工作的人就会在管理上减少许多麻烦。他对于每个雇员的特长都了解得很清楚，也尽力做到把他们安排在最恰当的位置上。但那些不善于管理的人往往忽视这个重要的方面，而总是考虑管理上一些鸡毛蒜皮的小事，这样的人当然要失败。

　　很多精明能干的总经理、大主管在办公室的时间很少，他们常常在外旅行或应酬客户。但他们公司的营业丝毫未受不利的影响，公司的业务仍然像时钟的发条机制一样有条不紊地进行着。那么，他们如何能做到这样省心呢？他们有什么管理秘诀呢？没有别的秘诀，只有一条，即他们善于把工作分配给最恰当的人。

········· 极简管理学 ··········
开发人力资源两要点

管理学家汤姆·彼得斯曾说过："企业或事业唯一真正的资源是人，管理就是充分开发人力资源，以做好工作。"如何有效地开发人力资源？这要做到两点：

第一，管理者要广泛地了解他人的价值观、个性和期望及长处，并加以合理的运用，这才算是艺术地知人。经过知人，管理者已掌握了一定的人力资源，这只是为用人打下基础。

第二，管理者要"善任"。只有这样，人才才能真正发挥作用。

52　不是找最优秀的人，而是找最合适的人

韦尔奇原则：用人得当，事半功倍

通用电气前总裁杰克·韦尔奇曾说："我们所能做的是把赌注押在我们所选择的人身上。因此，我的全部工作就是任用适当的人。"这就是管理学上著名的韦尔奇原则。

韦尔奇原则说明，管理者的任务就是用合适的人做合适的事，并鼓励他们用自己的创意完成手上的工作。这实际上提出了"管理者用人的前提是如何察人"的问题。管理者既要察人所长、用人之长，又要察人所短、因人而用。

人各有所长，能善用其所长以处事，必可收事半功倍之效。成功的管理者用人的重要原则之一就是适才适所，也就是说，把恰当的人放在最恰当的位置上。这样整个队伍就会有序、高效地运转，释放出最大的效能。

金无足赤，人无完人。任何人有其长处，也必有其短处。人的长处固然值得发扬，而从人的短处中挖掘出长处，由善用人之长发展到善用人之短，这是用人艺术的精华所在。在用人问题上，管理者不能机械从事，要根据具体情况灵活使用人的长处和短处，要根据工作需要和被用人才的素质，取其所长，避其所短。

人有所长，也有所短。在比较长与短时，管理者应更多地看到人的长处，而不能更多地看到人的短处，特别是不能过分地夸大人的短处。如果一个人的短处成为他的主要方面，那这个人就失去了存在的价值。他之所以没有被消灭，就说明他的长处可以补偿他的短处，他的功可以补偿他的过。

对于管理者来说，用人的决策，不在于如何减少人的缺点，而在于如何发挥人的长处。这就是说，要择人之长而用。世界上没有绝对的好人，或完美的人，只能找到适合某一工作需要的人。因此，只能说他干得最好的是什么，而不能说，他干得最不好的是什么。因此，作为一个管理者，其基本天职就是想人之长，说人之长，用人之长。办公司不是要找最优秀的人，而是要找最合适的人。波音747的引擎是很好，但

如果你配的机器是拖拉机，发动引擎就会爆炸。

　　一个善于用人的管理者，首先在于他能够根据队伍中每个人的才能和长处，把他们放在最能发挥其长处的岗位上，并着意为他们提供能够发挥才能的各种条件。

　　管理者要善于取长补短，把队伍中各种不同类型的专才或偏才组织成互补结构。任何人才，只有在集体中各显其长，互补其短，才能充分地发挥其作用。通常人才类型当中，有的高瞻远瞩、多谋善断、具有组织和领导才能，称为指挥人才；有的善解人意、忠诚积极、埋头苦干、任劳任怨，称为执行人才；有的公道正派、铁面无私、熟悉业务、联系群众，称为监督人才；还有的思想活跃、知识广博、综合分析力强、敢于坚持真理，称为参谋人才，等等。这些人，如果一个个孤立起来看，几乎都是"偏才"，但经过合理组合，各展所长，就成了"全才"。合理使用人才，可以使"劣马"变成"千里马"；反之，则可能使"千里马"变成"劣马"。高明的管理者不仅善于用人之长，而且能够容人之短；不仅能容人之短，而且能化短为长，使各类人才创业有机会，做事有舞台，发展有空间。

········极简管理学········
管理者用人四原则

　　管理者用人的原则，可以总结为下列几条：

　　第一，职务的内容应适合普通人的能力，不能搞只有上帝才能做得到的内容要求。

　　第二，职务的内容应能刺激个人能力，即适当地高于他的能力，对他的能力形成挑战。

　　第三，平时就考虑某个人能干些什么。

　　第四，要发扬人的长处，就要容忍人的短处。

53 想让员工像你一样做，就要像员工一样想

需求层次理论：行为动机决定激励机制

马斯洛需求层次理论是管理学中的一种理论，认为人类价值体系存在两类不同的需求：一类是沿生物谱系上升方向逐渐变弱的本能或冲动，称为低级需求和生理需求；另一类是随生物进化而逐渐显现的潜能或需求，称为高级需求。

需求层次理论是研究人的需求结构的一种理论，是美国心理学家马斯洛首创的一种理论。他在1943年发表的《人类动机的理论》一书中提出了需求层次论。

马斯洛需求层次理论的构成有以下三个基本假设。

第一，人要生存，他的需求能够影响他的行为。只有未满足的需求能够影响行为，满足了的需求不能充当激励工具。

第二，人的需求按重要性和层次性排成一定的次序，从基本的（如食物和住房）到复杂的（如自我实现）。

第三，人的某一级需求得到最低限度满足后，他才会追求高一级的需求。如此逐级上升，成为推动继续努力的内在动力。

马斯洛需求层次理论把人类的需求分成生理需求、安全需求、情感需求、尊重需求和自我实现需求五类，依次由较低层次到较高层次，见图8。

各层次需求的基本含义如下。

1. 生理需求

这是人类维持自身生存的最基本要求，包括衣、食、住、行等方面的要求。如果这些需求得不到满足，人类的生存就成了问题。从这个意义上说，生理需求是推动人们行动的最强大的动力。马斯洛认为，只有这些最基本的需求满足到维持生存所必需的程度后，其他的需求才能成为新的激励因素。而此时，这些已相对满足的需求也就不再成为激励因素。

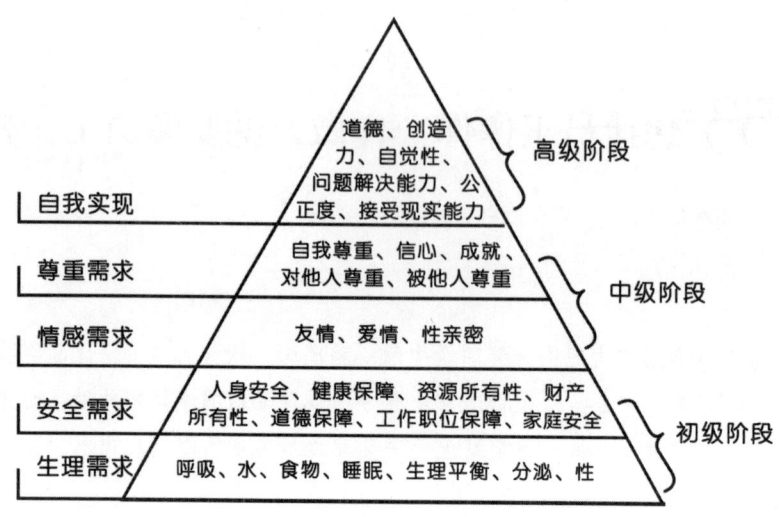

图8   马斯洛需求层次理论模型

2. 安全需求

这是人类要求保障自身安全、摆脱事业和丧失财产威胁、避免职业病的侵袭、接触严酷的监督等方面的需求。马斯洛认为，整个有机体是一个追求安全的机制，人的感受器官、效应器官、智能和其他能量主要是寻求安全的工具，甚至可以把科学和人生观都看成是满足安全需求的一部分。当然，这种需求一旦相对满足后，也就不再成为激励因素。

3. 情感需求

这一层次的需求包括两方面的内容：一是友爱的需求，即人人都需求伙伴之间、同事之间的关系融洽或保持友谊和忠诚；人人都希望得到爱情，希望爱别人，也渴望接受别人的爱。二是归属的需求，即人都有一种归属于一个群体的感情，希望成为群体中的一员，并相互关心和照顾。情感上的需求比生理上的需求更细致，它与一个人的生理特性、经历、教育、宗教信仰都有关系。

4. 尊重需求

人人都希望自己有稳定的社会地位，要求个人的能力和成就得到社会的承认。尊重的需求又可分为内部尊重和外部尊重。内部尊重是指一个人希望在不同情境中有实力、能胜任、充满信心、能独立自主。总之，内部尊重就是人的自尊。外部尊重是指一个人希望有地位、有威信，受到别人的尊重、信赖和高度评价。马斯洛认为，尊重需求得到满足，能使人对自己充满信心，对社会充满热情，体验到自己活着的用处和价值。

5. 自我实现需求

这是最高层次的需求，它是指实现个人理想、抱负，发挥个人的能力到最大程度，完成与自己的能力相称的一切事情的需求。也就是说，人必须干称职的工作，这样才会使他们感到最大的快乐。马斯洛提出，为满足自我实现需求所采取的途径是因人而异的。自我实现的需求是努力实现自己的潜力，使自己越来越成为自己所期望的人物。

马斯洛指出，人都潜藏着这五种不同层次的需求，但在不同的时期表现出来的各种需求的迫切程度是不同的。人最迫切的需求才是激励人行动的主要原因和动力。人的需求是从外部得来的满足逐渐向内在得到的满足转化。

低层次的需求基本得到满足以后，它的激励作用就会降低，其优势地位将不再保持下去。高层次的需求会取代它成为推动行为的主要原因。有的需求一经满足，便不能成为激发人们行为的起因，于是被其他需求取而代之。

高层次的需求比低层次的需求具有更大的价值。热情是由高层次的需求激发。人的最高需求即自我实现，就是以最有效和最完整的方式表现他自己的潜力，唯此才能使人得到高峰体验。

马斯洛还认为，人的五种基本需求在一般人身上往往是无意识的。对于个体来说，无意识的动机比有意识的动机更重要。有丰富经验的人通过适当的技巧，可以把无意识的需求转变为有意识的需求。

··········极简管理学··········
需求层次理论的管理价值

马斯洛需求层次理论在一定程度上反映了人类行为和心理活动的共同规律，对企业管理者如何有效调动人的积极性有启发作用。一方面，它揭示人们行为背后的动机模式；另一方面，为相关管理者提供了激励员工的先后顺序。只有先了解员工所处的需求层次，管理者才能制定出有针对性的激励政策。

🔱54 员工为什么不喜欢成功性过低或过高的工作

成就动机理论：成就感是最强的工作内驱力

　　成就动机是人们希望从事对他有重要意义、有一定困难的、具有挑战性的活动，在活动中能取得完满的优异的结果和成绩，并能超越他人的动机。

　　成就动机是一个个体追求着个体价值的最大化，或者在追求自我价值的时候，通过方法达到最完美的状态。它是一种内在驱动力的体现，同时也能够直接影响人的行为活动、思考方式，并且是一种长期的状态。

成就动机理论是美国哈佛大学教授戴维·麦克利兰提出的。戴维·麦克利兰是当代研究动机的权威心理学家。他从20世纪四五十年代就开始对人的需求和动机进行研究，提出了著名的"三种需要"理论，并得出了一系列重要的研究结论。

麦克利兰提出了人的多种需要，他认为个体在工作情境中有以下三种重要的动机或需要。

（1）成就需要：争取成功、希望做得最好的需要。

（2）权力需要：影响或控制他人且不受他人控制的需要。

（3）亲和需要：建立友好亲密的人际关系的需要。

麦克利兰通过研究发现，成就动机低的人，一般选择风险较小、独立决策少的职业；而成就动机高的人，喜欢从事具有开创性的工作，并在工作中勇于做出决策。

麦克利兰认为，具有强烈的高成就需要的人渴望将事情做得更完美，提高工作效率，获得更大的成功，他们追求的是在争取成功的过程中克服困难、解决难题、努力奋斗的乐趣，以及成功之后的个人的成就感，他们并不看重成功所带来的物质奖励。

麦克利兰发现高成就需要者的特点是：他们希望得到有关工作绩效的及时、明确的反馈信息，从而了解自己是否有所进步；他们喜欢设定具有适度挑战性的目标，不喜欢凭运气获得成功，不喜欢接受那些在他们看来特别容易或特别困难的工作任务。高成就需要者事业心强，有进取心，敢冒一定的风险，比较实际，大多是有进取的现实主义者。

高成就需要者对于自己感到成败机会各半的工作，表现得最为出色。他们不喜欢成功的可能性非常低的工作，这种工作碰运气的成分非常大，那种带有偶然性的成功机会无法满足他们的成功需要。同样，他们也不喜欢成功的可能性很大的工作，因为这种轻而易举就取得的成功对于他们的自身能力不具有挑战性。他们喜欢设定通过自身努力才能达到的奋斗目标。对他们而言，当成败可能性均等时，这才是一种能从自身的奋斗中体验成功的喜悦与满足的最佳机会。

权力需要是指影响和控制别人的一种愿望或驱动力。不同人对权力的渴望程度也有所不同。权力需要较高的人喜欢支配、影响他人，喜欢对别人"发号施令"，注重争取地位和影响力。他们喜欢具有竞争性和能体现较高地位的场合和情境，他们也会追求出色的成绩，但他们这样做并不像高成就需要者那样是为了个人的成就感，而是为了获得地位和权力或与自己已具有的权力和地位相称。权力需要是管理成功的基本要素之一。

亲和需要就是寻求被他人喜爱和接纳的一种愿望。高亲和需要者渴望友谊，喜欢合作而不是竞争的工作环境，希望彼此之间的沟通与理解，他们对环境中的人际关系更为敏感。有时，亲和需要也表现为对失去某些亲密关系的恐惧和对人际冲突的回避。亲和需要是保持社会交往和人际关系和谐的重要条件。

在大量的研究基础上，麦克利兰对成就需要与工作绩效的关系进行了十分有说服力的推断。

首先，高成就需要者喜欢能独立负责、可以获得信息反馈和中度冒险的工作环境。他们会从这种环境中获得高度的激励。麦克利兰发现，在小企业的经理人员和企业中独立负责一个部门的管理者中，高成就需要者往往会取得成功。

其次，在大型企业或其他组织中，高成就需要者并不一定就是一个优秀的管理者，原因是高成就需要者往往只对自己的工作绩效感兴趣，并不关心如何影响别人去做好工作。

再次，亲和需要与权力需要与管理的成功密切相关。麦克利兰发现，最优秀的管理者往往是权力需要很高而亲和需要很低的人。如果一个大企业的经理的权力需要与责任感和自我控制相结合，那么他很有可能成功。

最后，可以对员工进行训练来激发他们的成就需要。如果某项工作要求高成就需要者，那么，管理者可以通过直接选拔的方式找到一名高成就需要者，或者通过培训的方式培养自己原有的下属。

·········· 极 简 管 理 学 ··········
成就动机理论的管理价值

　　麦克利兰的成就动机理论在企业管理中很有应用价值。

　　首先，在人员的选拔和安置上，通过测量和评价一个人动机体系的特征对于如何分派工作和安排职位有重要的意义。

　　其次，由于具有不同需求的人要求不同的激励方式，了解员工的需求与动机有利于合理建立激励机制。

　　最后，麦克利兰认为，动机是可以训练和激发的，因此可以训练和提高员工的成就动机，以提高生产率。

55　员工不只是为了面包而工作

德鲁克目标管理理论：目标是最好的"指挥棒"

　　所谓目标管理，就是将组织的整体目标转换为组织中每个单位和组织中每个成员的目标的有效方式。从根本上讲，目标管理把管理者的工作由控制下属，变成与下属一起设定客观标准和目标，让他们靠自己的积极性去完成。

　　"目标管理"的概念是管理专家德鲁克1954年在著名的《管理实践》一书中最先提出的。其后他又提出"目标管理和自我控制"的主张。德鲁克认为，人不只是为面包而生存，员工也不只是为了面包而工作，并不是有了工作才有目标，而是有了目标，才能确定每个人的工作，所以"企业的使命和任务，必须转化为目标"。如果一个领域没有目标，这个领域的工作必然被忽视。因此，管理者应该通过目标对下级进行管理，当该组织最高层管理者确定了组织目标后，必须对其进行有效分解，转变成各个部门以及各个人的分目标，管理者根据分目标的完成情况对下级进行考核、评价和奖惩。

　　目标管理的目的是通过目标的激励来调动广大员工的积极性，从而保证实现总目标。其核心就是明确和重视成果的评定，提倡个人能力的自我提高，其特征就是以目标作为各项管理活动的指南，并以实现目标的成果来评定其贡献大小。

　　目标管理的具体做法分三个阶段：第一阶段是目标的设置。第二阶段是实现目标过程的管理。第三阶段是总结和评估。

1. 目标的设置

　　这是目标管理最重要的阶段，第一阶段可以分为四个步骤：

　　第一步：高层管理预定目标。这是一个暂时的、可以改变的目标预案，即可以由上级提出，再同下级讨论；也可以由下级提出，上级批准。无论采用哪种方式，首先必须共同商量决定；其次，领导必须根据企业的使命和长远战略，预测客观环境带来的机会和挑战，对本企业的优劣有清醒的认识。管理者对组织应该和能够完成的目标要做到心中有数。

第二步：重新审议组织结构和职责分工。目标管理要求每一个分目标都有确定的责任主体。因此，预定目标之后，需要重新审查现有组织结构，根据新的目标分解要求进行调整，明确目标责任者和协调关系。

第三步：确立下级的目标。首先下级要明确组织的规划和目标，然后商定下级的分目标。在讨论中，上级要尊重下级，平等待人，耐心倾听下级意见，帮助下级发展一致性和支持性目标。分目标要具体量化，便于考核；分清轻重缓急，以免顾此失彼；既要有挑战性，又要有实现可能。每个员工和部门的分目标要和其他的分目标协调一致，支持本单位和组织目标的实现。

第四步：上级和下级就实现各项目标所需的条件，以及实现目标后的奖惩事宜达成协议。分目标制定后，管理者要授予下级相应的权力，实现权、责、利的统一。由下级写成书面协议，编制目标记录卡片，整个组织汇总所有资料后，绘制出目标图。

2. 实现目标过程的管理

目标管理重视结果，强调自主、自治和自觉。这并不等于领导可以放手不管。相反由于形成了目标体系，一环失误，就会牵动全局，因此领导层在目标实施过程中的管理是不可或缺的。首先，管理者要定期进行检查，利用双方经常接触的机会和信息反馈渠道自然地进行；其次，管理者要向下级通报进度，便于互相协调；最后，管理者要帮助下级解决工作中出现的困难问题，当出现意外、不可测事件严重影响组织目标实现时，也可以通过一定的手续，修改原定的目标。

3. 总结和评估

达到预定的期限后，下级首先进行自我评估，提交书面报告；然后上下级一起考核目标完成情况，决定奖惩；最后讨论下一阶段目标，开始新循环。如果目标没有完成，就分析原因、总结教训，切忌相互指责，以保持相互信任的气氛。

目标管理被公认为是德鲁克对管理实践的主要贡献之一。目标管理提出以后，便在美国迅速流传。时值第二次世界大战后西方经济由恢复转向迅速发展的时期，企业急需采用新的方法调动员工积极性以提高竞争能力，目标管理的出现可谓应运而生。于是，目标管理被广泛应用，并很快为日本、西欧国家的企业所仿效，在世界管理界大行其道。

········极简管理学········
目标管理的特点

（1）员工参与管理：目标管理是员工参与管理的一种形式，由上下级共同商定，依次确定各种目标。

（2）以自我管理为中心：目标管理的基本精神是以自我管理为中心。目标的实施，由目标责任者自我进行，通过自身监督与衡量，不断修正自己的行为，以达到目标的实现。

（3）强调自我评价：目标管理强调自我对工作中的成绩、不足、错误进行对照总结，经常自检自查，不断提高效益。

（4）重视成果：目标管理将评价重点放在工作成效上，按员工的实际贡献大小如实地评价一个人，使评价更具有建设性。

⚓56 如何避开用人盲区，充分发挥员工的长处

Lifo管理系统：行为风格决定工作取向

　　Lifo全称为Life Orientation，即人生取向，又被称作"长处管理策略"。其基本理论核心是：通过辨认个人的长处和取向，来确定自己是何种人，了解自己的长处，从而达到建设性地运用自己的长处，使自己变得更有效能。

　　Lifo管理系统是由20世纪60年代末美国从事心理学和企业管理研究的凯切尔博士和斯图尔特·阿特金斯提出来的。

　　他们一直致力于探索出一套最大程度发挥企业员工积极性和创造潜能的管理系统。他们在为企业做工作绩效评估的顾问工作时，感到现有的用于评估经理人员和普通员工工作成绩的手段有一个致命的缺陷，那就是：评估者容易扮演上帝的角色，用一套貌似公平的标准去评判对方；而被评估者因觉得焦虑不安、自尊心受到挫伤而容易产生抵触情绪。

　　他们认为有必要发展出一套全新的探索自我与了解别人的工具。这套工具要让人们不带攻击性地去正面探索自我，并将探索所得的智慧与人共享，以使工作中的人群相处得更好，并更好地发挥自我在工作中的潜能，开创个人和企业组织发展的新境界。

　　Lifo系统受到了来自三方面人生指挥思想的启迪。人本主义大师埃里克·弗罗姆在他的专著《为自己而活》中，说出了一句意味深长的话："我们的缺点往往只不过个人长处的过度表现。"Lifo系统中关键性的观点由此产生：一个人事业的成功与否取决于能否管理自己的长处，就好比企业经理运用人力、科技、资金和管理等资源，以达到预定成果一样。

　　Lifo观念同样受到管理大师彼得·德鲁克的《管理实践》一书的影响。德鲁克认为，管理不只是一套技巧，也是一种态度。管理各种资源的"管理者"应该选定目

标，朝着目标不断地前进，并在未能达到预定成果时改变或调整努力方向。这样的管理态度不仅可以运用在工作上，也可以运用在任何人生大事上，如健康、快乐和财富等。弗罗姆和德鲁克思考的问题都是如何发展使人管理自己才华、发挥自己才华，从而达到极致的方法。Lifo就是根据这一人生态度而衍生出的现实方法。

另外，心理学家卡·罗杰斯对咨询、改变和学习过程的本质所做的思考，给两位Lifo的创造者以很大的启发。罗杰斯发现，试着去了解和接纳另一个人，比单纯地去改变别人，更能激发对方改变和发展自己的愿望。常规的社会科学的训练，使人们习惯于用固定的理论来评价对方，却没有意识到这样做往往使对方产生自卫性的反感。

Lifo的核心是一份特别设计的问卷，它能辨认并量化对方人生目标的态度或取向，并找出它们和四个Lifo行为风格的关联性。

（1）卓越型：卓越型的人生目标是"被看成是一个有回报和有价值的人"，他的基本取向通常是"如果我认真负责，并且明确显示自我价值，那么我不必要求也会得到奖赏"。

卓越型的优点是为他人着想、理想化、谦虚、信赖、忠诚、接受性强、追求卓越、合作。但当这些优点过度发挥时，就会相对出现否定自己、空想、轻信、愚忠、被动、过度投入、完美主义者、盲从等特点。

（2）行动型：行动型的个人目标是"被看成是一个主动而有能力的人"，他的基本取向是"如果我想要事情发生，我必须使它发生"。

行动型的优点是反应快、自信、求变、遇事质疑、强而有力、有竞争性、富冒险精神、坚持且急切，但这些优点过度发挥时，则出现冲动、没定性、胁迫、好争辩、赌性强、没耐性。

（3）理性型：理性型的个人目标是"被看成是客观而合理的人"，他的基本取向是"我必须维持我现有的一切，并运用现有的资源，谨慎而有条理地以过去的基础建立未来"。这类风格经常是独善其身，而对一切事情以理性客观的标准来衡量，他的想法经常是"如果每个人都能理性，就不须管别人"。因此，这类人相当重视游戏规则。

理性型的优点是坚韧、踏实、善于盘算、保留、讲求事实、有原则、周全、做事讲求方法、具有分析能力且稳健，相对缺点是墨守成规、缺乏想象力、吝啬、难沟通、易受限于资料、固执、学究式的苦心劳神、挑剔、过分小心。

（4）和谐型：和谐型的个人目标是"被看成一个让人欣赏和受欢迎的人"，他的基本取向是"只有在我能先满足别人的需求和情感时，我才能期望得到奖励"。这类人通常非常重视别人的要求。

和谐型的优点是善于变通、有实验精神、善于应对、热忱、机敏、适应力强、擅长交际、优秀的谈判者、幽默，相对缺点是前后不一致、漫无目标、阿谀奉承、过于迁就、没有定见、易妥协、轻佻。

不将人分类，不给人贴标签，Lifo用描述性及不乏批评性的语言来了解复杂的人类行为和价值观。Lifo的精髓在于：它通过问卷方式，使你更了解自己和别人的风格和长处，通过一套训练课程，使长处的应用和效果有大幅度的改善。它是要发展和管理既有的长处，而不是要试着去改变个人的进程。它认为，所有的风格都能有所贡献，所以每个人的目标应放在如何视情况而有效运用适当的风格。

通过Lifo独有的评量问卷、应用课程、个人咨询辅导和企业发展应用等手段，企业和其员工可以得到具体的帮助；帮助提高组织各阶层的士气，建立更佳的团队合作；减少人际关系中无效益的活动，寻求较佳的解决问题之道，配合个人长处与合适的工作岗位，协助主管处理压力情况及有效领导不同风格的下属；协助提高销售人员和服务人员的工作成绩，帮助他们学会如何辨识特定客户并找出有效的影响决策者的方法。

Lifo系统自20世纪60年代问世以来，在西方企业界广为流行。目前，已有美、日、英、德等20多个国家的逾700万人受过这一系统的训练，其中包括半数以上世界500强企业。在美国，有包括全美500大企业在内的1万多家公司、100多所大学以及众多的医院采用了这一系统。在中国，有中国银行Microsoft微软（中国）公司、联想电脑、联合利华等多家跨国大型企业的专业经理人也接受了Lifo系统的训练。目前的客户群已覆盖从三资企业到民营企业的广泛对象。

有人将办公室喻为"现代丛林"，办公室充满着各种人事纠纷，人事管理的成败已成为现代企业管理的关键。应用Lifo系统对员工进行培训，使每个人认识到自己和别人的优点，树立良好的心态，这对于塑造良好的企业氛围，实现企业的良性循环具有重要意义。

········· 极简管理学 ·········
Lifo理论五要点

（1）一个人的长处和缺点是一体的两面，同时存在。若长处因时常使用，或用的强度过当时，优点就会变成缺点。因此，应该着重管理人的长处。

（2）以人为本，认可并欣赏人与人之间的差异，肯定每个人的价值。无论个人是何种风格类型，都没有好坏的判断。

（3）在任何组织中，并没有绝对理想及标准的管理模式，也没有哪一种管理风格类型是较好的，完全视情境来判断何种方式是较有效的。

（4）组织与管理者的责任是能让个人适得其所，使每个员工的长处都能有最大的发挥。

（5）学习沟通的黄金定律：用别人喜欢被对待的方式来对待别人，而不是用自己喜好的方式。

⚓57 为什么员工喜欢打听别人的收入

公平理论：报酬高低影响工作效率

公平理论是指，人能否受到激励，不仅受到他们得到了什么而定，还要受到他们所得与别人所得是否公平而定。一个人不仅关心自己所得所失本身，还关心与别人所得所失的关系。

公平理论又称社会比较理论，它是美国行为科学家亚当斯在《工人关于工资不公平的内心冲突同其生产率的关系》（1962年，与罗森合写）、《工资不公平对工作质量的影响》（1964年，与雅各布森合写）、《社会交换中的不公平》（1965年）等著作中提出来的一种激励理论。该理论侧重于研究工资报酬分配的合理性、公平性及其对职工生产积极性的影响。

公平理论指出，员工对收入的满意程度能够影响员工工作的积极性。而员工对收入的满意程度取决于一个社会比较过程，员工不仅关心自己的绝对收入的多少，而且关心自己相对收入的多少。每个人会把自己付出的劳动和所得的报酬与他人付出的劳动和所得的报酬进行社会比较，也会把自己现在付出劳动和所得报酬与自己过去所付出的劳动和所得的报酬进行历史比较。员工个人需要保持一种分配上的公平感，当他发现自己的收支比例与他人的收支比例相等，或现在的收支比例与过去的收支比例相等时，他就会认为公平、合理，从而心情舒畅，努力工作。当他发现自己的收支比例与他人的收支比例不相等，或现在的收支比例与过去的收支比例不相等时，他会产生不公平感，内心不满，工作积极性随之降低。

当员工发现组织不公正时，他会产生的主要反应有：改变自己的投入，改变自己的所得，扭曲对自己的认知，扭曲对他人的认知，改变参考对象，改变目前的工作。

公平理论强调：当一个人做出了成绩并取得了报酬以后，他不仅关心自己的所得报酬的绝对量，而且关心自己所得报酬的相对量。因此，他要进行种种比较来确定自己所获报酬是否合理，比较的结果将直接影响今后工作的积极性。

1. 横向比较

他要将自己获得的"报酬"（包括金钱、工作安排以及获得的赏识等）与自己的"投入"（包括教育程度，所做努力，用于工作的时间、精力和其他无形损耗等）的比值与组织内其他人做社会比较。只有相等时，他才认为公平。公式为：

$$OP \, / \, IP = OC \, / \, IC$$

式中：OP表示自己对所获报酬的感觉；OC表示自己对他人所获报酬的感觉；IP表示自己对个人所做投入的感觉；IC表示自己对他人所做投入的感觉。

当上式为不等式时，可能出现以下两种情况：

（1）前者小于后者，他可能要求增加自己的收入或减少自己今后的努力程度，以使前者增大，趋于相等；或者他可能要求组织减少比较对象的收入或让其今后增大努力程度，以使后者减少趋于相等。此外，他还可能另外找人作为比较对象，以便达到心理上的平衡。

（2）前者大于后者，他可能要求减少自己的报酬或在开始时自动多做些工作，久而久之，他会重新估计自己的技术和工作情况。终于他觉得确实应当得到那么高的待遇，于是产量便又会回到过去的水平了。

2. 纵向比较

除了横向比较之外，人们也经常做纵向比较，即把自己目前投入的努力与目前所获得报酬的比值，与自己过去投入的努力与过去所获报酬的比值进行比较。只有两者相等时，他才认为公平。公式为：

$$OP \, / \, IP = OH \, / \, IH$$

式中：OH表示自己对过去所获报酬的感觉；IH表示自己对个人过去投入的感觉。

当上式为不等式时，他也会有不公平的感觉，这可能导致工作积极性下降。当出现这种情况时，他不会因此产生不公平的感觉，但也不会感觉自己多拿了报酬，从而主动多做些工作。调查和实验的结果表明，不公平感的产生绝大多数是因为经过比较后认为自己目前的报酬过低而产生的；但在少数情况下也会因为经过比较后认为自己的报酬过高而产生。

我们看到，公平理论提出的基本观点是客观存在的，但公平本身是一个相当复杂的问题，这主要是因为：

（1）它与个人的主观判断有关。前文公式中无论是自己的还是他人的投入和报酬都是个人感觉，而一般人总是对自己的投入估计过高，对别人的投入估计偏低。

（2）它与个人所持的公平标准有关。前文的公平标准是采取贡献率，也有采取需要率、平均率的。例如，有人认为助学金改为奖学金才合理，有人认为应平均分配才公平，也有人认为按经济困难程度分配才适当。

（3）它与业绩的评定有关。我们主张按绩效付报酬，并且个人之间应相对平衡。但如何评定绩效，是以工作成果的数量和质量，还是按工作能力、技能、资历和学历？不同的评定办法会得到不同的结果。最好是按工作成果的数量和质量，用明确、客观、易于核实的标准来度量，但这在实际工作中往往难以做到，有时不得不采用其他的方法。

（4）它与评定人有关。绩效由谁来评定，是领导者评定还是群众评定或自我评定？不同的评定人会得出不同的结果。由于同一组织内往往不是由同一人评定，因此会出现松紧不一、回避矛盾、姑息迁就、抱有成见等现象。

显然，公平理论对企业管理有着重要的启示：首先，影响激励效果的不仅有报酬的绝对值，还有报酬的相对值。其次，激励时应力求公平，使等式在客观上成立，这样尽管有主观判断的误差，也不至于造成严重的不公平感。最后，在激励过程中，应注意对被激励者公平心理的引导，使其树立正确的公平观：一是要认识到绝对的公平是不存在的。二是不要盲目攀比。三是不要按酬付劳。按酬付劳是在公平问题上造成恶性循环的主要杀手。

为了避免员工产生不公平的感觉，管理者需要采取各种手段，在企业中造成一种公平合理的气氛，使员工产生一种主观上的公平感。例如，采用保密工资的办法，使员工相互不了解彼此的收支比率，以免员工因相互比较而产生不公平感。

·········· 极简管理学 ··········
报酬高低与员工工作效率的关系

公平理论还指出，以下四种做法与报酬的不公平性有关：

（1）如果根据时间计酬，感到报酬过高的员工会比感到报酬公平的员工有更高的生产率。

（2）如果根据产量计酬，感到报酬过高的员工会比感到报酬公平的员工产量低但质量高。

（3）如果根据时间计酬，感到报酬过低的员工的产量更低，质量也更差。

（4）如果根据产量计酬，感到报酬过低的员工会比感到报酬公平的员工产量高而质量低。

58 如何点燃员工熊熊不息的热情之火

期望理论：每个人对结果的期望各有偏好

期望理论是指，人之所以能够从事某项工作并达成目标，是因为这些工作和组织目标会帮助他们达成自己的目标，满足自己某方面的期望和需要。

期望理论又称"效价—手段—期望理论"，是美国著名心理学家和行为科学家维克托·弗鲁姆于1964年在《工作与激励》一书中提出来的。

弗鲁姆的期望理论是以下列两个前提展开的：

（1）人们会主观地决定各种行动所期望的结果的价值，所以，每个人对结果的期望各有偏好。

（2）任何对行为激励的解释，不仅要考虑人们所要完成的目标，也要考虑人们为得到偏好的结果所采取的行动。弗鲁姆说，当一个人在结果难以预料的多个可行方案中进行选择时，他的行为不仅受其对期望效果的偏好影响，也受他认为这些结果可能实现的程度影响。

期望理论的基本内容主要是弗鲁姆的期望公式和期望模式。

1. 期望公式

弗鲁姆认为，人总是渴求满足一定的需要并设法达到一定的目标。这个目标在尚未实现时，表现为一种期望。此时目标反过来对个人的动机又是一种激发的力量，而这个激发力量的大小，取决于目标价值（效价）和期望概率（期望值）的乘积。用公式表示就是：

$$M=V \times E$$

式中：M 即激发力量，是指调动一个人的积极性，激发人内部潜力的强度。

V 即目标价值（效价）。这是一个心理学概念，它是指达到目标对于满足他个人需要的价值。同一目标，由于各个人所处的环境不同、需求不同，其需要的目标价值也就不同。同一个目标对每一个人可能有三种效价：正、零、负。效价越高，激励力量就越大。某一客体如金钱、地位、汽车等，如果个体不喜欢、不愿意获取，目标效价就低，对人的行为的拉动力量就小。比如，幼儿对糖果的目标效价就要大于对金钱的目标效价。

E 即期望值，是人们根据过去经验判断自己达到某种目标的可能性是大还是小，即能够达到目标的概率。目标价值大小直接反映人的需要动机强弱，期望概率反映人实现需要和动机的信心强弱。如果个体相信通过努力肯定会取得优秀成绩，期望值就高。

这个公式说明：假如一个人把某种目标的价值看得很大，估计能实现的概率也很高，那么这个目标激发动机的力量越强烈。

经发展后，期望公式表示为：动机=效价×期望值×工具性。其中，工具性是指能帮助个人实现的非个人因素，如环境、快捷方式、任务工具等。例如，战争环境下，效价和期望值再高，也无法正常提高人的动机性；再如，外资企业良好的办公环境、设备、文化制度，都是吸引人才的重要因素。

2. 期望模式

怎样使激发力量达到最佳值，弗鲁姆提出了人的期望模式。

个人努力——→个人成绩（绩效）——→组织奖励（报酬）——→个人需要

在这个期望模式中的四个因素，需要兼顾几个方面的关系。

（1）努力和绩效的关系。这两者的关系取决于个体对目标的期望值。期望值又取决于目标是否适合个人的认识、态度、信仰等个性倾向，以及个人的社会地位，别人对他的期望等社会因素，即由目标本身和个人的主客观条件决定。

（2）绩效与奖励关系。人们总是期望在达到预期成绩后，能够得到适当的合理奖励，如奖金、晋升、提级、表扬等。组织的目标，如果没有相应的有效的物质和精神奖励来强化，时间一长，积极性就会消失。

（3）奖励和个人需要关系。奖励要适合各种人的不同需要，要考虑效价。管理者要采取多种形式的奖励，满足各种需要，最大限度地挖掘人的潜力，最有效地提高工作效率。

（4）需要的满足与新的行为动力之间的关系。当一个人的需要得到满足之后，他会产生新的需要和追求新的期望目标。需要得到满足的心理会促使他产生新的行为动力，并对实现新的期望目标产生更高的热情。

弗鲁姆的期望理论，对于有效地调动人的积极性，做好人的思想政治工作，具有一定的启发和借鉴意义：

（1）管理者应该同时注意提高期望概率和效价。仅仅重视激励是片面的，应该注意提高工作人员的素质，包括提高他们的思想素质和业务能力。通过提高他们对自身的期望概率去提高激励水平，从而创造较高的绩效目标。

（2）管理者应该提高对绩效与报酬关联性的认识，将绩效与报酬紧密结合起来。绩效与报酬的联系越紧密，拟实现的目标能够满足受激励者需要的程度相对提高，目标对受激励者的吸引力也就相对加大，激励的水平也就相对提高。

（3）管理者应该将物质奖励与精神奖励结合起来。期望理论表明，目标的吸引力与个人的需要有关。价值观的差异会产生需要的差异。因此，管理者应该了解自己的管理对象，在可能的情况下，有针对性地采取多元化的奖励形式，使组织的报酬在一定程度上与工作人员的愿望相吻合。

···········极简管理学···········
期望理论的目标设置原则

根据期望理论，为了使激发力量达到最佳效果，管理者应当先注意目标的设置。为此，在设置目标时，管理者必须考虑以下两个原则：

第一，目标必须与员工的物质需要和精神需要相联系，使他们能从组织的目标中看到自己的利益，这样效价就大。

第二，要让员工看到目标实现的可能性很大，这样期望概率就高。

此外，在目标的设置时，管理者还应该考虑以下几点：

（1）要考虑组织目标和员工个人目标的一致性。

（2）要考虑目标的科学性。

（3）要考虑目标的阶段性。

（4）要考虑目标的可变性。

59 给员工一块面包，不如给员工一个目标

洛克目标设置理论：目标影响激励水平和工作绩效

> 目标设置理论是强调设置目标的特点会影响激励水平和工作绩效的理论，是过程型激励理论之一。洛克认为，为员工设置具体的、具有挑战性的目标是改善绩效的有效激励手段。

美国管理学教授爱德温·洛克在研究中发现，外来的刺激（如奖励、工作反馈、监督的压力）都是通过目标来影响动机的。目标能引导活动指向与目标有关的行为，使人们根据难度的大小来调整努力的程度，并影响行为的持久性。

在一系列科学研究的基础上，洛克于1967年最先提出"目标设置理论"，他认为目标本身就具有激励作用。目标能把人的需要转变为动机，使人们的行为朝着一定的方向努力，并将自己的行为结果与既定的目标相对照，及时进行调整和修正，从而能实现目标。这种使需要转化为动机，再由动机支配行动以达成目标的过程就是目标激励。目标激励的效果受目标本身的性质和周围变量的影响。

目标有两个最基本的属性：明确度和难度。

从明确度来看，目标内容可以是模糊的，如"请你做这件事"；目标也可以是明确的，如"请在10分钟内做完这25题"。明确的目标可使人们更清楚要怎么做，付出多大的努力才能达到目标。目标设置得明确，也便于评价个体的能力。

很明显，模糊的目标不利于引导个体的行为和评价他的成绩。因此，目标设置得越明确越好。事实上，明确的目标本身就具有激励作用，这是因为人们有希望了解自己行为的认知倾向。对行为目的和结果的了解能减少行为的盲目性，提高行为的自我控制水平。另外，目标的明确与否对绩效的变化也有影响。也就是说，完成明确目标的被试者的绩效变化很小，而目标模糊的被试者绩效变化则很大。这是因为，模糊目标的不确定性容易产生多种可能的结果。

从难度来看，目标可以是容易的，如20分钟内做完10个题目；可以是中等的，如

20分钟内做完20个题目；可以是难的，如20分钟内做完30个题目；或者是不可能完成的，如20分钟内做完100个题目。难度依赖于人和目标之间的关系，同样的目标对某人来说可能是容易的，而对另一个人来说可能是难的，这取决于他们的能力和经验。

一般来说，目标的绝对难度越高，人们就越难达到它。有400多个研究发现，绩效与目标的难度水平呈线性关系。当然，这是有前提的，前提条件就是完成任务的人有足够的能力、对目标又有高度的承诺。在这样的条件下，任务越难，绩效越好。一般认为，绩效与目标难度水平之间存在着线性关系，这是因为人们可以根据不同的任务难度来调整自己的努力程度。

目标通过四种途径提高员工工作效率。

（1）设定困难的目标使员工更加努力工作，当他们意识到要完成困难的目标，便会尽力地工作；相反，假如他们认为所设定的目标很容易达到，他们会失去工作的动力，只会付出最低的能力来完成目标。

（2）设定目标能使员工清楚上级对他们的要求，把他们的精力和时间用在正确的方向上。

（3）设定目标可以延长员工的工作持久力，进而改善他们的工作表现。长时间的努力工作容易使人感到疲倦，产生放弃的念头。设定了目标可以使人知道距离完工还有多远，在知道距离目标不远的时候，员工是不会轻易放弃以往的努力的。

（4）目标使人更仔细地选择完成工作的方法，在工作前做出详细的计划，其工作表现自然会比在没有目标和计划的情况下进行得更好。

··········极简管理学··········
目标设置理论的原则

目标设置要遵循以下原则：

（1）目标应当具体。人们可以用具体到每小时、每天、每周的任务指标来代替"好好干"的口号。

（2）目标的难度应当适中。自我效能感影响难度的大小。自我效能感是指一个人对他能胜任一项工作的信心。

（3）目标应当被个人所接受。

（4）必须对达到目标的进程有及时、客观的反馈信息。

（5）个人参与设置目标要比别人为他设置目标更为有效。

60 给员工十份奖励，不如给员工一句赞美

罗森塔尔效应：人性中最深刻的渴求是赞美

罗森塔尔效应，又称皮格马利翁效应、人际期望效应，是一种社会心理效应，由美国心理学家罗森塔尔和L.雅各布森于1968年通过实验发现，指的是对人的殷切希望能戏剧性地收到预期效果的现象。

1968年的一天，美国心理学家罗森塔尔和L.雅各布森来到一所小学，说要进行7项实验。他们从一年级至六年级各选了3个班，对这18个班的学生进行了"未来发展趋势测验"。之后，罗森塔尔以赞许的口吻将一份"最有发展前途者"的名单交给了校长和相关老师，并叮嘱他们务必要保密，以免影响实验的正确性。其实，罗森塔尔撒了一个"权威性谎言"，因为名单上的学生是随便挑选出来的。

8个月后，罗森塔尔和助手们对那18个班级的学生进行复试，结果奇迹出现了：凡是上了名单的学生，个个成绩有了较大的进步，且性格活泼开朗，自信心强，求知欲旺盛，更乐于和别人打交道。

实验者认为，教师应收到实验者的暗示，不仅对名单上的学生抱有更高期望，而且有意无意地通过态度、表情、体谅和给予更多提问、辅导、赞许等行为方式，将隐含的期望传递给这些学生，学生则给老师以积极的反馈。这种反馈又激起老师更大的教育热情，维持其原有期望，并对这些学生给予更多关照。如此循环往复，这些学生的智力、学业成绩以及社会行为朝着教师期望的方向靠拢，使期望成为现实。

罗森塔尔效应告诉我们：说你行，你就行，不行也行；说你不行，你就不行，行也不行。人类本性中最深刻的渴求就是赞美，赞美和鼓励是引发一个人体内潜能的最佳方法。管理者应该而且必须赏识你的下属，让他们感到你积极的期许和希望。积极的期望会使你的员工向更好的方向发展，能够更好地发挥他们的积极性、主动性和创造性。

美国玫琳凯公司总裁玫琳凯曾说过，世界上有两样东西比金钱和性更为人们所

需，那就是认可与赞美。金钱在调动下属的积极性方面不是万能的，而赞美却恰好可以弥补它的不足。生活中的每一个人，都有较强的自尊心和荣誉感。你真诚地给予他们表扬与赞同，就是对他们价值的最好承认和重视。能真诚赞美下属的管理者，能使下属的心理需求得到满足，并能激发他们潜在的才能。打动人的最好的方式，就是真诚地欣赏和善意地赞许。

玫琳凯公司总是设法激励员工去发现自己的价值，其中赞美是最重要的激励手段，公司整个的行销计划都以此为基础。在各种场合中，公司总是毫不吝惜地给予员工赞美——包括物质、精神两方面。

例会上的赞美：玫琳凯公司每个地区的分公司每周的例会上都会有这周销售最佳人员的成功经验的讲述和分享，这是一种别样的赞美。主持人在介绍最佳销售员的时候，每一个美容顾问都会毫不吝惜自己的掌声。

缎带的赞美：在玫琳凯公司，每位美容师在第一次卖出100美元产品时，就会获得一条缎带，卖出200美元时再得一条，并以此类推。这种仅需要0.4美元的礼物奖赏远比用100美元的礼物盒有效。

别针的赞美：玫琳凯公司每一位美容师都会以佩戴各种各样形式各异的别针为荣，这些别针在美国达拉斯设计制造，然后用飞机运到世界各地，用以奖励在销售产品时有优异销售业绩的美容师。每个别针都有不同的含义，比如，代表最高奖赏的镶钻石大黄蜂别针：大黄蜂身体很笨重，要飞起来相当不容易，它象征玫琳凯的女性在身负家庭的各种负担的情况下，还能获得如此优异的成绩，是非常不容易的。在每一个不同的阶段，当员工有了一些进步和改善的时候，玫琳凯都会奖给员工各种不同意义的别针。别针是女性非常喜欢的装饰品，尤其是象征荣誉的别针。

《喝彩》杂志的赞美：《喝彩》是玫琳凯公司内部发行的刊物，这本刊物的最主要目的就是给予赞美。它的发行量与许多全国性的杂志不相上下。《喝彩》刊登每月世界各地最优秀的销售员、培训员和各种竞赛活动及其获奖情况，详细介绍优秀的美容师和培训员，还有这些优秀女性的成功经验及成长体会。这本刊物每月一期，以不同的国家为单位发行，使玫琳凯美容师在公开赞美中分享经验。

粉红色凯迪拉克的赞美：玫琳凯的区级指导员是蓝色的套装，再高一个层级是粉红色的套装。当你做到可以穿黑色套装的时候，玫琳凯公司就会同时奖励你一部粉红色的凯迪拉克轿车。

世界上粉红色的凯迪拉克轿车的主人全部是玫琳凯的全国性指导员，开车走在外边，玫琳凯人都知道这代表玫琳凯的一位资深而优秀的美容师。这样不仅在公众场合赞美了玫琳凯的优秀美容师，同时也为玫琳凯公司做了宣传。粉红色的凯迪拉克轿车成为玫琳凯公司"到处跑的广告"。

赞美的力量是不容忽视的，有时甚至比金钱更重要。把赞美运用到企业管理中，往往起到意想不到的激励效果。管理者首先应该明白自己员工的心理，其次学会赞美下属。

管理者能让员工达到巅峰状态的重点是"激励"。管理者懂不懂专业技术这不是重点，懂得如何凝聚适合的人才，如何改善缺点，如何发挥优点，如何激励别人达到巅峰状态，这才是领导的重点。利用赞美激励员工的士气往往会起到事半功倍的效果。

·········极简管理学·········
赞美员工五原则

1. 赞美要具体

它是指管理者要言之有物，用事实说话。

2. 赞美要真诚

它是指管理者赞美人时态度要诚恳热情，要发自内心，而不能面无表情，敷衍应付。

3. 赞美要及时

一个人工作表现好，取得好成绩，提出好建议等，管理者都应及时地给予肯定。

4. 赞美要如实

它是指管理者的赞美要实事求是，恰如其分，掌握好赞美用语的分寸。

5. 赞美要适度

它是指管理者赞美的人数、次数要恰当，赞美的标准要适中。

61 加薪不是必然的，干得好加薪是必然的

德西效应：奖励有效，过度奖励则有害

　　心理学家德西在1971年做了一个专门的实验。他让大学生做被试者，在实验室里解答有趣的智力难题。实验分三个阶段：第一阶段，所有的被试者都无奖励；第二阶段，将被试者分为两组，实验组的被试者完成一个难题可得到1美元的报酬，而控制组的被试者跟第一阶段相同，无报酬；第三阶段，为休息时间，被试者可以在原地自由活动，并把他们是否继续去解题作为喜爱这项活动的程度指标。

　　实验组（奖励组）被试者在第二阶段确实十分努力，而在第三阶段继续解题的人数很少，表明兴趣与努力的程度在减弱，而控制组（无奖励组）被试者有更多人花更多的休息时间在继续解题，表明兴趣与努力的程度在增强。

　　德西在实验中发现：在某些情况下，人们在外在报酬和内在报酬兼得的时候，不但不会增强工作动机，反而会减低工作动机。此时，动机强度会变成两者之差。人们把这种规律称为德西效应。

德西效应表明，进行一项愉快的活动（内感报酬），如果提供外部的物质奖励（外加报酬），反而会减少这项活动对参与者的吸引力。适度的奖励有利于巩固个体的内在动机，但过多的奖励却有可能降低个体对事情本身的兴趣，降低其内在动机。

为什么会产生德西效应？据研究有如下原因。

第一，外加报酬"糟蹋"了内感报酬。

内感报酬是发自人们内心的，是无价可说的，只能自己感受体验，而不宜外在标定，否则就会庸俗化，就会贬值。有些画家的画宁可分文不取送朋友，如果朋友给钱了，他反而要生气，为什么？就是因为外加报酬损害和减弱了内感报酬。因此，千万不要以为，外加报酬加内感报酬，其行为动机水平最高，实际上反而更糟糕了。

第二，外加报酬被过早地预知了。

从事某项活动一旦报酬被预知以后，其内感报酬就会大打折扣。

第三，原有的外加报酬距有关需要满足的水平太远，对外加报酬的要求太强烈。

一旦外加报酬出现，就得到了满足，强化了这一外在行为，使内感报酬体验淡化了，因此产生了德西效应。

第四，直接激励的原有强度不足，价值观念的某些偏差，均可能导致德西效应的产生。

上述几种影响因素，如果能处理好，一般会降低外加报酬对内感报酬的消极影响，外加报酬会在不影响内感报酬的情况下发挥自身的作用。

对于一个企业来说，薪酬虽是企业管人的一个有效硬件，直接影响到员工的工作情绪，但是每一个公司都不会轻易使用这件精确制导武器。如果使用不好，可能会带来德西效应，不仅不能激励员工，还可能造成负面影响。

在IBM有一句拗口的话：加薪非必然！IBM的工资水平在外企中不是最高的，也不是最低的，但IBM有一个让所有员工坚信不疑的游戏规则：干得好加薪是必然的。

1996年年初，IBM推出个人业绩评估计划（PBC）。PBC从三个方面win（制胜）、executive（执行）、team（团队精神）来考察员工工作的情况。IBM薪酬政策的精神是通过有竞争力的策略，吸引和激励业绩表现优秀的员工继续在岗位上保持高水平。IBM独特而有效的薪金管理，能够通过薪金管理达到奖励先进、督促平庸。IBM将外在报酬和内在报酬相互挂钩，而且有效地避免了德西效应的产生，这种管理已经发展成为一种高效绩文化。

一个私人企业老总每每向人抱怨自己的高级人才大量走失："我已经连续给他们涨了很多次工资，怎么看不到一点成效呢？"就薪金这个角度来看，原有的外加报酬如果距离人才需要满足的水平太远，直接激励的原有强度又不足，必然导致"德西效应"。如果人才觉得工作本身所具有的外在报酬和内在报酬都不尽如人意，即使外在报酬不断增加，也无法达到他的预期，转投他处是必然的结局。

在实际工作中，有些单位的表彰评比活动过多过滥，并不一定能起到好的效果。其主要原因就是这种评比表彰往往流于形式，没有真正起到树立典型、弘扬先进的作用。如果对干部职工完成了应完成的任务，履行了应履行的义务，遵守了应遵守的规章制度这些本来就应该做到的一般行为，当作突出表现大张旗鼓地进行表彰，甚至为了照顾情绪，拿表彰送人情，"排排坐，吃果果"，对今后的工作就可能出现负效应。

　　人们就会把这些一般行为当成是一般人难以做到、应是"积极分子"的专利，做到了就应该受到领导的褒奖，如果得不到就会失去心理平衡和工作的动力。可以说，这种送人情的表彰是一种短视行为。当然，管理者应该注意发现每一位下属的"闪光点"，在适当场合恰如其分地进行表扬激励。但必须注意，这种表扬是有限度的，是在平时工作中随时进行的，真正树立典型。

　　只有这样，人们才会把应承担的义务看作是"应该做的""必须做的"，做不到应该受到严厉批评，做到了不应当"邀功请赏"，只有做得好才会立功受奖。

　　在管理工作中，一定要处理好内感报酬与外加报酬的关系，也就是处理好精神激励与物质激励的关系，避免产生德西效应，使员工的工作动机得到最大限度的激发。对待员工，你的激励方法应该是基于员工需求的，也就是说，你必须了解你的员工，你应该知道他们想要什么。只有如此，才能留住优秀人才，才能保证企业的竞争力。

··········· 极简管理学 ···········
激励员工七方式

　　管理者激励员工过程中，要根据实际情况灵活采用激励方式，以达到激励效果最大化。通常来说，管理者激励员工，可以运用以下几种方式：

　　（1）参与式激励。

　　（2）内部升迁式激励。

　　（3）"工作轮换"式激励。

　　（5）"工作丰富化"式激励。

　　（6）挑战式激励。

　　（7）培训式激励。

62 把股权分出去，把人才留下来

参与管理：给每个员工当家做主的感觉

> 所谓参与管理，就是指在不同程度上让员工参加组织的决策过程及各级管理工作，让员工与企业的高层管理者处于平等的地位研究和讨论组织中的重大问题。这样员工可以感到上级主管的信任，从而体验出自己的利益与组织发展目标密切相关并产生强烈的责任感；同时，参与管理为员工提供了一次取得别人重视的机会，从而给人一种成就感。员工因为能够参与商讨与自己有关的问题而受到激励。参与管理既对个人产生激励，又为组织目标的实现提供了保证。

参与管理方式的出现可以追溯到20世纪50年代的工作生活质量运动的兴起。管理者及有关的研究者注意到了员工在工作中的健康、安全，特别是工作满意度的问题。20世纪60~70年代，西方国家通过立法和政府成立有关组织的方式来关注和改善工作生活质量。员工参与管理就是提高工作满意度，改善工作生活质量，从而提高生产力的一种管理手段。

参与管理的方式试图通过增加组织成员对决策过程的投入，进而影响组织的绩效和员工的工作满意度。在员工参与管理的过程中有以下四个关键因素。

（1）权力。这里的权力是指提供给人们足够的用以做决策的权力。这样的权力是多种多样的，如工作方法、任务分派、客户服务、员工选拔等。授予员工的权力大小可以有很大的变化，从简单地让他们为管理者做出的决策输入一定的信息，到员工们集体联合起来做决策，乃至员工自己做决策。

（2）信息。信息对做出有效的决策是至关重要的。组织应该保证必要的信息能顺利地流向参与管理的员工处。这些信息包括运作过程和结果中的数据、业务计划、竞争状况、工作方法、组织发展的观念等。

（3）知识和技能。员工参与管理，他们必须具有做出好的决策所要求的知识和技能。组织应提供训练和发展计划来培养和提高员工的知识和技能。

（4）报酬。报酬能有力地吸引员工参与管理。一方面，有意义的参与管理的机会提供给员工内在的报酬，如自我价值与自我实现的情感；另一方面，提供给员工外在的报酬，如工资、晋升等。

在参与管理的过程中，这四个方面的因素必须同时发生作用。如果仅仅授予员工做决策的权力和自主权，但他们得不到必要的信息和知识技能，那么也无法做出好的决策。如果给予员工权力，同时也保证他们获取足够的信息，对他们的知识和技能也进行训练和提高，但并不将绩效结果的改善与报酬联系在一起，员工就会失去参与管理的动机与热情。

员工参与管理能有效地提高生产力，其作用如下：

首先，员工参与管理可以增强组织内的沟通与协调。这样就将不同的工作和部门整合起来，为一个整体的任务目标服务，从而提高生产力。

其次，员工参与管理可以提高员工的工作动机，特别是当他们的一些重要的个人需要得到满足的时候。

最后，员工在参与管理的实践中提高了能力，使得他们在工作中取得更好的成绩。在组织上，增强员工参与管理的过程通常包含了对他们集体解决问题和沟通的能力的训练。

员工参与管理有多种形式，最主要的几种形式是分享决策权、代表参与、质量圈和员工股份所有制方案。

（1）分享决策权。它是指下级在很大程度上分享其直接监管者的决策权。管理者与下级分享决策权的原因是，当工作变得越来越复杂时，管理者常常无法了解员工所做的一切，所以选择了最了解的人来参与决策，其结果可能是更完善的决策。各个部门的员工在工作过程中的相互依赖的增强，也促进员工需要与其他部门的人共同商议。这就需要通过团队、委员会和集体会议来解决共同影响他们的问题。共同参与决策还可以增加对决策的承诺，如果员工参与了决策的过程，那么在决策的实施过程中，他们就更不容易反对这项决策。

（2）代表参与。它是指工人不是直接参与决策，而是一部分工人的代表进行参与。西方大多数国家都通过立法的形式要求公司实行代表参与制度。代表参与的目的是在组织内重新分配权力，把员工放在同出资方、股东的利益更为平等的地位上。代表参与常用的两种形式是工作委员会和董事会代表。工作委员把员工和管理层联系起来，任命或选举出一些员工，在管理部门做出重大决策时必须与之商讨。董事会代表是指进入董事会并代表员工利益的员工代表。

（3）质量圈。它是指一线员工和监督者组成的共同承担责任的一个工作群体。他们定期会面，通常一周一次，讨论技术问题，探讨问题的原因，提出解决问题的建议以及实施解决措施。他们承担着解决质量问题的责任，对工作进行反馈，并对反馈做出评价，但管理层一般保留建议方案实施与否的最终决定权。员工并不一定具有分析和解决质量问题的能力，因此，质量圈还包含了对参与员工进行质量测定与分析的策略和技巧、群体沟通的技巧等方面的培训。

（4）员工股份所有制。它是指员工拥有所在公司的一定数额的股份，一方面，这样使员工将自己的利益与公司的利益联系在一起；另一方面，员工在心理上体验当主人翁的感受。员工股份所有制方案能够提高员工工作的满意度，提高工作激励水平。员工除了具有公司的股份外，还需要定期被告知公司的经营状况，并拥有对公司的经营施加影响的机会。具备了这些条件后，员工会对工作更加满意。

员工参与管理的方式，在一定程度上提高了员工的工作满意度，提高了生产力。因此，参与管理在西方国家得到了广泛的应用，并且其具体形式也不断推陈出新。但是，参与管理并非适用于任何一种情况。在要求迅速做出决策的情况下，领导者还是应该有适当的权力集中。而且，参与管理要求员工具有实际解决管理问题的技能，这对于员工来说并不是都能做到的。

············**极简管理学**············
各国员工参与管理方式

第二次世界大战以后，西欧各国、日本、美国等西方资本主义国家为振兴企业，缓解劳资冲突，创造了许多职工参与的方式。

德国职工参与监督模式——选举职工代表参与公司监事会。

瑞典职工参与经营管理模式——选举职工代表参与公司董事会。

日本公司员工参与公司治理的形式——公司内工会、终身雇佣制和年功序列制。

英美公司员工参与公司治理的形式——依靠工会，通过集体谈判，以及车间班组自主管理、合理化建议；职工代表制度，让员工代表直接进入公司的决策层；劳资协商制度：平等协商集体合同制度；职工持股制度；职工董事监事制度。

此外，还有"职工建议制度""振脑会""初级董事会""劳资协议机关参与"等多种多样的职工参与方式。

执行与控制篇

63 管理的成功：5%在战略，95%在执行

格瑞斯特定理：没有执行，一切都是空谈

美国企业家格瑞斯特提出一句著名的名言："杰出的策略必须加上杰出的执行才能奏效。"这后来被确定为管理学上著名的格瑞斯特定理。

拿破仑有一句名言："一只狮子带领的一百只绵羊可以打败由一只绵羊带领的一百只狮子。"这句话强调的就是执行力的重要性。

执行力概念最早是由美国资深企业家保罗·托马斯和企业管理学家大卫·伯恩提出的。他们认为，执行力在企业竞争中具有举足轻重的地位。如果没有牢固的执行理念和强劲的执行力，任何的决策和战略、计划都不可能贯彻落实到底。

没有执行，一切都是空谈。制定全面而细致的管理制度固然重要，但要有一批能长期不懈、不折不扣地去执行制度的人，这更难能可贵。

怎样切实改进企业的执行力，如何把工作落到实处，任何管理者都认为是一件特别难的事情。第一次海湾战争结束，美国的一位将军写了《坐在扶手椅上的战略家》一书，嘲笑那些纸上谈兵的人。其实内行关心的不是战略，因为战略是不言自明的。内行打仗真正靠的是后勤，即执行。战争中最难的不是制定战略，而是把武器、人员、弹药按照原定的计划在准确的时间运送到准确的地点。企业也是如此。在战略设定的情况下，企业成败的关键就在于执行。执行是什么？一句话，执行讲的是管理。企业从管人的角度可分两个层面，一个是领导，管的是定位、方向，但仅有领导还不行，还要有另一个层面，即管理。管理的定位是执行，是战略目标设定后如何做好。执行力的好坏关系到企业的兴衰成败。

卓越的公司尤其是"世界最受推崇企业"，并不一定在战略规划上花费更多的时

间或努力，但表现出卓越的执行力。

美国航空公司是美国最大也是最赚钱的航空公司之一。其功劳归于它的执行长官罗伯·柯南道尔及其管理团队所采取的一系列策略：执行高品质的服务体系等管理制度。

美国"奇异"公司最年轻的执行总裁韦尔奇在管理上以结果为导向，重视"底线"和结果：公开宣称凡是不能在市场上持续前两名的实业，都会面临被卖或被裁撤的命运。韦尔奇依据公司制度，裁起员来绝不手软。当然，"奇异"公司的很多员工抱怨韦尔奇的管理模式要求太严。但是，执行结果导向的管理有利于员工全身心地投入公司事业。

Cisco是全世界做网络设备最大的公司之一，曾任Cisco全球副总裁的林正刚来中国时，他竟然不认为Cisco的成功在于技术，而在于执行力。由此可见，"执行力"在世界级大公司被看得有多重。只有执行力才能使企业创造出实质的价值。失去执行力，就失去了企业长久生存和成功的必要条件。

满街的咖啡店，为什么星巴克一枝独秀；同是做PC，为什么戴尔独占鳌头；都是做超市，为什么沃尔玛雄居零售业榜首？造成这些不同的原因，是各个企业的执行力的差异。那些在激烈竞争中能够最终胜出的企业无疑都是具有很强的执行力的。像通用电气、IBM、微软、戴尔等就是如此，他们的成功都与其杰出的执行能力有着直接的关系。

美国ABB公司董事长巴尼维克也曾说过："一位管理者的成功，5%在战略，95%在执行。"可以说，"三分战略，七分执行"。许多企业虽有好的战略，却因缺少执行力，最终失败。在企业的经营与管理中，建立企业的愿景、战略与计划，以及强调对人力资源、财务资源和实物资源的管理固然重要，但如何将这些管理的重要方面有效地联结和整合起来，才是企业真正在竞争中取胜的根本保证。这种整合的能力就是目前许多优秀企业家和学者所强调的"执行力"。

市场竞争日益激烈，在大多数情况下，企业与竞争对手的差别就在于双方的执行力。如果对手在执行方面比你做得更好，那么它就会在各方面领先。如果不能执行的话，管理者的所有其他工作都会变成一纸空文或一场空谈。

执行力决定企业的生存力和发展力，决定企业的兴衰与成败。这是因为，只有被执行的思路才有出路，被执行的战略决策才能结出果实。优秀的企业、成功的企业一定是执行型的企业。

企业发展的原动力来自市场，但企业目标能否实现，则要取决于内部管理的执行环节。企业提升执行力，维系着企业能否持续发展。执行难，缺乏执行力能够使一家企业从鼎盛走向衰败。作为企业管理者，一定要杜绝企业执行难的弊病，要彻底改善执行能力，才能使企业实现长足发展。

提升执行力的步骤

　　执行不力的主要问题出在执行系统和执行者上，企业建立科学的执行系统和调整执行者的心态与行为尤为关键。提升执行力的步骤具体如下：

　　（1）规范战略制定，明晰业务流程，提炼核心内容。

　　（2）建立先进的企业文化，重视团队精神建设。

　　（3）建立科学的培训体系，提升整体的执行素质。

　　（4）建立合理的激励和授权机制。

　　（5）建立完善的控制系统，引入淘汰机制。

64 把质量不合格产品的数量减少80%

ABC分类法：识别重要的少数和次要的多数

　　ABC分类法又称帕累托分析法，是根据在技术或经济方面的主要特征，进行分类排队，分清重点和一般，从而有区别地确定管理方式的一种分析方法。因为它把被分析的对象分成A、B、C三类，所以又称为ABC分析法。

　　ABC分析法是由意大利经济学家帕累托首创的。1879年，帕累托在研究个人的分布状态时，发现少数人的收入占全部人口收入的大部分，而多数人的收入只占一小部分，他将这一关系用图表示出来，就是著名的帕累托图。该分析方法的核心思想是在决定一个事物的众多因素中分清主次，识别出少数的但对事物起决定作用的关键因素和多数的但对事物影响较少的次要因素。后来，帕累托法被不断应用于管理的各个方面。1951年，管理学家戴克将其应用于库存管理，命名为ABC分类法。1951—1956年，朱兰将ABC分类法引入质量管理，用于质量问题的分析，被称为排列图。1963年，德鲁克将这一方法推广到全部社会现象，使ABC分类法成为企业提高效益的普遍应用的管理方法。

　　ABC分类法大致可以分五个步骤。

　　（1）收集数据。

　　（2）统计汇总。

　　（3）编制ABC分析表。

　　（4）绘制ABC分析图。

　　（5）确定重点管理方式。

　　我们以库存管理为例来说明ABC法的具体应用，如果我们打算对库存商品进行年销售额分析，那么需要进行以下步骤。

　　第一，收集各个品目商品的年销售量、商品单价等数据。

　　第二，对原始数据进行整理并按要求进行计算，如计算销售额、品目数、累计品

目数、累计品目百分数、累计销售额、累计销售百分数等。

　　第三，做ABC分类表。在总品目数不太多的情况下，我们可以用大排队的方法将全部品目逐个列表。按销售额的大小，由高到低对所有品目顺序排列；将必要的原始数据和经过统计汇总的数据，如销售量、销售额、销售额百分数填入、计算累计品目数、累计品目百分数、累计销售额、累计销售额百分数；将累计销售额为60%~80%的若干品目定为A类；将销售额为20%~30%的若干品目定为B类；将其余的品目定为C类。如果品目数很多，无法全部排列在表中或没有必要全部排列出来，我们可以采用分层的方法，即先按销售额进行分层，以减少品目栏内的项数，再根据分层的结果将关键的A类品目逐个列出来进行重点管理。具体见表1。

表1　分层的ABC分析表

按销售额分层范围（千元）	品目数	累计品目数	类计品目百分数	销售额（千元）	累计销售额（千元）	累计销售额	分类结果
≥6	260	260	7.5%	5800	5800	69%	A
[5，6）	86	346	9.9%	500	6300	75%	A
[4，5）	55	401	11.7%	250	6550	78%	B
[3，4）	95	496	14.4%	340	6890	82%	B
[2，3）	170	666	19.4%	420	7310	87%	B
（1，2）	352	1018	29.6%	410	7720	92%	B
≤1	2421	3439	100%	670	8390	100%	C

　　第四，以累计品目百分数为横坐标，累计销售额百分数为纵坐标，根据表1中的相关数据绘制ABC分析图。具体见表2。

表2　ABC分类管理策略

项目	A	B	C
管理要点	投入较大力量精心管理，将库存压缩到最低水平	按经营方针调节库存水平	集中大量订货，以较高的库存来减少订货费用
订货方式	计算每种商品的订货量，按最优批量订货批量，采用定期订货的方式	采用定量订货方式，当库存降到最低点时发出订货，订货数为经济批量	采用双堆法，用两个库位储存，一个库位发完了，用另一个库位发，并补充第一个库位的库存
定额水平	按品种甚至规格控制	按品种大类品种控制	按总金额控制
检查方式	经常检查	一般检查	按年或季度检查
统计方法	详细统计，按品种、规格规定统计项目	一般统计，按大类规定统计项目	按金额统计

第五，根据ABC分析的结果，对ABC三类商品采取不同的管理策略。

ABC分类法还可以应用到质量管理、成本管理和营销管理等管理的各个方面。

在质量管理中，我们可以利用ABC分类法分析影响产品质量的主要因素、采取相应的对策。例如，我们列出影响产品质量的因素，包括外购件的质量、设备的状况、工艺设计、生产计划变更、工人的技术水平、工人对操作规程的执行情况等。我们以纵轴表示由前几项因素造成的不合格产品占不合格产品总数的累计百分数，横轴按造成不合格数量的多少，从大到小顺序排列影响产品质量的各个因素。这样，我们就可以很容易地将影响产品质量的因素分为A类、B类和C类因素。假设通过分析发现外购件的质量和设备的维修状况造成产品质量问题的A类因素，那么我们就应该采取相应措施，对外购件的采购过程进行严格控制，并加强对设备的维修，解决好这两个问题，就可以把质量不合格产品的数量减少80%。

ABC分类法还可以应用在营销管理中，例如，企业在对某一产品的客户进行分析和管理时，可以根据用户的购买数量将用户分成A类用户、B类用户和C类用户。由于A类用户数量较少，购买量却占公司产品销售的80%，企业一般会为A类用户建立专门的档案，指派专门的销售人员负责对A类用户的销售业务，提供销售折扣，定期派人走访，采用直接销售的渠道方式。而对数量众多，但购买量很小，分布不均的C类用户，则可以采取利用中间商，间接销售的渠道方式。

············极简管理学············

ABC的分类标准

应用ABC分析法，一般是将分析对象分成A、B、C三类，但也可以根据分析对象重要性分布的特性和对象的数量的大小分成两类或三类以上。各类对象的划分标准，并无严格规定。习惯上常把主要特征值的累计百分数在70%~80%的若干对象称为A类，累计百分数在10%~20%的若干对象称为B类，累计百分数在10%左右的若干对象称C类。

65　1%的失误会导致100%的失败

海因里希法则：成与败都是一种量的积累

　　"在1件重大灾害的背后，有29件轻度灾害，还有300件有惊无险的体验。"这是美国著名安全工程师海因里希通过分析工伤事故的发生概率，为保险公司的经营提出的法则，被称为"海因里希法则"。海因里西法则的另一个名字是"1∶29∶300法则"，也可以是"300∶29∶1法则"。这一法则完全可以用于企业的安全管理中，即在1件重大的事故背后，必有29件"轻度"的事故，还有300件潜在的隐患。

　　海因里希法则是1941年海因里希从统计许多灾害开始得出的。当时，海因里希统计了55万件机械事故，其中死亡、重伤事故1666件，轻伤48 334件，其余则为无伤害事故。他得出一个重要结论，即在机械事故中，死亡、重伤、轻伤和无伤害事故的比例为1∶29∶300，国际上把这一法则叫事故法则。这个法则说明，在机械生产过程中，每发生330起意外事件，有300件未产生人员伤害，29件造成人员轻伤，1件导致重伤或死亡。

　　对于不同的生产过程，不同类型的事故，上述比例关系不一定完全相同，但这个统计规律说明了在进行同一项活动中，无数次意外事件，必然导致重大伤亡事故的发生。要防止重大事故的发生，必须减少和消除无伤害事故，要重视事故的苗头和未遂事故，否则终会酿成大祸。

　　海因里希认为，伤亡事故的发生不是一个孤立的事件，尽管伤害可能在某瞬间突然发生，却是一系列事件相继发生的结果。海因里希把工业伤害事故的发生、发展过程描述为具有一定因果关系的事件的连锁发生过程。

　　（1）遗传及社会环境。遗传因素和环境是造成人的性格上缺点的原因。

　　（2）人的缺点。人的缺点是使人产生不安全行为或造成机械、物质不安全状态的原因。

（3）人的不安全行为或物的不安全状态。它是指那些曾经引起过事故，或可能引起事故的人的行为，或机械、物质的状态，这些是造成事故的直接原因。

（4）事故。事故是由于物体、物质、人或放射线的作用或反作用，使人员受到伤害或可能受到伤害的、出乎意料的、失去控制的事件。

（5）伤害。它是指直接由事故而产生的人身伤害。

海因里西法则启示我们，每一次大事故的背后，往往有无数次小失误的积累。用生命和鲜血写成的案例无不警示着每个人，安全生产无小事。不经意间一个小小的疏忽、一次小小的违章就是1%，可能导致100%的重大事故的发生。

在很多企业管理者的传统观念里，企业应该是为盈利而存在的，而盈利也应该是企业的唯一目的和最终的追求目标。然而，事实上随着社会的进步，由于现代社会企业所具有的特征，企业已不仅是经济组织，也成为社会组织；不仅具有经济职能，也具有社会责任。企业的生产不能仅仅成为企业追求利润最大化的工具。社会中频频发生的煤矿事故、有毒食品事件、产品质量缺陷问题，以及企业生产对环境造成的严重污染等，使得企业的生产安全问题、企业在生产过程中的伦理问题成为社会关注的焦点，即人们关注的不是企业生产什么，而是企业如何生产的一连串的问题：生产的产品应该是安全的，不会对使用这些产品的消费者造成伤害；生产的过程应该是安全的，不会对那些从事生产的员工造成伤害，并在生产过程中把对环境的破坏降低到最低限度；企业的生产对人负有不伤害责任；企业对环境安全的责任是实行绿色经营，与自然和谐共处。

安全生产责任重于泰山，企业应该承担起必要的社会责任与人道责任，社会的发展不能以牺牲精神文明为代价，不能以牺牲生态环境为代价，更不能以牺牲人的生命为代价。企业是独立承担民事责任的法人实体，也是安全生产的责任主体。企业管理者必须自觉遵守安全生产法律法规，落实责任制，加强安全管理，注重职工培训，从而实现安全生产稳定好转，承担起安全生产责任主体的职责。

总之，安全生产教育和管理工作要求我们不能存有一丝一毫的麻痹心态和侥幸心理，在追求产品质量和企业利润的同时，千万不可忽视质量安全的保障，企业管理者一定要牢记1%的错误会导致100%的失败，认真对待每一件差错，以免再一次发生类似的差错而酿成重大事故。

········· 极 简 管 理 学 ·········
海因里希事故连锁论

海因里希提出的事故因果连锁过程包括以下几个因素：

（1）人员伤亡的发生是事故的结果。

（2）事故的发生是因为：人的不安全行为，物的不安全状态。

（3）人的不安全行为或物的不安全状态是由人的缺点造成的。

（4）人的缺点是由不良环境诱发的，或者是由先天的遗传因素造成的。

66 亚马孙雨林的蝴蝶如何引起一场龙卷风

蝴蝶效应：小缺陷可以引发大灾难

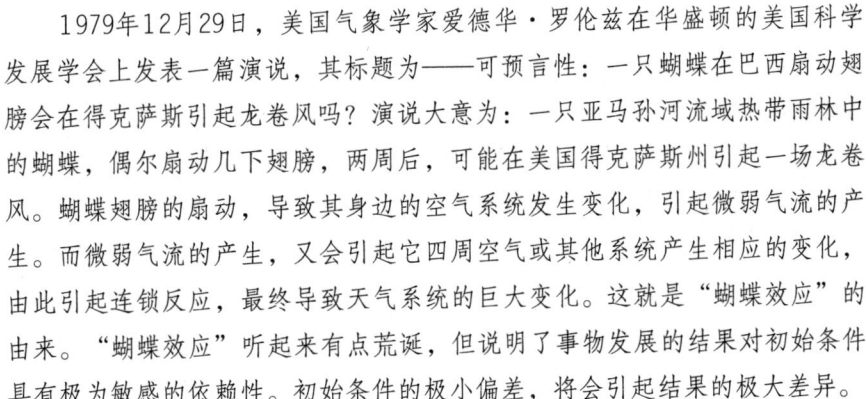

　　1979年12月29日，美国气象学家爱德华·罗伦兹在华盛顿的美国科学发展学会上发表一篇演说，其标题为——可预言性：一只蝴蝶在巴西扇动翅膀会在得克萨斯引起龙卷风吗？演说大意为：一只亚马孙河流域热带雨林中的蝴蝶，偶尔扇动几下翅膀，两周后，可能在美国得克萨斯州引起一场龙卷风。蝴蝶翅膀的扇动，导致其身边的空气系统发生变化，引起微弱气流的产生。而微弱气流的产生，又会引起它四周空气或其他系统产生相应的变化，由此引起连锁反应，最终导致天气系统的巨大变化。这就是"蝴蝶效应"的由来。"蝴蝶效应"听起来有点荒诞，但说明了事物发展的结果对初始条件具有极为敏感的依赖性。初始条件的极小偏差，将会引起结果的极大差异。

　　蝴蝶效应说明，初始条件下微小的变化能带动整个系统的长期巨大的连锁反应。一个微小的机制，如果不加以及时地引导、调节，可能会给社会带来非常大的危害，戏称为"龙卷风"或"风暴"；一个微小的机制，只要正确指引，经过一段时间的努力，将有可能会产生轰动效应，或称为"革命"。

　　根据蝴蝶效应，在企业经营中，若发现公司有不合理的现象，要立刻设法改正，否则管理上的漏洞很快就会表现在产品和服务上。所以，不要因为产品有毛病就讳而不宣，等到消费者发觉时，很可能会损害公司的名誉、信用。

　　有着百年辉煌历史的爱立信，与诺基亚、摩托罗拉并列称雄于世界移动通信业。自1998年开始的3年里，当世界蜂窝电话业务高速增长时，爱立信的蜂窝电话市场份额却从18%迅速降至5%，即使在中国市场，其份额也从1/3左右迅速地下滑到了2%。爱立信从手机销售头把交椅跌落，不但退出了销售三甲，而且还排在了新军三星、飞利浦之后。

　　为什么爱立信在中国这块风水宝地上失去了它往日的辉煌？

2001年，爱立信的一款叫作T28的手机存在质量问题。这本来就是一种错误，但更大的错误是爱立信漠视这一错误。

"我的爱立信手机的送话器坏了，去爱立信的维修部门，很长时间都没有解决问题。最后他们告诉我是主板坏了，要花700元换主板。我在个体维修部那里，只花25元就解决了问题。"一位消费者明确说出了爱立信存在的问题。那时，几乎所有媒体都注意到了T28的问题，似乎只有爱立信没有注意到。爱立信一再地辩解自己的手机没有问题，而是一些别有用心的人在背后捣鬼。

然而，市场不会去探究事情的真相，也不给爱立信以"申冤"的机会，无情地疏远了它。

其实，信奉"亡羊补牢"观念的中国消费者已经给了爱立信一次机会。只不过，爱立信没能好好把握。

1998年，《广州青年报》从8月21日起连续三次报道了爱立信手机在中国市场上的质量和服务问题，引发了消费者以及知名人士对爱立信的大规模批评，而且爱立信的768、788C以及当时大做广告的SH888，居然没有取得入网证就开始在中国大量销售。当时，不轻易表态的电信管理部门的声明，证实了此事。至此，爱立信手机存在的问题浮出了水面，但爱立信采取掩耳盗铃的方式来解决问题，甚至试图拿钱来封媒体的嘴。

既然选择拒不认错，爱立信自然不会去解决问题，更不会切实去做服务工作。正是这一系列的质量和服务中的缺陷，使爱立信失去了中国市场。同时，这也让我们明白，即使是一个由数以百万计的个人行动所构成的公司，同样经不起其中微小行动的偏离。这也是我们常说的"细节决定成败"的道理。

2003年2月1日，美国东部时间上午9时，美国哥伦比亚航天飞机升空80秒后爆炸，机上7名宇航员遇难。而调查结果表明，造成这一灾难的"凶手"竟是一块脱落的泡沫击中了飞机左翼前的隔热系统。应该说，飞机整体性能等许多技术指标是一流的，但是一小块脱落的泡沫就毁灭了价值连城的航天飞机和7名宇航员的生命。这正如美国质量管理专家菲利普·克劳斯比所说的："一个由数以百万计的个人行动所构成的公司，经不起其中1%的行动偏离正轨。"任何一个细节的疏忽所带来的后果是不堪设想的。

细节往往因其"小"，而容易被人忽视，掉以轻心；细节因其"细"，也常常使人感到烦琐，不屑一顾。但就是这些小事和细节，往往是事物发展的关键和突破口，是关系成败的双刃剑。因此，这就要求我们在工作中要树立强烈的责任心。这就是说，抓落实，目标要细，要求要细，责任要细，措施要细。这就要求我们必须克服华而不实的作风，必须改变随意性、粗放式的管理方式，必须健全制度、堵塞漏洞，走上制度化、规范化的轨道。

蝴蝶效应的预防措施

要预防蝴蝶效应的发生，管理者可从以下方面着手：

（1）加强对员工的细节教育。

（2）学会长远考虑，切勿短视。

（3）要有敏锐的洞察力，全面地考虑事情。

（4）管理者要有培养系统思考问题的习惯。

67 质量管理，没有最好，只有更好

TQM管理：全方法、全过程、全员工的质量管理

全面质量管理（total quality management，TQM）是指一个组织以质量为中心，以全员参与为基础，目的在于通过客户满意和本组织所有成员及社会受益而达到长期成功的管理途径。在全面质量管理中，质量这个概念与全部管理目标的实现有关。

全面质量管理在早期被称为TQC，后来随着进一步发展而演化成为TQM。菲根堡姆于1961年在《全面质量管理》一书中首先提出了全面质量管理的概念："全面质量管理是为了能够在最经济的水平上，并考虑到充分满足用户要求的条件下进行市场研究、设计、生产和服务，把企业内各部门研制质量、维持质量和提高质量的活动构成为一体的一种有效体系。"

20世纪60年代初，美国一些企业根据行为管理科学的理论，在企业的质量管理中开展了依靠职工"自我控制"的"无缺陷运动"。日本在工业企业中开展质量管理小组活动行，使全面质量管理活动迅速发展起来。

20世纪80年代，"全面质量管理"革命席卷了企业界，其代表人物是爱德华·戴明和约瑟夫·朱兰。美国著名质量管理专家爱德华·戴明提出："在生产过程中，造成质量问题的原因只有10%~15%来自工人，而85%~90%是企业内部在管理系统上有问题。"由此可见，质量不仅仅取决于加工这一环节，也不只是局限于加工产品的工人，而是涉及企业各个部门、各类人员。所以，质量的保证要通过全面质量管理来实现。

TQM具有如下含义。

（1）强烈地关注客户。客户已成为企业的衣食父母。"以客户为中心"的管理模式正逐渐受到企业的高度重视。全面质量管理注重客户价值，其主导思想就是"客户的满意和认同是长期赢得市场、创造价值的关键"。为此，全面质量管理要求必须

把以客户为中心的思想贯穿到企业业务流程的管理中，即从市场调查、产品设计、试制、生产、检验、仓储、销售到售后服务的各个环节都应该牢固树立"客户第一"的思想。企业不但要生产物美价廉的产品，而且要为客户做好服务工作，最终让客户放心满意。

（2）坚持不断地改进。TQM是一种永远不能满足的承诺，"非常好"还是不够，质量总能得到改进，"没有最好，只有更好"。在这种观念的指导下，企业持续不断地改进产品或服务的质量和可靠性，确保企业获取对手难以模仿的竞争优势。

（3）改进组织中每项工作的质量。TQM采用广义的质量定义。它不仅与最终产品有关，还与组织如何交货，如何迅速地响应客户的投诉，如何为客户提供更好的售后服务等都有关系。

（4）精确地度量。TQM采用统计度量组织作业中人的每一个关键变量，然后与标准和基准进行比较以发现问题，追踪问题的根源，从而达到消除问题、提高品质的目的。

（5）向员工授权。TQM吸收生产线上的工人加入改进过程，广泛地采用团队形式作为授权的载体，依靠团队发现和解决问题。

全面质量管理的基本方法可以概况为"四句话十八字"，即"一个过程，四个阶段，八个步骤，数理统计方法"。

一个过程：即企业管理是一个过程。企业在不同时间内，应完成不同的工作任务。企业的每项生产经营活动，都有一个产生、形成、实施和验证的过程。

四个阶段：根据管理是一个过程的理论，戴明博士把它运用到质量管理中来，总结出"计划（plan）—执行（do）—检查（check）—处理（act）"四阶段的循环方式，简称PDCA循环，又称"戴明循环"。

八个步骤：为了解决和改进质量问题，PDCA循环中的四个阶段还可以具体划分为八个步骤。计划阶段：分析现状，找出存在的质量问题；分析产生质量问题的各种原因或影响因素；找出影响质量的主要因素；针对影响质量的主要因素，提出计划，制定措施。执行阶段：执行计划，落实措施。检查阶段：检查计划的实施情况。处理阶段：总结经验，巩固成绩，工作结果标准化；提出尚未解决的问题，转入下一个循环。

数理统计方法：在应用PDCA四个循环阶段、八个步骤来解决质量问题时，需要收集和整理大量的资料，并用科学的方法进行系统的分析。最常用的七种统计方法是排列图、因果图、直方图、分层法、相关图、控制图和统计分析表。这套方法是以数理统计为理论基础，不仅科学可靠，而且比较直观。

PDCA循环流程的基本内容是在做某事前先制订计划，然后按照计划去执行，并在执行过程中进行检查和调整，在计划执行完成时进行总结处理。

P阶段：发现适应用户的要求，并以取得最经济的效果为目标，通过调查、设计、试制、制定技术经济指标、质量目标、管理项目以及达到这些目标的具体措施和方法。这是计划阶段。

D阶段：就是按照所制订的计划和措施去付诸实施。这是执行阶段。

C阶段：就是对照计划，检查执行的情况和效果，及时发现计划实施过程中的经验和问题。这是检查阶段。

A阶段：就是根据检查的结果采取措施、巩固成绩、吸取教训、以利再战。这是总结处理阶段。

这四个阶段大体可分为八个步骤，见图9。

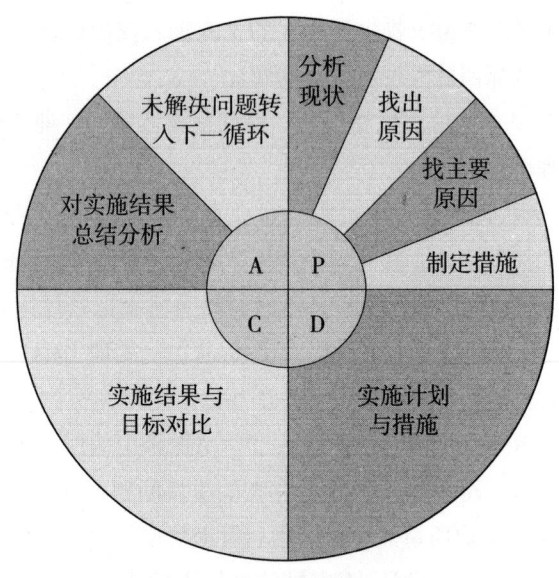

图9　PDCA循环流程图

PDCA循环管理具有如下四个特点。

（1）PDCA循环工作程序的四个阶段，按顺序进行，组成一个大圈。

（2）每个部门、小组都有自己的PDCA循环，并都成为企业大循环中的小循环。

（3）阶梯式上升，循环前进，即不断根据处理情况或利用新信息重新开始循环改进过程。

（4）任何提高质量和生产率的努力要想成功，都离不开员工的参与。

在部署和实施全面质量管理计划时，需要各层管理者担负起不同的责任。首先，最高管理者应当具有责任感和使命感，阐明企业存在的价值，确立企业的发展目标，建立组织内外的沟通渠道，以及在质量控制与客户对质量的要求和客户期望值之间建立密切的联系和起桥梁作用。其次，中层管理人员应当推动企业在各方面的改进和发展，应当肩负重任，成为企业获得成功的柱石，并承担具体项目的管理责任，负责跨职能部门的交流，以及确保企业内部的工作质量符合或超过标准。

··········极 简 管 理 学··········
全面质量管理的"三全"

进行全面质量管理，必须要做到"三全"：

（1）内容与方法的全面性，企业不仅要着眼于产品的质量，而且要注重形成产品的工作质量；注重采用多种方法和技术，包括科学的组织管理工作、各种专业技术、数理统计方法、成本分析、售后服务等。

（2）全过程控制，即对市场调查、研究开发、设计、生产准备、采购、生产制造、包装、检验、贮存、运输、销售、为用户服务等全过程都进行质量管理。

（3）全员性，即企业全体人员包括领导人员、工程技术人员、管理人员和工人等都参加质量管理，并对产品质量各负其责。

这也是TQM的三个主要特点。

68 日本质量管理最高奖是以谁的名字命名的

戴明质量管理法："十四要点"与"戴明环"

　　爱德华兹·戴明博士是世界著名的质量管理专家，他对世界质量管理发展做出的卓越贡献享誉全球，以戴明命名的"戴明质量奖"，至今仍是日本质量管理的最高荣誉。作为质量管理的先驱者，戴明学说对国际质量管理理论和方法始终产生着异常重要的影响。

　　戴明博士于1921年从怀俄明大学毕业后继续前往科罗拉多大学进修，并于1925年获得数学与物理硕士，最后于1928年取得耶鲁大学的物理博士学位。戴明博士毕业后婉拒西电公司的工作机会而应聘到华盛顿的美国农业部的固氮研究所工作。他曾经利用一年的休假到伦敦大学做有关统计方面的研究。戴明博士1950年应聘去日本讲学，而后几乎每年都赴日本继续指导，奠定了日本企业界良好的质量管理基础。

　　尽管戴明博士在20世纪40年代就已经是美国首屈一指的统计专家，但是，他真正被美国大众熟悉并且在工商管理界被广为推崇则是在他80岁以后。

　　1980年，戴明已整整80岁，而美国的竞争力正处于危机之中。可是，日本这个小小的亚洲国家戏剧般崛起，成为举世瞩目的经济强国。就在工商界四处寻找良策之际，NBC电视台播放了90分钟的专题片——《日本能，为什么我们不能？》。戴明在节目中以显著的地位出现，该节目也介绍了戴明在日本所扮演的角色。此后，成百上千的美国各类机构，包括军事部门和政府，纷纷向戴明讨教。许多大公司的管理者成为戴明的门徒。近20所大学(包括波士顿大学和哈佛大学)相继授予他名誉博士学位，他的母校耶鲁大学在1993年授予他维尔布尔·卢休斯十字奖章。

　　在美国人还不知戴明为何方神圣的时候，日本人早就把戴明奉为神明。从1950年起，戴明就由麦克阿瑟将军推荐并通过日本科学家和工程师联盟，开始向日本产业界传授质量管理的"福音"。当时的日本人急切地想学习美国的管理技术，而戴明则要求他们避开效率低下的美国方法，鼓励他们创造以用户为中心的新体系。他告诫日本实业家，通过紧盯质量，生产出耐久可靠的产品，他们能够成为世界经济的重要力量。仅仅在几个月内，日本工商界就把戴明的教诲落实于行动。自此以后，企业的能耗降低了，质量提高了，经济实力更是戏剧般提升。鉴于戴明为日本做出的巨大贡献，他在1960年被天皇授予"神圣财富"银质勋章。

对管理稍有了解的人都知道，戴明的方法主要是把统计学原理应用到质量管理中。但是，戴明的后期著作表明，他的方法背后有着系统的管理哲学。他在1982年出版的《转危为安》一书，是他最成熟的管理著作。书中的"十四要点"一般在质量管理教科书讲授。戴明强调，"十四要点"并不只限于西方工业发展和企业经营，而且可以广泛应用于教育、政府工作、服务业、医院和交通服务各个领域。

戴明的"十四要点"内容如下。

1. 创造产品与服务改善的恒久目的

最高管理层必须从短期目标的迷途中归返，转回到长远建设的正确方向，也就是把改进产品和服务作为恒久的目的，坚持经营，这需要在所有领域加以改革和创新。

2. 采纳新的哲学

公司必须绝对不容忍粗劣的原料、不良的操作、有瑕疵的产品和松散的服务。

3. 停止依靠大批量的检验来达到质量标准

检验其实是等于准备有次品，等检验出来已经太迟，且成本高、效益低。正确的做法，是改良生产过程。

4. 废除"价低者得"的做法

价格本身并无意义，只是相对于质量才有意义。因此，只有管理当局重新界定原则，采购工作才会改变。公司一定要与供应商建立长远的关系，并减少供应商的数目。采购部门必须采用统计工具来判断供应商及其产品的质量。

5. 持之以恒地改进生产和服务系统

在每一项活动中，必须降低浪费和提高质量，包括采购、运输、工程、方法、维修、销售、分销、会计、人事、客户服务和生产制造等活动。

6. 建立现代的岗位培训方法

培训必须是有计划的，且必须是建立于可接受的工作标准上。必须使用统计方法来衡量培训工作是否奏效。

7. 建立现代的督导方法

督导人员必须要让高层管理知道需要改善的地方。在知道之后，管理者必须采取行动。

8. 驱走恐惧心理

所有同事必须有胆量去发问，提出问题或表达意见。

9. 打破部门之间的障碍

每个部门都不应只顾独善其身，而需要发挥团队精神，跨部门的质量圈活动有助于改善设计、服务、质量和成本。

10. 取消对员工发出计量化的目标

激发员工提高生产率的指标、口号、图像、海报都必须废除，很多配合的改变往往是在一般员工控制范围之外，因此这些宣传品只会导致反感。虽然无须为员工定下可计量的目标，但公司本身要有这样的一个目标：永不间歇地改进。

11. 取消工作标准及数量化的定额

定额把焦点放在数量上，而非质量上。计件工作制更不好，因为它鼓励制造次品。

12. 消除妨碍基层员工工作顺畅的因素

任何导致员工失去工作尊严的因素必须消除。

13. 建立严谨的教育及培训计划

由于质量和生产力的改善会导致部分工作岗位数目的改变，因此所有员工都要不断接受训练和再培训。一切训练都应包括基本统计技巧的运用。

14. 创造一个每天都推动以上13项的高层管理结构

戴明博士还最早提出了PDCA循环的概念，所以PDCA循环又被称为"戴明环"。PDCA循环是能使任何一项活动有效进行的一种合乎逻辑的工作程序，特别是在质量管理中得到了广泛的应用。戴明质量管理学说反映了全面质量管理的全面性，说明了质量管理与改善并不是个别部门的事，而是需要由最高管理层领导和推动才可以奏效的。戴明质量管理学说简洁明了，其主要观点"十四要点"成为20世纪全面质量管理的重要理论基础。

········· 极 简 管 理 学 ··········
戴明质量管理学说的核心

戴明质量管理学说的核心可以概括为：

（1）高层管理的决心及参与。

（2）群策群力的团队精神。

（3）通过教育来强化质量意识。

（4）质量改良的技术训练。

（5）制定衡量质量的尺度标准。

（6）对质量成本的分析表认识，不断改进运动。

（7）各级员工的参与。

69 质量是怎样螺旋式循环提高的

朱兰质量管理论："朱兰三部曲"和"朱兰质量环"

朱兰博士是世界著名的质量管理专家，他于1925年获得电力工程专业理学士学位并任职于著名的西方电气公司芝加哥霍索恩工作室检验部。1937年，他成为纽约西方电气公司总部工业工程方面的主席。1979年，朱兰博士建立了咨询机构朱兰学院，如今朱兰学院已成为世界上领先的质量管理咨询公司。随后，朱兰博士又创建朱兰基金会。朱兰基金会作为明尼苏达大学卡尔森管理学院的朱兰质量领导中心的一部分。他还协助创建了美国马尔科姆·鲍得里奇国家质量奖，他是该奖项的监督委员会的成员。

朱兰博士所倡导的质量管理理念和方法始终深刻影响着世界企业界和世界质量管理的发展。他的"质量计划、质量控制和质量改进"被称为"朱兰三部曲"。他最早把帕累特原理引入质量管理。《管理突破》是他的经典著作。由朱兰博士主编的《质量控制手册》被称为当今世界质量控制科学的名著，为奠定全面质量管理的理论基础和基本方法做出了卓越的贡献。

朱兰博士所提出的"管理突破历程"，综合了他的基本学说。以下是管理类破历程的七个环节。

1. 突破的势态

管理层必须证明突破的急切性，然后创造环境使这个突破能实现。要去证明该需要，必须搜集资料说明问题的严重性，而其中最具说服力的就是质量成本。为了获得充足的资源去推行改革，必须把预期的效果用货币形式表达出来，以投资回报率的方式来展示。

2. 突出关键的少数项目

在众多的问题中，找出关键性的少数。利用帕累特法分析，突出关键的少数，再集中力量优先处理。

3. 寻找知识上的突破

成立两个不同的组织去领导和推动变革——一个可称为"策导委员会"，另一个可称为"论断小组"。策导委员会由来自不同部门的高层人员组成，负责制定变革计划、指出问题原因所在、授权做试点改革、协助克服抗拒的阻力和贯彻执行解决方法。诊断小组则由质量管理专业人士及部门经理组成，负责寻根究底。

4. 进行分析

诊断小组研究问题的表征、提出假设和通过试验来找出真正原因。它的另一个重要任务是决定不良产品的出现是操作人员的责任还是管理人员的责任。

5. 决定如何克服变革的抗拒

变革中的关键任务是必须明确变革对他们的重要性。仅靠逻辑性的论据是绝对不够的，必须让他们参与决策和制定变革的内容。

6. 进行变革

所有进行变革的部门必须要通力合作，这是需要下功夫的。每一个部门都要清楚地知道问题的严重性、不同的解决方案、变革的成本、预期的效果和估计变革对员工的冲击及影响。管理者必须给予员工足够的时间去酝酿和反省，并提供适当的训练。

7. 建立监督系统

变革推行过程中，必须有适当的监督系统定期反映进度和有关的突发情况。正规的跟进工作异常重要，足以监督整个过程及解决突发问题。

朱兰博士还提出了"质量环"的概念。"质量环"是指为了获得产品的合用性，需要进行一系列的工作活动。也就是说，产品质量是在市场调查、开发、设计、计划、采购、生产、控制、检验、销售、服务、反馈等全过程中形成的，同时又在这个全过程的不断循环中螺旋式提高，所以也称为质量进展螺旋。

朱兰质量环如图10所示。

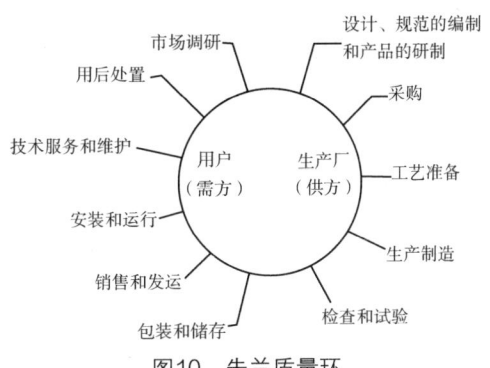

图10　朱兰质量环

国际标准ISO8402已经为"质量环"下了定义：从识别需要到评价这些需要是否得到满足的各个阶段中，影响质量的相互作用活动的概念模式。

朱兰博士还尖锐地提出了质量责任的权重比例问题。他依据大量的实际调查和统计分析认为，在所发生的质量问题中，追究其原因，只有20%来自基层操作人员，而有80%的质量问题是由领导责任所引起的。在国际标准ISO9000中，与领导责任相关的要素所占的重要地位，在客观上证实了朱兰博士的"80/20"原则所反映的普遍规律。

朱兰博士还认为，现代科学技术、环境与质量密切相关。他说："社会工业化引起了一系列环境问题的出现，影响着人们的生活质量。"随着全球社会经济和科学技术的高速发展，质量的概念必然拓展到全社会的各个领域，包括人们赖以生存的环境质量、卫生保健质量以及人们在社会生活中的精神需求和满意程度等。朱兰博士的生活质量观反映人类经济活动的共同要求：经济发展的最终目的，是不断地满足人们日益增长的物质文化生活的需要。

朱兰博士指出："质量是一种合用性，而合用性是指使产品在使用期间能满足使用者的需求。事实证明，TQM带给企业一个强烈的呼声，一个新的工作动力，一种新的管理方法。为此，我们对TQM必须全力以赴，再接再厉。TQM给我们的企业经营提供了一种新的管理方法和体系。"

··········极 简 管 理 学··········
朱兰质量管理理论体系

朱兰博士首次将人力与质量管理结合起来。如今，这一观点已包含于全面质量管理的概念之中。朱兰博士的理论发展过程是逐步进行的。最高管理层的参与，质量知识的普及培训，质量实用性的定义，质量改进逐个项目的运作方法，"重要的少数"与"有用的多数"和"三部曲"（质量策划、质量控制、质量改进）之间的区别——朱兰就是以这些观点而闻名的。

⚓70 纽柯是怎样成长为全美龙头钢铁公司的

飞轮效应：打好根基，让"飞轮"越转越快

　　如果你想使静止的飞轮转动起来，一开始必须使很大的力气，一圈一圈反复地推，每转一圈都很费力，但是每一圈的努力都不会白费，飞轮会转动得越来越快。达到某一临界点后，飞轮的重力和冲力会成为推动力的一部分。这时，你无须再费更大的力气，飞轮依旧会快速转动，而且不停地转动。这就是管理学上著名的"飞轮效应"。

　　成功之路，贵在坚持。企业要成功，就要一步一个脚印，慢慢地、坚持不懈地转动"飞轮"。当飞轮真的被转动起来后，许多人就会参与并给其加力。团队中的每一个人只要使一点力，飞轮就会加速。

　　我们可以想象有一个很大的飞轮，直径30米，高1米，重50吨。这个飞轮就是你的企业，你带领一班人马来推这个轮子。你们的任务是把飞轮推得尽可能地快，就好像你们要把公司运转起来。

　　刚开始的时候，轮子是静止的，你们要费九牛二虎之力，才能让飞轮移动一丁点。但是你们没有放弃，继续使劲地推。两天之后，轮子转了一整圈，并且转得稍稍快了点。你们继续推，飞轮转的速度继续加快。两圈、三圈、四圈、五圈……轮子越来越快，越来越快。最终，在某一点，你们说不清的某一点，你只要用一点力气，轮子就可以转得飞快了。你们的力量没有增加，但是轮子的速度却飞快。

　　这就是"飞轮效应"，实际上也大致描述了一个公司从好到卓越的转变过程。

　　1965年美国纽柯公司开始推动飞轮，起初只试图避免踏上破产的命运，后来则因为找不到可靠的供应商，而开始建立起第一座自己的钢铁厂。

　　纽柯的员工发现，他们有办法把钢铁炼制得比别人好，也比别人便宜。因此，两年后公司又建了两座炼钢厂，接着又建了三座厂。有客户开始向他们采购，然后又有更多的客户上门。一圈又一圈，年复一年，飞轮累积了充足的动力。

1975年左右，纽柯人猛然醒悟，如果他们一直推动飞轮，纽柯将可成为美国排名第一、获利率最高的钢铁公司。波尔曼解释，还记得1975年，有一次我和艾弗森谈话的时候，他说："波尔曼，我想我们应该可以成为美国排名第一的钢铁公司。"我问他："那么，你打算什么时候成为全美第一？"他说："我不知道。但是只要我们继续做我们目前在做的事情，我看不出有什么理由我们不能成为全美第一？"尽管花了20年才达到这个目标，但是纽柯坚持不懈地推动飞轮，终于成为《财星》1000大企业排行榜上最会赚钱的钢铁公司。

在运用飞轮效应推进企业发展的同时，我们还应该认识到，过快的膨胀不完全是好现象，要时刻保持警惕，放慢脚步，注意观察企业存在的隐患，及时排除，否则企业经营就会陷入飞轮效应的反面——"死亡循环"。陷入死亡循环的企业同样想实现战略变革，但是它们缺乏足够的执着去产生飞轮效应。它们以一种狂躁的热情去推动变革，想一口吃成一个大胖子。它们的战略只有一个方向，一旦遭遇到预料之外的挫折，马上转向另一个方向——失败之后不是进行很好的反思，而是换一种策略，开始新的改革运动——继续失败——于是，这个企业就进入了"死亡循环"。

看看20世纪80年代早期的华纳兰博特公司——吉列公司的竞争对手。1979年，华纳兰博特公司告诉《商业周刊》，公司要做消费产品的领导性厂商。仅一年之后，公司的目光就转向了医疗保健行业。到1981年，公司开始多元化。不久，公司的主业又转回到消费品。在1987年，公司开始宣称要和默克制药竞争。

20世纪90年代早期，由于政府医疗改革方案迟迟没有通过，华纳兰博特公司又开始了多元化。1979—1998年，华纳兰博特公司换了三个CEO。每个CEO都实行一个新的战略，而不是继承前任的战略。最终到2000年，这家公司被兼并了。

华纳兰博特公司的失败启发我们深思，企业要想从做大向做强转变，就必须在完成市场资源和资本的原始积累之后，进行规范化的管理制度建设。只有这样，才能保证有坚实的后盾，为企业可能面临的危机保驾护航。

········· 极简管理学 ·········
飞轮效应运用四阶段

1.开始阶段

（1）制定清晰的目标。

（2）做好失败的准备。

（3）养成成功的习惯。

2. 基础阶段

打好根基，让飞轮主受力方向与向它转动的方向一致，以达到让它转动的目的。

3. 发展阶段

不断加力或使飞轮持之以恒地转动，使飞轮所受的力越来越接近受力临界点。

4. 辉煌阶段

当飞轮所受力达到临界点时，由于牵引力和惯性的存在，飞轮就会越转越快，实现质的飞跃。

71 理智定义公司规模，提防"大企业病"

艾奇布恩定理：怎样判断你的公司是不是太大了

　　艾奇布恩定理是指，如果你遇见员工而不认得，或忘了他的名字，那么你的公司就有点大了。摊子一旦铺得过大，你就很难把它照顾周全。该定理的提出者是英国史蒂芬·约瑟剧院导演亚伦·艾奇布恩。

　　2002年年末，法国时装设计大师皮尔·卡丹，邀请文化艺术界名流1000人，在卡丹艺术中心举办慈善音乐会，随后在马克西姆餐厅举办大型招待晚宴。法国《费加罗报》认为，在某种意义上，这是卡丹的告别活动，因为第二天他就着手处理出售其部分企业。

　　卡丹在时装界拼搏了半个世纪，靠勤奋和天赋在竞争激烈的时装之都——巴黎站稳了脚跟，成为时装设计的一代宗师。借助在时装业取得的成功，卡丹迅速扩展事业，建立起一个由24个公司组成的"帝国"。"帝国"的结构是金字塔形的，以时装业和香水业为基础，还包括旅馆业、餐饮业、房地产业等众多公司。卡丹以他的名字作为产品的牌子，这产生了神奇的效应，财富滚滚而来。据法国经济杂志《挑战》报道，卡丹的资产达6亿欧元，居法国富人排行榜第44位。卡丹的私宅和总统府爱丽舍宫相邻，他曾说："我的卧室朝着希拉克的卧室，早晨我们可以隔着窗户打招呼。"

　　年满80岁的卡丹未能在功成名就之时安享晚年，反而加倍操劳，因为他的一些公司经营不佳，卡丹"帝国"出现了裂缝。2001年，卡丹艺术中心亏损10万欧元，卡丹出版社亏损19万欧元，马克西姆连锁餐厅亏损600万欧元……这一年，公司的总负债额达6900万欧元，卡丹的自有资产减少了2870万欧元。

　　除了负债额上升外，卡丹内心还有更深的忧虑，那就是以其名字命名的品牌效应在下降。欧洲研究市场营销的权威机构的一项研究表明，从1999—2001年，卡丹品牌的信誉度下降了7个百分点，从62%下降到55%。法国媒体认为这种情况出现的主要原因是他的名字过于商业化。卡丹大量出售生产和经营许可证，借此收费。以服装生产为例，每出售一张许可证，他可以从该转包商的营业额中提取8%~12%的品牌使用费。卡丹也许是世界上最充分发掘自己名字价值的企业家。世界上有900个转包商在生产"皮尔·卡丹牌"产品，越南、中国、白俄罗斯等150个国家都设有"卡丹工厂"。

卡丹深知卖出了牌子就要保住品牌的声誉，他一年四季不停地到各国的"卡丹工厂"进行监控。他时常组织转包商聚会，联络感情，也曾为某些产品的不达标而大发雷霆。但卡丹的摊子铺得太大、太分散了，900个转包商中难免会掺杂少数素质较差、不善于经营的人，卡丹经常会留下鞭长莫及的遗憾。

经营管理企业，小有小的好处，大有大的难处。企业在做大过程中，难免会出现管理瓶颈。卡丹"帝国"的困境正是反映了这一问题。

艾奇布恩定理启示管理者：企业迅速膨胀并不一定是好现象，要时刻保持警惕，放慢脚步，注意观察企业存在的隐患，及时排除。通常情况下，企业的快速发展都会遇到这样的问题。

1. 管理问题

随着企业的快速发展，业务范围的扩大、经营地点的增多、人员大幅扩增，管理跨度就需要变大，管理层次需要加深，管理结构也变得更为复杂。所以，管理难度也大大增加了。原来的管理力度就会大大地削弱，管理思想和精神也就很难贯彻到底。即使被贯彻到底，也难免会出现完全走样的情况。企业管理出现问题，员工工作涣散、效率低下、竞争力减弱就成为必然。

2. 文化问题

随着机构的扩张，公司员工数量急剧增加，人员成分也变得越来越复杂，企业就会出现不同的各种文化和价值观。这些文化很可能引起公司文化的变形。企业文化由此面临着严峻的考验和巨大的挑战。

3. 人才问题

企业发展过快，人才储备就会出现明显不足情况，主要表现在严重缺乏受过本企业文化熏陶的所需人才，特别是中高级管理人才。因为在企业规模小时，你无法储备大量高素质的管理人才。即使你有心去做，但由于企业本身缺乏足够的事业吸引力，也吸引不了更好的人才。而随着企业的发展，人才缺乏现象就会显现。

针对这些情况，管理者在经营企业过程中，就该提高警惕，放慢速度，尽快完善管理，强化企业文化，尽快聘请优秀人才补缺。当一切都完成后，再图发展，不仅不会耽误企业的发展，还会使企业发展得更加坚实有力。

企业到底多大为宜？一般来说，以人员相互间不陌生为原则。企业能做多大，全在于管理者的能力。管理者能力强，公司才能大；管理者能力弱，公司自然小。否则，就会问题丛生，管理失控。

如何提防"大企业病"

企业在实现规模经济时，一定要提防"大企业病"。企业在做大过程中，要注意：

（1）不能为了做大而做大。

（2）对做大后的管理难题要有充分认识，做好应对准备。

（3）谨慎行事，缓图发展，别想一口吃成一个胖子。

针对企业做大后的人员管理问题，管理者一定要高度重视：

（1）在招聘时要做好人员规划。

（2）进行自我管理，提升自我能力，创造与员工的和谐关系，防止人员流失。

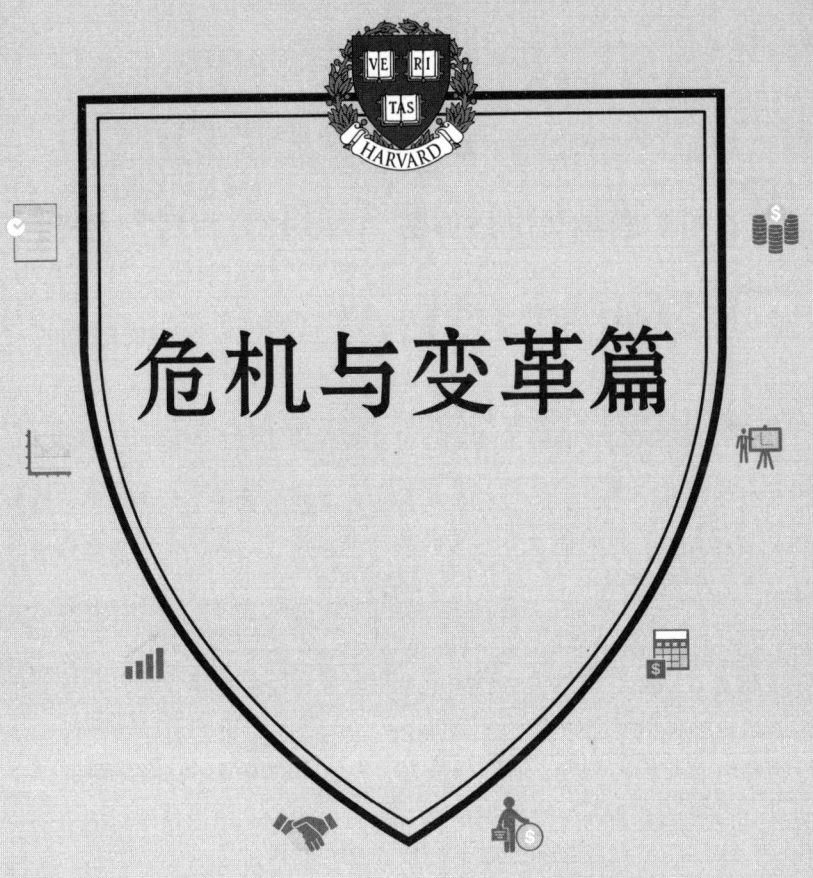

危机与变革篇

72 肯德基如何处理"苏丹红一号"事件风波

危机管理：如何将危机变为契机

　　危机管理是企业为应对各种危机情境所进行的规划决策、动态调整、化解处理和员工培训等活动过程，其目的在于消除或降低危机所带来的威胁和损失。通常可将危机管理分为：危机爆发前的预计，预防管理和危机爆发后的应急善后管理。

　　危机管理是专门的管理科学，它是为了对应突发的危机事件，抗拒突发的灾难事变，尽量使损害降至最低点而事先建立的防范、处理体系和对应的措施。

　　对于危机管理阶段的划分，有四种最为学界认同的模型，它们分别是：

　　斯蒂文·芬克的四阶段生命周期模型。芬克用医学术语形象地对危机的生命周期进行了描述：第一阶段是征兆期，线索显示有潜在的危机可能发生；第二阶段是发作期，具有伤害性的事件发生并引发危机；第三阶段是延续期，危机的影响持续，同时也是努力清除危机的过程；第四阶段是痊愈期，危机事件已经解决。

　　美国联邦安全管理委员会把公共危机管理分为：减缓（缓和）、预防（准备）、反应（回应）和恢复四个阶段。

　　危机管理专家米特罗夫五阶段模型如下。

　　（1）信号侦测——识别危机发生的警示信号并采取预防措施。

　　（2）探测和预防——组织成员搜寻已知的危机风险因素并尽力减少潜在损害。

　　（3）控制损害——危机发生阶段，组织成员努力使其不影响组织运作的其他部分或外部环境。

　　（4）恢复阶段——尽快让组织正常运转。

（5）学习阶段——组织成员回顾和审视所采取的危机管理措施，并整理使之成为今后的运作基础。

最基本的三阶段模型，即把公共危机管理分成危机前、危机中和危机后这三个大的阶段，每一阶段又可分为不同的子阶段。

企业危机管理要遵循以下八大原则。

1. 制度化原则

危机发生的具体时间、实际规模、具体态势和影响深度，是难以完全预测的。这种突发事件往往在很短时间内对企业或品牌会产生恶劣影响。因此，企业内部应该有制度化、系统化的有关危机管理和灾难恢复方面的业务流程和组织机构。

2. 诚信形象原则

企业的诚信形象，是企业的生命线。危机的发生必然会给企业诚信形象带来损失，甚至危及企业的生存。矫正形象、塑造形象是企业危机管理的基本思路。在危机管理的全过程中，企业要努力减少对企业诚信形象带来的损失，争取公众的谅解和信任。

3. 信息应用原则

预防危机必须建立高度灵敏、准确的信息监测系统，随时搜集各方面的信息，及时加以分析和处理，从而把隐患消灭在萌芽状态。

4. 预防原则

防患于未然永远是危机管理最基本和最重要的要求。危机管理的重点应放在危机发生前的预防。预防与控制是成本最低、最简便的方法。为此，建立一套规范、全面的危机管理预警系统是必要的。

5. 企业领导重视与参与原则

企业高层的直接参与和领导是有效解决危机的重要措施。企业应组建企业危机管理领导小组，担任危机领导小组组长的一般应该是企业一把手，或者是具备足够决策权的高层领导。

6. 快速反应原则

危机的解决，速度是关键。危机降临时，当事人应当冷静下来，采取有效的措施，隔离危机，要在第一时间查出原因，找准危机的根源，以便迅速、快捷地消除公众的疑虑。同时，企业必须以最快的速度启动危机应变计划并立刻制定相应的对策。

7. 创新性原则

企业危机意外性、破坏性、紧迫性的特点，更需要企业采取超常规的创新手段处理危机。危机处理既要充分借鉴成功的处理经验，也要根据危机的实际情况，尤其要借助新技术、新信息和新思维，进行大胆创新。

8. 沟通原则

沟通是危机管理的中心内容。与企业员工、媒体、相关企业组织、股东、消费者、产品销售商、政府部门等利益相关者的沟通是企业不可或缺的工作。沟通对危机带来的负面影响有最好的化解作用。企业必须树立强烈的沟通意识，及时将事件发生的真相、处理进展传达给公众，以正视听，杜绝谣言、流言，稳定公众情绪，争取社会舆论的支持。

根据美国《危机管理》一书的作者菲克普曾对《财富》杂志排名前500强的大企业董事长和CEO所做的专项调查表明，80%的被调查者认为，现代企业面对危机，就如同人们必然面对死亡一样，已成为不可避免的事情。其中有14%的人承认，曾经受到严重危机的挑战。

普林斯顿大学的诺曼·R.奥古斯丁教授认为，每一次危机本身既包含导致失败的根源，也孕育着成功的种子。发现、培育，以便收获这个潜在的成功机会，就是危机管理的精髓。而习惯于错误地估计形势，并使事态进一步恶化，则是不良的危机管理的典型。简言之，如果处理得当，危机完全可以演变为"契机"。

肯德基是世界上最大的炸鸡快餐连锁企业之一，在世界各地拥有超过11 000多家的餐厅。这些餐厅遍及80多个国家，从中国的长城，直至巴黎繁华的闹市区、风景如画的索菲亚市中心以及阳光明媚的波多黎各，都可见到以肯德基为标志的快餐厅。如今，肯德基已经在全球范围内成为众口皆碑的知名企业。

但是，在2005年3月15日，中国上海市相关部门在对肯德基多家餐厅进行抽检时，发现肯德基的新奥尔良鸡翅和新奥尔良鸡腿堡调料中含有可能致癌的"苏丹红一号"成分。肯德基对于突然遭遇的危机事件，态度还是非常坦然的。在2005年3月16日上午，百胜集团上海总部通知全国各肯德基分部，"从16日开始，立即在全国所有肯德基餐厅停止售卖新奥尔良鸡翅和新奥尔良鸡腿堡两种产品，同时销毁所有剩余的调料"。

两天后，北京市食品安全办紧急宣布，该市有关部门在肯德基的原料辣腌泡粉中检出可能致癌的"苏丹红一号"，这一原料主要用在"香辣鸡腿堡""辣鸡翅"和"劲爆鸡米花"三种产品中。

在此期间，还发生了几起消费者持发票向肯德基索赔时遭遇刁难的事件。对于出现的这种情况，肯德基的解释是，这是他们自查的结果。

2005年3月18日，北京有关部门抽查到了这批问题调料，3月19日向媒体公布，责令停售。

然而，肯德基并没有听之任之，而是自曝家丑，诚信以对。"苏丹红危机事件"中的肯德基就十分聪明，肯德基做出了一个令所有人震惊的举动，即主动向媒体发表声明："……但是十分遗憾，昨天在肯德基新奥尔良烤翅和新奥尔良鸡腿堡调料中还是发现了'苏丹红一号成分'。"肯德基的这份声明主动、诚恳，表现出对消费者的健康极为重视的态度，迅速在各大报纸头版头条中甚至社论上出现。

肯德基在处理"苏丹红一号"事件引发的食品召回危机事件堪称是成功危机公关的经典。综合各方的点评，我们可以将其归纳为以下几个方面：积极配合；信息翔实，消除误解；反应迅速，以快打慢；态度坦诚，程序控制，有理有节。

与麦当劳广告涉嫌"侮辱消费者"事件相比较而言，肯德基能够为消费者着想，其坦诚、主动的态度为自己赢得广大消费者的认可和主流媒体的一致称赞。而肯德基也迅速从这次危机事件中走出来，生意依旧红红火火。

危机事件是危险与机会的统一体。企业陷入危机事件的同时，也可以抓住其中的机会。危机管理的要点就在于把风险转化为机会，企业可以通过有效的危机处理，利用危机事件带来的反弹机会，使企业在危机事件过后树立起更优秀的形象，唤起消费者更大的关注。越是在危机的关键时刻，就越能彰显一个优秀企业的整体素质和综合实力。

··········（极简管理学）··········
危机管理的基本要素

危机管理必须具备的条件称为危机管理要素。它主要包括：

（1）配备专业的危机管理人才。只有配备专业的管理人员，对危机进行全面的深入的研究，制订严密的预控措施和应对方案，才能实施有效的危机管理。

（2）采取先进的危机预测手段和措施。开发或引进先进的危机预测手段，提高危机预测的科技含量，对于现代危机管理是十分必要的。

（3）及时、有效地消除、处理危机。提高对危机的应对能力及反应速度，最大程度地降低危机所带来的损失是十分重要的。

73 为什么很多企业会被"变革"牵着鼻子走

配套效应：为配套而配套，自己反而被套牢

　　配套效应是指事物改变自身适应系统，或改变环境适应自身的一种现象。配套效应广泛存在于自然界中，像鱼生活在水中，水干了，鱼就不能生存了。鱼和水就是配套的，是一个系统。人根据自己的能动意识，去协调环境、适应环境的行为，也属于配套效应的范畴。

　　18世纪，法国有个哲学家叫丹尼斯·狄德罗。一天，朋友送他一件质地精良、做工考究、图案高雅的酒红色睡袍，狄德罗非常喜欢。可他穿着华贵的睡袍在书房寻找感觉时，总觉得家具风格不对，地毯的针脚也粗得吓人。于是为了与睡袍配套，他将旧的东西先后更新，书房终于跟上了睡袍的档次，可他却觉得很不舒服，因为自己居然被一件睡袍胁迫了。

　　200年后，美国哈佛大学经济学家朱丽叶·施罗尔在《过度消费的美国人》一书中，把这种现象称为狄德罗效应，也可称为配套效应，也就是人们在拥有了一件新的物品后，不断配置与其相适应的物品，以达到心理上平衡的现象。

　　现实生活中，狄德罗的苦恼恰恰也是我们经常遇到的，尤其是在企业运营的过程中，这种执着于配套的情况时有发生。近年来，企业变革的呼声不断，这往往要求"人、财、物"等相应条件的配套，造成了许多企业被"变革"这件"睡袍"牵着鼻子走，结果是"捡了芝麻，丢了西瓜"。不管是企业变革，还是其他方面的管理手段的引进或新技术的运用，都应该强调活学活用和因地制宜，而非盲目地克隆。事实上，讲究一种绝对的配套，充其量是理想主义的狄德罗，或者说是形式主义的"睡袍"。

　　在企业中，我们经常提到产品的配套、人才的配套，抑或管理制度的配套，其实都是从系统角度出发的。但是狄德罗先生对睡袍的配套，却是为了一味迎合睡袍而改变原有的设施，其结果只能导致自己被直线式（非系统）思考所牵制。或者说，狄德罗没有摆正两者之间的关系，置室内家具不顾，让睡袍喧宾夺主。如果企业推行新政策，是不是老的一套规定都要全盘否定呢？我们想，还是悠着一点，选择循序渐进式的磨合会更好，省得像狄德罗一样被胁迫了。事物能配套固然很好，不配套也未必是核心的问题，关键要在系统思考下获得平衡。

企业变革不能削足适履，为了迎合创新而制订一系列的配套政策和措施，计划赶不上变化，市场形势是不断发生变化的，希图以某种约定俗成的模式来应对变化的形势是片面的、不切实际的。墨守成规、被动地应对形势的变化，只能是被市场牵着鼻子走，永远找不到变革的方向突破口。

管理学家彼得·圣吉认为，有经验的管理者对于复杂的系统，大多有他们无法说明的丰富直觉。显然，狄德罗是缺少这种直觉的，否则他不会因为睡袍而找不着北。正如许多管理者意识到目标偏移或正常程序被破坏，却无法解释企业困境是配套不足还是自我设限更深的缘故。或者，狄德罗可能感觉到把焦点放在寻求为睡袍配套的档次上，反而掩饰了较深层次的胁迫感。总而言之，为配套而配套是一种很不理智的行为，我们在管理实践中最好要时刻警惕。

············极简管理学············
创新是企业最强大的"配套力量"

"创新"的精髓是，始终站在一个高度上，去渴望成长的持久性以及所具备的随需应变能力。正是这种渴望使得企业不断追求技术和制度上的创新，而随需应变的能力则帮助企业管理者敏锐地把握市场脉搏，并迅速通过管理和创新推出最适应市场的产品和服务。

只有不断探索、不断学习、不断创新，人们才能在千变万化的市场形势中找到企业变革和发展"配套力量"。

74 没有危机意识，企业离破产只有一天

温水煮青蛙效应：最舒适的往往是最危险的

　　19世纪末，美国康奈尔大学曾进行过一次著名的"青蛙试验"。他们将一只青蛙放在煮沸的大锅里，青蛙触电般地立即窜了出去。后来，人们又把它放在一个装满凉水的大锅里，任其自由游动。然后用小火慢慢加热，青蛙虽然可以感觉到外界温度的变化，却因惰性而没有立即往外跳，直到后来热度难忍而失去逃生能力被煮熟。科学家经过分析认为，这只青蛙第一次之所以能"逃离险境"，是因为它受到了沸水的剧烈刺激，于是便使出全部的力量跳了出来。第二次由于它没有明显感觉到刺激，因此，这只青蛙便失去了警惕，没有了危机意识。它觉得这一温度正适合，然而当它感觉到危机时，已经没有能力从水里逃出来了。

　　这就是著名的"青蛙效用"或"温水煮青蛙效应"。

　　"温水煮青蛙效应"说明的是由于对渐变的适应性和习惯性失去戒备而招灾的道理。突如其来的大敌往往让人做出意想不到的防御举措，然而安逸的环境往往会使人产生松懈，这也是最致命的松懈。

　　"青蛙效用"启示管理者：在这个竞争残酷的时代，一切都是瞬息万变的。任何企业都不能保证自己在任何时候都立于不败之地，居安思危、未雨绸缪才是明智的行为。

　　风靡全球的斯宾塞·约翰逊博士的《谁动了我的奶酪》一书描绘了四个住在"迷宫"里的人物，他们竭尽所能地在寻找能滋养他们身心、使他们快乐的"奶酪"。这四个人物中，有两只名叫嗅嗅和匆匆的老鼠；其他两位则是身体大小和老鼠差不多的小人，名叫唧唧和哼哼，而且这两个小人的外形与行为和现今的人类差不多。

　　有一天，他们同时发现了一个储量丰富的奶酪仓库，便在其周围构筑起自己的幸福生活。很久之后的某天，奶酪突然不见了。这个突如其来的变化使他们的心态暴露

无遗：嗅嗅、匆匆随变化而动，立刻穿上始终挂在脖子上的鞋子，开始出去再寻找，并很快就找到了更新鲜、更丰富的奶酪；两个小矮人哼哼和唧唧面对变化却犹豫不决，烦恼丛生，始终无法接受奶酪已经消失的残酷现实。经过激烈的思想斗争，唧唧终于冲破了思想的束缚，穿上久置不用的跑鞋，重新进入漆黑的迷宫，并最终找到了更多更好的奶酪，而哼哼却仍在对苍天的追问中郁郁寡欢……

从这个故事中我们认识到，变化是一种必然，我们要做的是在危机和变化发生之前，做好相应的准备，包括行动准备和心理准备。

危机是大多数企业管理者所不愿意见到的，但是任何一个企业都不可能一直处在太平盛世中。一旦危机来临，管理者要善于居危思进，变危机为良机。

所谓"居危"，就是要看到市场竞争的激烈性和残酷性，进一步增强紧迫感和危机感，要识危机、知危机；所谓"思进"，就是要主动出击，想方设法变危机为良机，变危机为商机。

具体来讲，一是要有与时俱进的意识。要牢固树立与时俱进的营销观、发展观、管理观、改革观，创新思维，创新管理，创新技术工艺，创新工作方法，调整工作重点，开创新的局面。二是要有知难而进的勇气。企业上下一定要发扬敢于吃苦、敢于拼搏和敢于进取的精神，做好应对和克服各种困难的思想准备，做到越是困难越向前，"明知山有虎，偏向虎山行"，以积极的主人翁姿态主动为企业分忧解难，献计献策，把蕴藏的智慧和创造力在生产经营中充分发挥出来。三是要有居危思进的运筹。当前企业面临生存的危机，该何去何从，主动权应该操持在企业自己手中。最主要的是，企业如何面对挑战，变压力为动力，化危机为生机。四是要有携手前进的精神。越是困难的时候，越要讲团结，讲协作。只要同心同德、众志成城，就没有迈不过的坎，没有闯不过的关。

"思进"重在变危机为良机，变危机为商机。企业要善于应对危机，变不利为有利。

一要善于化解危机。任何企业都可能受到不确定危机的影响。企业要在危机发生时将消费者的利益放在第一位，积极维护消费者的利益，才能把损失减少到最小。

二要想尽办法减少市场损失。企业产品出现危机，市场会受到一定冲击，企业此时要想方设法减少产品市场的流失。

三要借此促进企业产品更新换代。产品出现危机或受禁令限制，说明产品还存在较大的不足。为此，企业要在注重改善产品不足的同时，促进产品更新换代。

四要善于发现和抓住产品危机中的商机。一些产品出现市场危机，其实也为其他产品提供了市场机会。所以，企业要善于发现和抓住这样的商机。

比尔·盖茨有一句名言："微软离破产永远只有18个月。"企业要避免"温水煮青蛙"效应，首先要求其最高管理层具备危机意识。这样，企业才不至于在战略上迷失方向，在不经意之间滑入危机的泥潭之中。

"生于忧患，死于安乐"。企业管理者时刻面临着来自各方面的挑战，承受着各种各样的压力，更要保持"居安思危"的忧患和危机意识，时刻保持灵敏的嗅觉和行动的激情，不做"温水"里的青蛙，不断进行心理调节，拥有更多的奶酪，获得最好的心境去奋斗，带领企业和员工应对一个又一个挑战，开拓更加广阔的局面。

············极 简 管 理 学············
危机管理体系建立途径

要杜绝和减少危机给企业带来的损失，管理者如何建立相应的危机管理体系呢？着重要做好以下几点：

（1）思想上树立危机意识。

（2）设立危机管理的常设机构。

（3）建立危机预警系统。

（4）制定危机管理方案。

（5）内部媒体公关培训。

（6）建立并维护良好的媒体合作平台。

（7）加强内部传播流程管理。

75　迎难而上才能迎难而解，出击是最好的防御

鸵鸟效应：一味逃避会让问题变得更糟

　　当鸵鸟被逼得走投无路时，它就会把头钻进沙子里，蒙蔽视线，自以为安全。事实上鸵鸟的两条腿很长，奔跑得很快，遇到危险的时候，其奔跑速度足以摆脱敌人的攻击。如果不是把头埋藏在草堆里坐以待毙的话，它是足以躲避猛兽攻击的。人们把鸵鸟这种逃避现实、不敢面对问题的懦弱心理称为"鸵鸟心态"，将鸵鸟的应敌方式称为"鸵鸟政策"或"鸵鸟效应"。

　　风险的存在是不以人的意志为转移的，也无法完全避免。人们必须勇敢去面对，勇敢地去承担，因为逃避不是办法，逃避责任的同时，你就丧失了权利和成功的机会。

　　企业在经营过程中，会遭遇各种障碍与困境，如果选择绕过，可能会因此失去成功的机会，逃避的代价注定会是失败。面对危机，主动出击是最好的防御。企业只有迅速采取行动，果断承担责任，才会把损失降到最小，才能重新赢得生机。

　　鸵鸟和雄鹰是自然界中的两个家族，因为素来不和，所以虽然是邻居也不往来。可是，有一天，鸽子给它们捎来口信说它们的领地将有敌来犯，让它们两个家族都提前做好准备。但是，敌人是谁，鸽子并没告诉它。

　　接到消息后，两个家族的成员都忙碌起来，坚固城堡、准备粮食。可是，没过几天，鸽子又给它们带来口信说它们的敌人要和它们在森林前的沙漠地带展开决战。

　　接到挑战后，鹰族的成员个个摩拳擦掌，一副要与敌人决个你死我活的样子。鸵鸟家族的成员们在老冤家的面前，也不甘示弱。决战的时候到了，两个大家族列队站在同一侧等着敌人的到来，时间不长，迎面不知是什么生物，黑压压的一片，向它们扑来。

　　鹰族的成员们主动出击，直扑向敌人。而鸵鸟们却把头埋在了沙子里。不知过了多久，鹰族凯旋的时候，看见鸵鸟们的头还在沙子里埋着，就有一只大鹰大声说："敌人已经被我们击退，你们还不把头抬起来。"

听了这话，鸵鸟们把头从沙子里抬了起来，纷纷说："好险啊！多亏我们把头埋了起来，否则岂不是要大祸临头！"鹰族听到这样的话就更瞧不起鸵鸟了。后来，鸵鸟又遇到了劲敌，仍然采取同样的办法，这一次可没有那么幸运了。没有了鹰族的帮助，把头埋在沙子里的鸵鸟大败而归。

"鸵鸟心态"是一种逃避现实的心理，也是一种不敢面对问题的懦弱行为。有鸵鸟心态的人，不敢面对现实，不敢担当责任。他们平常大言不惭，遇到事情来临就畏缩不前了。

很多企业，在危机来临的时刻总是想着如何躲避媒体的采访，这就是鸵鸟政策。一味地躲避，不面对事实，也不配合媒体进行舆论的疏导，这样的做法显然无助于危机的解决。

面对危机，企业切不可模仿把头埋在沙土里的鸵鸟，那样即使回避了一时的问题，却可能为更大的危害播下了种子。像鸵鸟一样的逃避态度，随便把头埋在沙里，殊不知自己其他部位正露在外面。企业单方面的逃避并不能避免公众对危机了解的渴望，在信息反馈不足的情况下，公众会愤怒地对企业这种行为进行抵抗。

雀巢公司是一个很有竞争力的企业，除了咖啡之外，它的乳制品在世界上也有很高的市场占有率。1977年，一场著名的"抵制雀巢产品"运动在美国突然爆发。美国奶制品行动联合会的会员到处劝说美国公民不要购买"雀巢"产品。起因是人们相信雀巢公司为了自己的利润，有意忽视人造乳品在营养方面的缺陷并误导消费者。这场抵制运动让雀巢婴儿奶粉危机延续了十多年。在被抵制的十几年时间里，雀巢美国公司一直在承受着巨额的经济损失。

最初人们开始关注奶粉导致婴儿营养不良的问题时，雀巢公司没有正确对待社会活动家的批评建议，甚至对一些教会领袖提出的严肃的道德问题也采取冷漠的态度。公众感到他们的合法要求被忽视，因此对雀巢倍添敌意。一直到1984年1月，雀巢公司承认并实施了世界卫生组织有关经销母乳替代品的国际法规，国际抵制雀巢产品运动委员会才结束活动。

在事件最初的时候，雀巢采取的就是"鸵鸟政策"，对公众的要求不理不睬，结果导致后来大规模抵制运动的开展。凭借雀巢的影响力和企业实力虽然渡过了难关，但雀巢也为此付出了惨重的代价。

处于剧烈变革的商业时代，竞争的程度已远远超出了以前，风险和危机就像达摩克利斯之剑，不知什么时候就会降临。面对危机采取回避态度，明知问题即将发生也不去想对策，结果只会使问题更趋复杂、更难处理。企业管理者应当以正确的心态面对危机和挑战，困难面前要知难而上，这样才能在危机中开拓出一条生路，为企业赢得良好的发展机遇。

管理者如何应对变局

在危机面前，管理者应当担负起自己应有的职责，做到处变不惊、镇定自若。这就要求管理者必须做到：

（1）在别人安逸的情况下自己反而要居安思危，准备应付随时可能到来的危险。

（2）在纷繁复杂、头绪不一的境地中要冷静稳重，应付裕如。

（3）在面临生死存亡的重大危机时毫不惊慌，勇敢坚毅，果断决策，带领大家走出困境。

76 穿自己的鞋走别人的路，管理的路会越走越窄

毛毛虫效应："轻车熟路"往往会成为死路

　　生物学家曾经做过一个著名的实验：把许多毛毛虫放在一个花盆的边缘上，使其首尾相接围成一圈，在花盆周围不远的地方撒了一些毛毛虫喜欢吃的松叶。毛毛虫开始一个跟着一个绕着花盆的边缘一圈一圈地走，一小时过去了，一天过去了，又一天过去了，这些毛毛虫还是夜以继日地绕着花盆的边缘在转圈。一连走了七天七夜，它们最终因饥饿和精疲力竭而相继死去。

　　毛毛虫习惯于固守原有的本能、习惯、先例和经验，无法破除尾随习惯而转向去觅食。后来，人们把这种喜欢跟着前面的路线走的习惯称为"跟随者"的习惯，把因跟随而失败的现象称为"毛毛虫效应"。

　　我们都难逃这种效应的影响。对于那些"轻车熟路"的问题，我们会下意识地重复一些现成的思考过程和行为方式，因此很容易产生思想上的惯性，也就是不由自主地依靠既有的经验、按固定思路去考虑问题，不愿意转个方向、换个角度想问题。

　　固有的思路和方法具有相对的成熟性和稳定性，有积极的一面。这是因为袭用前人的思路和方法，有助于人们进行类比思维，可以缩短和简化解决的过程，更加顺利和便捷地解决某些问题。

　　与此同时，它的消极影响也不容忽视，那就是容易使人们盲目运用特定经验和习惯的方法对待一些貌似而神异的问题，结果浪费时间与精力，妨碍问题的解决。而且经年累月地按照一种既定的模式思考问题，不仅容易使人厌倦，更容易麻痹人的创造能力，影响潜能的发挥。

　　毛毛虫效应告诉我们，企业经营不能盲目地因循守旧，墨守成规。在试验中，我们可以发现，毛毛虫之所以最后精疲力竭而死，是因为它们盲从，而不思改变现状的方法。在当今竞争激烈的时代，企业经营如果盲目地沿袭旧有的经验和方法，就会容

易陷入困境。

　　在现实中，花盆的边缘象征着一个产业在前人的基础上已经制定的成熟的规章，而可供新的创业者食用的桑叶早就被瓜分殆尽。在创业实践中，我们不可以轻易踏进一个已经发展成熟，有其既定规则并且已无发展空间的领域。我们需要转变思路，寻求更大的发展空间。

　　有这样一个小故事。话说，某座小岛上发现了大量的金矿，许多人纷纷来此淘金。不久后，一个商人也想加入到淘金队伍中。但是，首先他没有大量的资金，无法购买大型的机器；其次他错过了最佳的采矿时间，金矿的数量每况愈下。刚好此时，有一个公司愿意低价转让自己的采矿设备。现在他面临着选择，要不要购买这个设备，然后抓住最后的机会，捞上一笔。最后，经过深思熟虑，这个商人决定买一条船，负责小岛到陆地之间的航运，运送工人和矿石。最后，这个商人赚了很大一笔钱。

　　商人很明智，没有在大家盲目投资跟进淘金产业的时候也选择盲从，而是选择了其他途径，在不远处的地方发现了更广阔的商机。这就是聪明的"毛毛虫"，在大家还在原地踏步的时候，自己另辟蹊径，找到了更适合的方向。

　　时代在不断变化和发展，对于管理者来说，任何问题的解决不能沉迷于以往的僵化模式，而要不断地创新和与时俱进，从而能够适应时代发展的需求。唯有在实践中有所创造，摆脱自己头脑中的思维定势，不再因循前人的足迹，而是另辟一条属于自己的蹊径，企业经营才能百尺竿头，更进一步。

·········· 极简管理学 ··········
毛毛虫效应的避免措施

1. 了解自己

企业管理者一定要了解自己所处的环境和状态，充分地分析自己的优点和缺点。了解自己的实际情况才是对固有经验和思维分析的前提。

2. 分析思维模式

要想借鉴已有经验或是准备按照特定思维行事之前，一定要知道这种方法或这种经验是在哪一种情况下所得到的。如果情况发生改变，那么应该加上环境变量再考虑特定思维。

3. 创新精神

创新这个词已经被人说了很多遍，其实创新就是在特有经验和前人经验的基础之上，随着市场因素的不断变换，而改变自己的思维方法。这就是创新。

创新和守旧就只差很小的一步，这一步就是市场变化或是环境变化。如果发现情况不一样了，但人们还是在用以前的方法，那么就一定要注意了，毛毛虫效应已经开始慢慢走来。

77 若要经久不衰，切勿经久不变

里德定理：只看到今天的人，将会输在明天

美国花旗银行公司总裁约翰·里德有一句著名的论断："如果有谁认为今天存在的一切都将永远真实存在，那么他就输了。"这被称为里德定理。

里德定理告诫我们，若要经久不衰，切勿经久不变。接受变化、不断学习、与时俱进，才能改变现状，突破旧格局，才能跟上日新月异的时代，才能适应发展变化的新形势、新情况、新环境，开辟更广阔的生存空间。

现代企业置身的时代是一个大变革的市场经济时代，是一个日新月异的时代，也是一个竞争日益激烈的时代。在这样一个时代，企业的生产经营不是一成不变的一潭死水，它随时都会掀起翻滚的浪花。企业遇到的变化是无处不在、时时都会发生的。如果企业不能根据变化的环境及时调整策略，那就只有死路一条。企业只有不断创新，根据变化采取相应的行动，才能找到出路，重新获得成功。

企业好比斜坡上的球体，由于受到来自市场竞争和内部员工惰性的影响形成的制约力，有向下滑落的本性。要想使它往上移动，需要两个作用力：一个是支撑力，保证它不向下滑，这好比企业的基础工作；另一个是拉动力，促使它往上移动，这好比企业的创新能力。这两个力缺一不可。企业要稳步发展，必须使企业的拉动力大于制约企业的制约力。企业要发展，就必须打破教条主义、经验主义，克服自由主义，不断完善机制，创立健康、有创造性的企业文化。

现在几乎所有的美国人都知道健怡可口可乐，它是可口可乐公司在20世纪80年代推出的一种减肥可乐。但是并没有多少人还记得"特伯"。其实"特伯"才是可口可乐公司最早的减肥可乐。那么为什么"特伯"失败，而健怡可口可乐能够成功呢？

1962年新任董事长奥斯汀的首要任务之一就是发明一种新的减肥饮料。20世纪50年代美国妇女越来越留心食品的卡路里含量了，她们疯狂地向肯尼迪总统苗条的身材看齐。1961年，"皇冠"把它的减肥可乐在全国推销，强力冲击可乐市场。市场调查显示，28%的人们密切关注体重，可口可乐和百事你争我抢地追赶减肥可乐。奥斯汀给可口可乐的减肥饮料研究编码命名为"Q计划"，投入的大量人力和物力，丝毫不逊于后来在健怡可口可乐上的投入。

问题出现在对新产品的命名时，汤姆·劳——芬达饮料公司主管营销公司的"一把手"，论证说应该把它取名为健怡可口可乐。但遭到奥斯汀的厉声驳斥，"这个建议简直是异教邪说，为什么公司要拆分自己的招牌，而将其用到另一种减肥饮料上呢？况且，难道另一种带有可口可乐名字的产品不会削弱商标，搅混客户，影响已经低迷的装瓶商士气吗？"最终新产品选定TaB（特伯）的名字。

因为公司对这种新生的健怡饮料态度含糊，特伯没能成为减肥饮料市场的主控饮料——美国整个软饮料消费中1/10都消耗在减肥饮料市场上。截至1964年，特伯只在这个关注体重者的市场上占据10%的份额。"饮食百事"也在那年首次亮相，因为百事不像可口可乐有太多的传统羁绊，所以百事抓获了更多的市场份额。

随着市场形势的变化，1980年新任CEO郭思达和戴森重新开始了生产减肥饮料的计划。健怡可口可乐这种新产品将会构筑一条"延伸的生产线"。时机与民意相得益彰：消费者没有减少可乐饮料的消费量，但由于减肥时尚的开始，他们的消费方向也发生了相应的转移。

这一次不同的是，整个工程的重点在于使用了可口可乐名字的"商标权"。他们深信，健怡可口可乐会给公司带来活力，就像在1980年给企业高层的备忘录里说的那样："过去几年，我们的公司形象已经沦为传统、固定和保守。"郭思达指出，可口可乐的被动时代应该结束了。

"不能适应就要落后或者被淘汰——不管现在的位置有多高。"他直言不讳，"没有所谓神圣不可侵犯的东西。"为了解决竞争问题，郭思达强调他会考虑"修改任何一件或所有产品的配方"。

这些措施立竿见影，健怡可口可乐超出了公司原有的期望。1983年年底，它已经攫取了均衡苏打市场17%的份额，成为美国饮料界第四大畅销产品，并且占领了28个海外市场。重要的是健怡可口可乐打破了死板的教条，为可口可乐公司注入了活力。

现代社会的竞争激烈，是历史上任何一个时代都无法比拟的。生活于这样一个变化多端的时代，管理者需要具有灵活而敏捷的应变能力，审时度势，纵观全局，于千头万绪之中找出关键所在，权衡利弊，及时做出可行的判断与行动。在一般意义上说，应变素质和创新能力已经成为一种新的生存能力。谁能及时地正确洞察社会变化，并能做出最迅速的反应，谁就将走在前头。而头脑封闭、反应迟钝、因循守旧、故步自封的人，就会一再地坐失良机。不能深察明辨、盲目轻率地追随变化潮流的人，也会"差之毫厘，失之千里"，造成决策上的失误。

创新是企业发展的永恒主题。企业要在市场中保持旺盛的生命力，必须在创新上下功夫。创新不仅体现在产品上的创新，更重要的是体现在管理上的创新，即企业的战略规划、制度（管理）体系、业务模式、业务流程等方面的创新。

总之，创新不是空洞抽象的，从根本上说就是要打破旧框框，突破传统观念的束缚，冲破本本主义、教条主义对人们的思想禁锢，把创新作为灵魂、动力和源泉，用创新的思路谋发展，用创新的精神凝聚力量，用创新的措施破解发展的难题。因此，打破教条的思维是改革创新的前提条件，而改革创新则是放开思维的必然要求和具体体现。

··········极简管理学··········
企业创新能力

企业创新能力就是企业在多大程度上能够系统地完成与创新有关的各项活动的能力。

一是在技术上，企业能否将科学的概念转化成为用户开发的产品，并且生产、制造和提供给消费者。

二是企业提供的产品是否能被用户认可，企业能否有效地说服用户接受自己的产品。

三是企业是否能有效地管理这一过程，并获得一定的财务回报。

78 福特汽车的8汽缸引擎是怎样诞生的

韦特莱法则：先有超人之想，后有惊人之举

　　韦特莱法则由美国管理学家韦特莱所提出：成功者所从事的工作，是绝大多数人不愿意去做的。要先有超人之想，后有惊人之举，能不落俗套，可不同凡响。

　　韦特莱法则启示我们：没有人能随随便便成功。那些取得成功的人，做的往往是别人不愿意做的事情。敢想别人不敢想的，才能做别人不能做的。对于企业管理者来说，尤其如此。

　　"敢想敢干"是在成功者的评语中出现频率最高的词之一，没有想法就不会有作为。没有大胆的想象，就不可能有惊人的举动。激烈的竞争，从来不容许懦夫成功。那些取得成功的人与你基本相似，如果说有区别的话，那就是他们想了你们不敢想的事，做了你们不敢做的事。

　　中国的鲁迅先生曾经嘉许世界上第一个吃螃蟹的人是英雄，这并非耸人听闻之言。就拿现在人们奉为美食的西红柿来说，人们敢于食用也不过是近几百年的事。在此之前的漫长历史中，人们坐视鲜红的西红柿自生自烂而弃之不食。作为领导者，能做到不墨守成规、敢为天下先，对于开创一片新局面是十分重要的。

　　20世纪初期，美国的汽车大王亨利·福特为了使汽车具有更好的性能，决定生产一种有8只汽缸的引擎，而这在当时的技术环境下几乎是不可能的。但是，亨利·福特不这么认为，他给工程师们下达了完成"不可能任务"的死命令——无论如何也要生产这种引擎，去做，直到你们成功为止，不管需要多长时间。结果，8只汽缸的引擎真的被工程师们制造出来了，福特的想法得到了实现。

　　现代企业需要的不仅是尽责，更渴求胆识！畏首畏尾、从不冒险的企业家顶多能维持不亏本的生意，而取得卓越成功的通常皆是有胆有识、敢冒风险的人。

　　美国管理学家彼得斯曾做过一场题为"给未来企业CEO的忠告"的演讲。彼得斯说："硅谷一位风险资本投资家表达出他对一组20个投资项目的期望值,即4家倒闭、6家亏损、6家一般、3家较好、1家发财。换言之,不可能达到百分之百的期望值。远远达不到……进取中当然有冒险的成分,但是,我们不能因此而退缩……"随后,他详述了自己的观点。他认为,没有冒险精神就没有杰出的决策。

在不确定性的环境里,人的冒险精神是最为稀缺的资源。因为军事战争与市场竞争在环境特征上的雷同,所以不论是在战争理论还是在经济学、管理学的理论中都一致地认为,克服不确定性、信息不完善性的最佳的方法莫过于组织中拥有一位具有冒险精神的战略家。

任何一项要改变现状、向未来探险的战略,如果要取得显赫的成功,都需要一定的冒险精神。可以说,没有冒险精神,就不可能产生杰出的战略。

人的存在价值,就是在条件不完善的状态下,勇于判断、决策。正是在决策条件不齐备、决策信息不完善的环境背景下,才必然要求管理者具有冒险精神和承担风险的高度责任感,前者有助于组织捕捉机会,而后者有利于组织转化风险。

克劳塞维茨说过:"在战争中不冒险将一事无成。""在有些场合,最大的冒险,却表现了最大的智慧。"在经营管理上,也是如此。比尔·盖茨指出,在经营管理的环境中,"战略"几乎成为"冒险"的同义词,它需要管理者具有承担风险的勇气。

冒险是一种最为高级的艺术,因为它需要极为特殊而又极为罕见的能力和素质。只有那些具有冒险家能力和素质的人,才有可能在冒险中获得成功。由于冒险会有很高的失败概率,成功者要远远少于失败者,因此,社会上大多数怯于失败的人都对冒险活动敬而远之。但是,冒险不一定能成功,不冒险便难以成功。

有这样一句话:"思想有多远,你就能走多远。"其中的道理很简单——先要敢想,才能做大事。换言之,先有超人之想,才有超人之举。

冒险精神是企业家在创业和经营过程中不可缺少的品质,这使他们能够抓住稍纵即逝的机遇,不断创造辉煌。真正的企业家是历经无数市场风浪后的赢家。在激烈的市场竞争中,风险无处不在,不论是规模多大、品牌多硬的企业,不可避免地都要经历急流险滩。如果主观地一味寻找和期待风平浪静,经营管理必然束手束脚,这就注定是要被市场和时代淘汰出局的。真正的企业家面对风险,首先表现出大无畏的精神,在新事物面前,敢为天下先。"不惧"给了他们良好的心态和广阔的空间。在这样的情况下,企业家才可能科学地处置风险,运筹帷幄,决胜千里。

敢为天下先,突破框框、打破教条、破旧立新,才能做商海浪尖上的弄潮儿!

·············极简管理学·············
企业家"冒险精神"

　　冒险精神是企业家精神的一个重要内容。企业家冒险精神表现出不同的类别，一种是本性冒险型，另一种是认知冒险型。

　　本性冒险型企业家的冒险精神多出于天性，这种强烈的冒险天性与生俱来，日常生活和工作事业均表现出一致性的冒险性格，认为有冒险才有机会，机会总是伴随着风险，没有风险的机会就没有追逐的价值，冒险是一种乐趣。这样的企业家往往随着经验教训的不断积累和其他品质的完善，屹立在市场潮头。

　　认知冒险型企业家的冒险精神是在后天实践中培养起来的，他们从白手起家的艰苦创业到开拓创新的企业经营，经历了无数次失败和成功，终于在自己的人生哲学中坚定地认为，企业在市场中航行，惧怕风险、不敢冒险才是最大的风险。这样的企业家对风险有着深刻的理性认识，在经营中往往表现出稳健的风格。

79 不是大鱼吃小鱼，而是快鱼吃慢鱼

快鱼法则：商海竞争，快者为王

在看似风平浪静的大海里，海底世界却存在着这种现象：海底生物在弱肉强食的竞争下，用以大吃小的方式获得生存，就是所谓的"大鱼吃小鱼"。

美国思科公司总裁约翰·钱伯斯认为，在信息时代的现代市场环境下，大公司不一定打败小公司，但是快的一定会打败慢的。当今市场竞争不是大鱼吃小鱼，而是快鱼吃慢鱼。这被就是管理学上著名的快鱼法则。

当今市场竞争异常激烈，市场风云瞬息万变，市场信息流的传播速度大大加快。谁能抢先一步获得信息、抢先一步做出应对，谁就能捷足先登，独占商机。在"快者为王"的时代，速度已成为企业的基本生存法则。企业必须突出一个"快"字，追求以快制慢，努力迅速应对市场变化。

比尔·盖茨是微软公司主席和首席软件架构师。微软公司在个人计算和商业计算软件、服务和互联网技术方面都是全球范围内的领导者。

在2008财年，微软公司的收入达620亿美元，在78个国家和地区开展业务，全球的员工总数超过91 000人。最开始，盖茨凭借个人电脑操作系统的独占优势，构建了自己的软件帝国。但是，时间不长，这个软件帝国就遭到"免费操作系统"的威胁，特别是从20世纪90年代后半期互联网正式登场以后，每个人都可以自由地上网下载这种免费的操作系统。由于使用不是特别方便，因此尚未对微软造成极大的威胁。微软之所以能独占操作系统软件市场，是因为易于操作的视窗操作系统所发挥的独特魅力。如果当时其他公司也推出具有同样功能的软件，就会对微软造成致命打击。

与此同时，很多大型企业开始纷纷发出"微软的产品价格过高""为什么不降价"的抱怨声，甚至有企业威胁"要把公司内的操作系统全部换掉"，以逼迫微软降价，但是盖茨仍然不愿改变自己的做法，而且决定打出另外一副牌。

盖茨认为，在数字世界里，每个人都能得到相同的机会，使用者是客户也是敌人，所以不能掉以轻心。对业界也是一样，如果不加快速度想好下一步该怎么做，可能就会被市场淘汰。

"Linux"免费操作系统一出现，盖茨就着手研发新一代的操作系统。正是由于盖茨快速察觉到情况的严重性并且迅速做出回应，因此Linux的出现，才没有对微软造成实质性的威胁。从这个案例来看，我们把微软的实力归功于速度也不为过。速度决定一个企业的存在，也左右一个企业的发展。

市场先机稍纵即逝，速度就成了获胜的关键因素之一。此时市场的成败，不能仅仅以"大鱼"和"小鱼"论，而要看"快"与"慢"，形成"快鱼吃慢鱼"的结果。

市场反应速度决定着企业的命运，只有能够迅速应对市场变化者，才能成为市场逐鹿的佼佼者。Modell体育用品公司的CEO默德在一次圆桌会议上重复了钱伯斯的这句话，他对与会的CEO们说："想要在以变制胜的竞赛中脱颖而出，速度是关键。"正如非洲大草原上的动物们一样，当它们一开始迎着太阳奔跑的时候，狮子知道如果自己跑不过羚羊，就会被饿死。而羚羊也知道，如果自己跑不过狮子，就必然会被狮子吃掉。

加拿大将枫叶旗定为国旗的决议通过的第三天，日本厂商赶制的枫叶小国旗及带有枫叶标志的玩具就出现在加拿大市场，销售火爆。而"近水楼台"的加拿大厂商却坐失良机。

有人曾形容说，美国人第一天宣布某项新发明，第二天投入生产，第三天日本人就把该项发明的产品投入了市场。企业要增强危机意识、市场意识、责任意识，要真正意识到"不想做第一的企业早晚会完蛋"，并在实际行动中真正体现"速度"和效率，更要体现效益。

·········· 极 简 管 理 学 ··········
快鱼法则应用要诀

　　一是要学会快。"快鱼吃慢鱼"即"抢先战略"，是赢得市场竞争最后胜利的首要条件。实施"抢先战略"，意在"先"，贵在"抢"，因为"商机"是短暂的、有限的、转瞬即逝的，正所谓"机不可失，时不再来"。

　　二是要学会准。真正的快鱼追求的不仅是快，更是"准"，因为只有准确地把握住市场的脉搏，了解未来技术或服务的方向后，快速出击才是必要而有效的。"快鱼吃慢鱼"强调了对市场机会和客户需求的快速反应，但绝不是追求盲目扩张和仓促出击。

80 站在顶峰当大拇哥，成为行业里的第一

大拇指定律：要么第一，要么出局

在硅谷，风险资本所投资的创业企业有着一个不太精确的经验定律，即所谓风险投资收益的"大拇指定律"：每10个风险资本所投入的创业公司中，平均会有3个企业垮台；3个企业会成长为一两千万美元的小公司，并停滞在那里，最终被收购；另外3个企业会上市并会有不错的市值；有1个，企业会成为耀眼的新星，并被称作"大拇指"。这就是大拇指定律的来源。

大拇指定律告诉人们，在风险投资的进程中，不断有失败的企业被逐出，不断有落后的企业被淘汰，不断有弱势的企业被赶超。只有最具实力的企业才能成为明星，创造业界神话。

商业中有一个信条："如果你能真正制作好一枚别针，应该比你制造出粗陋的蒸汽机赚到的钱更多。"所以，努力成为行业中的"大拇指"、业界的翘楚，对企业走向最后的成功至关重要。

奥运会上金牌永远都属于第一名，哪怕只与第一名差0.1秒，那也只能拿个银牌。

2004年雅典奥运会上，美国的金牌总数排名第一，中国排名第二，俄罗斯排名第三。实际上俄罗斯的奖牌总数比中国多29枚，但是为什么中国的排名反而在俄罗斯的前面呢？因为排名是按金牌数，也就是按第一名总数来排名。企业也是这样，只有那些排名第一的公司才能立于不败之地，将竞争者远远甩在后面。所以，做企业应该像参加奥运会一样，勇争第一。世界知名的戴尔电脑公司为我们提供了一个很好的例子：

1984—1987年，戴尔公司诞生，公司创始人迈克尔·戴尔先生希望实现设计、制造和销售技术方式的变革。

1988—1991年，戴尔公司上市并进军全球市场，突破了其首次公开发行股票的工作，并扩展了其运营和产品组合，以便更好地服务客户。

1992—1995年，戴尔公司实现前所未有的增长。戴尔的快速增长使它跻身全球五

大计算机制造商之列，并将目光锁定于尚未有企业涉足的网络服务器市场。

1996—1999年，戴尔公司制胜全球。戴尔迅速扩展了全球运营，公司开始进军在线销售，并为全球电子商务制定了基准。

2003年，戴尔公司的年销售收入超过354亿美元，比上一年有了长足的进步，然而戴尔却立即宣布：公司的新目标是2006年的销售收入达到600亿美元，增长率必须达到市场增长率的3倍。

任何值得庆祝的成功在戴尔看来，似乎都是理所当然的。公司甚至还规定，员工在完成指标后的庆贺不允许超过5秒钟，而且在一个目标完成后的5个小时之内必须拿出新的目标和计划。永远把自己的眼光聚焦在更高的地方，永远把自己置于一种厚积薄发的拼命状态，这就是戴尔的成功哲学。戴尔要求员工把每一次任务都当作参加奥运会，只能拿第一，不能拿第二。戴尔既没有蓝色巨人IBM那么悠久的历史和品牌，也没有惠普实力雄厚的科研力量，可以说是电脑王国的"小字辈"。如果想要在群雄林立的IT产业谋求大发展，戴尔只能以速度取胜，做到更快、更凶、更狠，以快速的增长速度来赢得市场。

事实证明，戴尔的策略是明智的。戴尔在个人计算机销售量早已超过IBM、惠普和康柏，并且连续两年都是全球第一，成为全球第一大计算机系统制造商。五指连心，大拇指却只有一个！只有不断进取，卓尔不凡，才能永远站在顶峰。不做第一，就注定被淘汰。只有奋起直追，勇往直前，才能缔造一个个商业帝国。

·········· 极简管理学 ··········
"数一数二"竞争策略

　　　　2001年，通用电气已有12个事业部在各自的市场上独领风骚，至少有9个事业部入选500强企业之列。这是杰克·韦尔奇推行"数一数二"竞争策略的辉煌成果。

　　"数一数二"经营战略的基本含义：

　　（1）"数一数二"就是精干、高效。

　　（2）不做到"数一数二"，就意味着整顿或者关闭。

　　（3）"数一数二"最重要的不是排第几，而是在这一战略的指导下不断地积累自身的竞争优势，为企业带来真正的效益。

81 没有永远的对手，只有永远的利益

史密斯原则：为竞争而合作，靠合作来竞争

　　史密斯原则由美国通用汽车公司前董事长约翰·史密斯提出：如果你不能战胜对手，你就加入到他们当中去。

　　史密斯原则告诉管理者：没有永远的敌人，只有永远的利益。无论是合作还是竞争，说到底都是为了利益。传统的企业竞争通常是采取一切可能的手段击败竞争对手，将其逐出市场；企业的成功是以竞争对手的失败和消失为基础，"有你无我，势不两立"是市场通行的竞争规则。在新的形势下，传统的竞争方式发生了根本的变化，企业为了自身的生存和发展，需要与竞争对手进行合作，建立战略联盟，即为竞争而合作，靠合作来竞争。

　　20多年前，比尔·盖茨注册的微软公司还几乎无人知晓。通过研制一些办公软件并投入市场，微软公司开始为一些圈内人知道。但与当时的电脑业大亨IBM相比，微软简直不值一提。但是，比尔·盖茨有雄心把自己的公司发展成如IBM一般的大公司。在当时，人们都认为只有发展电脑硬件才会赚钱。但比尔·盖茨认为，个人计算机将是未来电脑的发展主方向，而为它服务的系统软件也将越来越重要。于是，他组织人员日夜奋战，开发研制新型的系统软件。不久，他听说帕特森的西雅图计算机产品公司已经研制出一种被称为QDOS的操作系统。微软马上决定以合适价格买下其使用权和全部的所有权。之后，比尔·盖茨组织自己的研究人员在此基础上进行改进，终于研制出了自己的操作系统——MS-DOS系统。在当时，微软公司力小利薄，根本无法完成自己的抱负，向社会推出这项产品。这时，比尔·盖茨想到了IBM。

　　双方合作的基础首先是对双方都有价值，而且是对方急切需要的一种价值。因此，合作的实质就成了"你为我用，我为你用"。在当时，IBM想向个人计算机方向发展，但它必须有合作伙伴。IBM虽然十分强大，但要完成此项开发，软件上仍需合作。恰好，微软公司在软件开发方面的小有名气且成果也是具有一定优势的。这样，

两者一拍即合。

在与比尔·盖茨会面前，IBM让他签署了一项保证不向IBM谈任何机密的协议。IBM经常采用这种办法从法律上保护自己。这样，IBM今后即使从客户的设想和信息中赚钱，客户也难以起诉。但是，从这例行公事中，盖茨立即明白IBM是很认真地和他们商量合作事宜的，因为如果IBM不想和他谈正经事的话，就不会拟协议。他兴奋地对同伴说道："伙计们，机会来了。"

不过直到和IBM第二次见面后，盖茨才意识到，IBM准备插手个人计算机领域。当时，盖茨只是明白，能与IBM合作相当不错，如果能说服其使用微软软件就更好。于是，盖茨对与IBM合作倾注了满腔热情。合同的第一项项目是操作系统。要完成IBM与微软的合作项目时间紧迫，软件的成品须在1981年3月底以前设计完成。比尔·盖茨带领自己的伙计们，向IBM交了一份满意的答卷。不久，IBMPC研制成功了，微软DOS也因之成为行业的唯一标准。自此，由于IBMPC销量日增，MS-DOS的影响也与日俱增，为其开发的应用软件也越来越多，从而更加巩固了其基础地位。微软最终成了最大的赢家。

通过与电脑业巨人IBM的成功合作，微软挖到了自己至关重要的一桶金，正是这桶金成就了微软后来的辉煌。微软与IBM的合作诠释了弱者通过与强者合作走上成功之路的道理。而微软与SUN公司之间的合作，则向我们展示了强强合作的一种双赢结局。

2004年4月2日，微软首席执行官斯蒂夫·巴尔默和SUN公司首席执行官兼主席斯科特·麦克利尼尔向全世界宣布："微软和SUN将为产业合作新框架的设置达成一个十年协议。"当人们看到两个巨人也是一对冤家亲密地坐在了一起，就知道合作已经可以突破很多界限。众所周知，在过去的20多年中，微软与SUN之间从市场竞争、技术产品的竞争到两个总裁之间的口水战，明争暗斗从来就没有停止过。但是双方合作了，巴尔默与麦克利尼尔亲密的样子比什么都有说服力。对今天的IT界来说，没有谁是不能合作的，也没有什么事是不能通过合作来达成的。微软与SUN公司的合作向我们说明了这一点。

有竞争，才有压力，才能够有紧迫感和危机感，故而不断促进革新与发展。但是，竞争又是一把双刃剑。如果竞争过度，只会增加彼此的虚耗，甚至用不正当的手段挖对方的墙角，形成恶性竞争的局面。

竞争不一定非要"鱼死网破"。如果对手比你强出很多，你暂时无法超越，不如平心静气寻求合作。在竞争中合作，在合作中竞争，建立长期的合作关系，共同分享利益，享受双赢带来的皆大欢喜。

··········**极简管理学**··········
竞争与合作的效益闭环

　　企业的竞争与合作关系是非零和博弈的体现。它强调竞争者积极争取多层次、跨领域的战略合作，共享资源，集成要素优势，实现双赢或共赢的市场策略。强者之间尚且如此，弱者之间更应加强竞争与合作关系。通过合作，企业得到了发展，因此也就获得了更多、更深层次的合作机会。更多、更深层次的合作又让企业可以更快速地发展并壮大。这就是一个合作的效益闭环。

管理实践篇

82 惠普如何从一个小车库成长为全球IT巨头

惠普之道：惠普成功的核心密码

惠普公司从一小车库发展到全球第12大最有价值品牌的跨国公司。是什么原因创造了惠普永不言败的IT神话，又是什么原因使得惠普公司具有如此强大的竞争力呢？华尔街评论家杰克·艾克尔逊曾坦言："学学惠普吧，惠普不仅会教给你独具竞争力的'惠普之道'，还会教给你创新精神。"

惠普之道是指著名的美国惠普公司的价值观、公司宗旨、规划和具体做法等因素结合在一起形成的一套独特的经营管理之道。惠普公司的创始人之一——戴维·帕卡德在1995年出版的《惠普之道》一书中对其进行了详细的介绍。

帕卡德以一个工程师的朴实和真切，讲述了惠普从一个小车库到全球IT企业巨头的历程，对创业的过程、惠普的增长和全球扩展以及管理经验，进行了详尽、真实、客观的论述。

惠普之道可概括为以下几个方面。

1. 依靠利润进行发展

赢利是第一目标，产品销售现购现付，不予赊销，通过为客户提供优质产品和服务而不是靠降价来扩大市场份额，将大部分利润用于再投资，再加上职工购买股票的资金和其他现金收入，作为发展所需的资金，而不依赖长期贷款。

惠普自1959年以来实行员工购买股票计划，使职工可依照其工资的一定比例按照优惠价格购买一部分惠普股票，这为惠普筹措了可观的发展资金。这种自我筹资政策需要相当高的利润水平，并需对存货和应收账款进行妥善管理，与工业界流行的通过股票筹资和长期举债满足资金需求有所不同。

2. 致力于创新

惠普公司一直在开展真正代表技术进步的产品，并努力领会客户的潜在需求，生产了数以千计的革新产品。

1966年，惠普公司建立了惠普实验室作为公司的中央研究机构。多年来，惠普每年用于研究与开发的开发约占销售额的8%~10%，近年来已超过了10%。惠普把现有的力量用于最可能获得成功的项目上，选择那些能够满足市场实际需要的新技术重点开发。

自20世纪60年代以来，惠普就预见到计算机可能产生的深远影响，在这方面投入了大量的研究力量，到1994年惠普在计算机产品、服务和支持方面的销售额高达200亿美元，占公司总营业额的78%。

3. 倾听客户的意见

在惠普公司，为客户服务的思想，首先表现在提出新的思路和技术，在此基础上开发有用的重要产品。客户意见的反馈是很重要的，它有助于公司设计和研制出满足客户实际需要的产品。惠普公司要求推销人员与客户密切合作，以便用最恰当有效的办法解决他们的问题，从而提高惠普公司产品和服务的价值。惠普公司将发明创造与客户的要求相结合的典型例子是惠普喷墨打印机的成功，1984—1994年，惠普公司共卖出300万台。

4. 对人的信任

惠普公司聘用最优秀的人员，强调密切配合的重要性，鼓舞他们的斗志。这是惠普公司内在凝聚力和创造力的源泉。

惠普认为，一个组织要实现最大限度的效率和成功的必要条件包括：挑选现有最能干的人负责组织内部的每一项任务，特别是在进展速度很快的技术性企业里，必须实行和保持一项持续的教育计划（惠普与斯坦福大学密切合作，实施优秀员工培训计划，并授予硕士或博士学位，使公司可能从全国各大学招聘高水平的工程专业毕业生）。公司在各个层次都鼓励高度的创新热情。为此，至关重要的是要在公司内创造一种环境和氛围，使人们有可能尽其所能，充分发挥潜力，并因取得成就而得到承认。

惠普既强调团队协作，又容忍个人的不同需要。员工与公司分享一切，使公司建立在一支稳定而有献身精神的员工队伍基础上。要实现公司的目标，必须得到公司各层员工的理解和支持，允许他们在致力于实现目标中有灵活性（如惠普实行灵活的上班时间），帮助公司确定最适于其运作和组织的行事方式。

惠普公司重视发展独特的公司文化。公司对员工非常关心，赠送员工结婚礼物和生日礼物，每年组织一次全体员工和家属参加的野餐。

5. 组织的扩展

在快速发展的公司里，组织结构必须频繁变动以适应市场变化的需要。20世纪60年代，惠普公司通过兼并取得了迅速的扩展。随着公司规模的扩大，公司向多样化发展，为避免机构臃肿，惠普采取了分散经营的策略。惠普建立一系列的分部，抢先一步明确各自的目标和责任，提高效率。每个分部独立地负责它自己的产品开发、制造和销售。与此同时，惠普致力于各事业部之间的协调效应，以实现公司协调发展的目标。

6. 组织的管理

惠普的"目标管理"政策是指这样一套管理体系：通过明确提出总目标并取得一致意见，使人们能灵活地以他们认为最合适完成其职责的方式去致力于实现那些目标。它与控制管理方法恰好相反，是分散管理的哲学、自由企业制度的精髓。

惠普还提倡走动式管理。经理人员除制定书面的操作指南外，还必须经常亲临现场，了解下情，与工人共同努力解决问题。"开放式管理"政策旨在建立相互信任和理解的关系，员工们可以自由表达他们的思想、意见和问题。

经理们的另一项重要职责是挑选和培训他们的潜在继任人，方法之一就是举行分部回顾会议，由此对分部经理的能力做出评估，最成功的公司都有从内部提拔人员的做法。

7. 对社会的责任

公司有责任履行一个好的集体公民的义务，包括对公司的职工、客户、供应商和整个社会负有重要责任，而不仅仅是为股东赚取利润。1994年惠普公司向教育界和其他非营利性组织捐赠6400万美元。惠普文化锁住了惠普12万员工的绝大多数。与惠普打过交道的人，都会感到惠普的做派与别家公司不一样，它更加和蔼可亲、更有大家风范。很多公司一旦发展壮大后，总裁就开始有很多的特殊待遇，比如说有自己的私人飞机，但惠普历任总裁都没有。惠普总裁普莱特从北京去青岛时，与记者们搭乘的是同一架普通飞机。这种现象在其他的大公司你绝对看不到。

··········极简管理学··········
惠普的核心价值观

惠普之道有五个核心价值观，它们像是五个连体的孪生兄弟，谁也离不开谁。每个惠普人对五个核心价值观倒背如流：

（1）相信、尊重个人，尊重员工。

（2）追求最高的成就，追求最好。

（3）做事情一定要非常正直，不可以欺骗用户，也不可以欺骗员工，不能做不道德的事。

（4）公司的成功是靠大家的力量来完成，并不是靠某个个人的力量来完成。

（5）不断地创新，做事情要有一定的灵活性。

83 企业成功的"软件"和"硬件"是什么

麦肯锡7S模型：7大要素协同匹配才能成功

20世纪七八十年代，美国人饱受了经济不景气、失业的苦恼，同时听够了有关日本企业成功经营的艺术等各种说法，也在努力寻找着适合于本国企业发展振兴的法宝。

长期服务于美国著名的麦肯锡管理顾问公司的学者汤姆·彼得斯，访问了美国历史悠久、最优秀的62家大公司，又以获利能力和成长的速度为准则，挑选了43家杰出的模范公司，其中包括IBM、德国仪器、惠普、麦当劳、柯达、杜邦等各行业中的翘楚。他们对这些企业进行了深入调查，并与商学院的教授进行讨论，以麦肯锡顾问公司研究中心设计的企业组织七要素（简称7S模型）为研究的框架，总结了这些成功企业的一些共同特点，写出了《追求卓越——美国企业成功的秘诀》一书，使众多的美国企业重新找回了失去的信心。

在著名的麦肯锡7S模型中，企业发展中存在相互关系的7个要素，即战略、结构、制度、风格、员工、技能和共同的价值观等。这7个要素在提升企业竞争力的过程中发挥着重要的作用，也是确保企业成功经营的重要条件。

1. 战略

企业战略是企业面对迅速变化的经营环境，为求得长期的生存和发展而对企业进行的总体性规划。企业战略在充分分析企业和环境的关系的基础上，确定企业的发展方向、竞争策略和经营范围，使企业能充分利用环境中存在的各种机会，从而在竞争中始终处于领先地位。

2. 结构

组织结构就是表现组织各部分排列顺序、空间位置、联系方式、聚集状态的一种模式，以求有效地把组织的各部分聚集起来，为实现共同的目标而努力。组织结构是为战略的实施而服务的，不同的战略需要不同的组织结构与之对应，组织结构必须与战略相协调。

3. 制度

企业制度是指对企业的微观构造和相关制度所做出的一系列规定和约束的总和，具体表现为企业组织、运营、管理等一系列行为的规范化和制度化。企业的发展和战略实施需要完善的制度作为保证，各项制度又是企业精神和战略思想的具体体现。

4. 风格

企业风格主要是指企业文化，就是企业在长期的生产经营过程中形成的，并为全体员工共同认可和遵循的价值观念、职业道德和行为规范的总和。企业文化作为一种重要的组织力量，能将一个组织的众多成员聚集在一起，并且围绕共同的目标而努力工作，为企业竞争力的形成奠定观念平台和思想基础。

5. 员工

知识经济时代的到来，导致企业的竞争力的提高根本上来源于员工的知识和技能。企业的竞争归根到底是人才的竞争，这已经成为人们的共识。

6. 技能

企业的一切生产经营活动都是由具有一定技术能力的员工利用相应的生产要素来实现物质财富和精神财富的创造过程。特别是在当今科学技术迅速发展的时代，企业员工不断更新自身的技术能力，利用新知识和新技术来增强企业整合内部资源的能力，使企业能提供满足市场需要的产品，进而获得巩固的竞争优势。

7. 共同的价值观

共同的价值观就是组织全体成员对组织的战略、目标和宗旨的共同认识，是企业对存在意义、经营指标等问题的基本观点以及评判企业和员工行为的标准。共同的价值观是企业文化的核心，不仅决定了企业发展的方向和企业的特征，而且直接影响到企业和员工的行为以及企业战略目标的实现，进而影响着企业竞争力的提升。

麦肯锡7S模型见图11。在模型中，战略、结构和制度被认为是企业成功的"硬件"，风格、人员、技能和共同的价值观被认为是企业成功的"软件"。麦肯锡的7S模型提醒世界各国的管理者们，软件和硬件同样重要，各公司长期以来忽略的人性，如非理性、固执、直觉、喜欢非正式的组织等，其实都可以加以管理，这与各公司的成败息息相关，绝不能忽略。

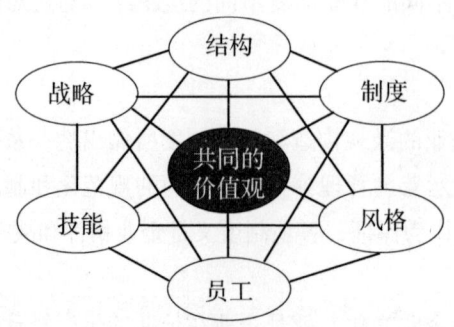

图11　麦肯锡7S模型

··········· 极简管理学 ···········
7S模型应用注意事项

　　7S模型指出了企业在发展过程中应全面地考虑各方面的情况，也就是说，企业仅具有明确的战略和深思熟虑的行动计划是远远不够的，因为企业还可能会在战略执行过程中失误，战略只是其中的一个要素。因此，企业在发展过程中，要全面考虑企业的整体情况，只有在软、硬两方面七个要素能够很好地沟通和协调的情况下，企业才能获得成功。

84 企业景气时更要为不景气做准备

松下水坝式经营法：经营有余地，企业能活得久

　　松下幸之助是日本松下电器、松下政经塾与PHP研究所的创办者，他奠定了日本商业的精神，在日本被称为"经营之神""20世纪最伟大的成功者"。松下幸之助通过对经营实践的总结和自己的感悟思考，提出了著名的"水坝式经营"哲学。

　　水坝式经营法，也就是像水坝那样具有拦阻和储存河川的水，随着季节或气候的变化，经常保持必要的用水量的功能。有这种调节和运用的机制，企业才能稳定发展。如果公司的各部门都能像水坝一样，一旦外界情况发生变化，也不会受很大影响，而能够维持稳定的发展。这就是松下幸之助"水坝式经营"的理念，也就是永远留有某种比率的余裕状态经营法。

　　松下幸子助说："经营者就像在高空走钢索，随时有摔死的可能。所以，他应该评估自己的实力，即使能载得动50千克的重量，也只载40千克的重量好了。"松下幸子助认为，维持企业的稳定成长是天经地义的事情，为了使企业确实能够稳定地发展，水坝式经营是很重要的观念。

　　日本在一段时期内流行过银行要求公司把从银行贷款中的一部分再存入银行的做法，许多企业指责银行的做法太过分了。松下幸子助却说："50多年来，我一直是这样做的，我从银行借钱的时候，只需借1万元就够了。可是我多借些，借了2万元，然后把剩余的1万元钱又原封不动地作为定期存款存入银行。看起来是赔钱的，但是我不那么认为。我是把它当成保险金。有了这笔保险金，在需要的时候，随时都可以提出来使用，而且银行总是十分信任我。"实际上，这也是一种资金水坝的建立方法。

　　松下的水坝式经营法包括以下几大要点。

1. 设备水坝

　　也就是说，生产设备的使用率应维持在80%~90%，而非100%。倘若必须使用率

达100%才能赚钱，那么当市场需求一旦增加，或在紧急时刻机器故障无法运行时，将会造成很大的损失。因此，该水坝说明企业设备应有10%~20%的剩余，以应对突发事件。比如生产设备，如果只有生产设备的使用率达到100%才会赢利，那对企业来讲是非常危险的。换句话说，平时即使只运用80%或90%的生产设备，企业也应该有获利的能力，那么一旦市场需求量突然增加时，因为设备有余，才可以立即提高生产量，达到市场的要求。这就是设备水坝发挥了作用。

2. 库存水坝

库存水坝意思是产品应保有适量的库存，一是可以解决产量减少或生产停滞之急，二是在市场需求激增时可实时回应。经常保持适当的库存，以应付需要的激增，不断开发新产品，永远要为下一次的新产品做准备，这些都应在制订企业的发展计划中有所考虑。如果公司能随时运用这种水坝式的经营法，即使外界有变化，也一定能够迅速而妥当地应付这种变化，维持稳定的经营与成长。这就好像水坝在干旱时能通过泄洪来解决水源短缺的问题一样。

3. 资金水坝

资金水坝意思是进行一个10亿元的项目，最好需要11亿~12亿元的准备金，以备不时之需。若不事前预留资金，当出现突发状况而筹不到款项时，就连当初投入的10亿元都发挥不了作用。有一点必须注意的是，"设备水坝"或"库存水坝"并不是设备闲置或库存过剩。如果一个企业预估它的销售量，并根据这一预测来购置设备和决定生产量，却因为卖不出去而有库存，设备也没有完全利用，这和水坝式经营没有关系。这只不过是估计错误所造成的，而这种剩余是不应该发生的。松下幸子助特别强调水坝式经营是基于正确的估计，事先保留10%或20%的准备。

4. 新产品水坝

新产品水坝意思是在这项新产品推出时，应立即研制更新的产品，甚至下一个新产品都已经研制完成。

5. 心理水坝

市场瞬息万变，员工们都应存有忧患意识，都要有能承受紧急突发状况的能力。如此才能处变不惊，遇到困难都能迎刃而解。松下幸子助同时认为，除了有形的经营水坝外，还有更加重要的"心理水坝"，也就是企业经营者要具有水坝经营观念。如果能以水坝意识去经营，就会根据各个企业的具体情况而拟订不同的水坝式经营方法。

为了经营上有所发展，在各个方面都应做到留有余地，而那种只顾眼前的做法是十分危险的。水坝式经营不是靠眼前的利益而获益的，如果仅仅筑起资金、设备水坝并无法在短期内产生利润。但是采取水坝式经营从长远角度来看则比较可靠，很少出现失败的结局。所以，企业如果希望长期、稳定地发展，就必须筑建经营中的水坝。

企业水坝的维护

建坝不易，维护水坝更难。松下幸之助认为，维护水坝实际上仍然是一个观念问题。

首先要考虑如何运用水坝，如果不能随机应变，即便建立了水坝，也不会根据水量的变化进行适时调节。

其次要明确水坝的用途，水坝是为消费者服务的，不是为企业自身服务的。偏离了客户导向，水坝的作用就会适得其反。

最后要密切注意各种信息，如果水源枯竭却毫不知情，或者水溢而出却视而不见，水坝就失去了意义。

85 为什么本田是"技术"和"活力"的代名词

本田管理模式：为自己工作，为客户着想

　　本田技术研究所是当今日本乃至世界汽车业的佼佼者。在日本企业界，本田是技术和活力的代名词，也是日本大学生毕业后非常向往的就业目标。这个创立于1946年的企业能够在短短几十年内取得如此的成绩，与它的创立者本田宗一郎所创立的管理模式有很大关系。

　　本田宗一郎于1906年出生在静冈县，1922年从乡下来到东京进入汽车修理厂当学徒。他对机械技术非常热心，很快成为优秀的修理工，而且在1928年曾独立开办过汽车修理厂，经营得非常成功。1934年他关闭了修理厂，成立了东海精密机械公司，并生产活塞环，产品的主要买主为丰田公司。由于本田宗一郎不愿永远为别人做嫁衣裳，他在1945年把公司出售给丰田公司。1946年他创建本田技术研究所，并开始生产摩托车；1971年辞去董事长职务，把公司的经营权交给了河岛喜好。本田宗一郎只有小学文化，他能够在复杂的环境中，苦心经营，花费一生精力，创建出世界一流的企业。随后他又毫不吝惜地把它交给与自己没有丝毫血缘关系的年轻人，自己过起恬淡的生活，这是没有胆识的人绝对做不到的。

　　本田宗一郎在经营中一直遵循着以下一些原则和规定。这些原则和规定已经渗透到企业的每个角落，成为人们所说的本田管理模式。

　　1. 充分尊重个人，公平合理授权

　　早在经营东海精密机械公司时，本田宗一郎就能很好地与性格完全不同的人一道工作，并以此作为自己的工作信念。他认为，同类型的人固然好相处、易交往，但要把一个公司办下去必须有各种类型的人才行。在经营本田技术研究所的过程中，他与藤泽武夫的配合也体现了这一原则。本田宗一郎和藤泽武夫性格完全不同，他们之间分工明确，本田宗一郎负责技术和产品，而销售和经营完全由藤泽武夫负责。1971年他们两人同时退休。

　　为了保证权力确实能够交给有能力的人，在企业中担任领导人的亲属一律不得进入公司工作。本田变成大企业后这个原则依然保留着，中途录用者占职工人数的一半，实施混血主义，保持公司的创造力。

　　进入公司，无论是高级干部还是一般职工均以"先生"相称，而不是以职务相称。公司董事没有单独的办公室，而是采取同用一个大房间的"董事同室办公制度"。

　　本田宗一郎的语录"为自己工作"是这种尊重个人精神的高度概括。他告诫职工不要考虑向公司宣誓忠诚，而是要为自己工作；在本田，这种尊重人的精神到处可见，人员安排、调动，贯彻"自我申请制"是这种精神的体现之一。

　　本田既无官僚色彩，也不存在派系和宗派主义，职工可以轻松愉快地工作。高级干部到50岁就为后来的年轻人让位，最大限度地尊重年轻职员。公司力戒害怕失败的谨小慎微作风，按照本田的说法是不工作才不失误。在对本田职工进行的一项关于"本田精神的核心是什么"的问卷调查中，回答顺序分别是：独创性、要为自己工作、人尽其才、不要怕失败。

2. 一人一事，自由竞争

　　本田宗一郎的搭档藤泽武夫认为，在企业内使每个人的能力都得到最大限度的发挥，能够专心从事研究，在传统的金字塔形的组织结构中是很难实现的，因此，废除这种结构采取一人一事并进行自由竞争是非常重要的。

　　一人一事就是废除公司强迫一个人干一项他不能胜任的工作做法，保证每个人都有自由选择一个自己的主攻方向的权利。自由竞争则是主张进行不同性质的自由竞争。为了达到共同的目标，每个人、每个小集体都要有自己的设想，并通过它来找到开发领域，把竞争机制引进公司内部。

　　在本田研究所，从研究员个人提出课题开始，课题一旦被采纳，就以提出者为中心组成项目攻关组，课题研究工作的领导、筹划、管理全部交给提出课题者个人负责。在两人以上的研究人员分别提出类似课题而被同时采纳时，令他们各自组成独立项目攻关组，通过自由竞争夺取成果。因此，本田在组织结构上实现了"镇纸型组织"的横向组织。顶端就像镇纸上的提钮，有几位高级领导，在它之下的研究人员全部处于对等关系，形式上虽分为设计室、试制室等部门，但是室长级人员也都是具体工作人员而非专职管理干部。

3. 造就独创型人才

　　要造出风格独特的产品，企业职工就必须具备独创性的头脑。横向型组织、项目攻关制度只是一种保证，归根到底，关键还取决于人。企业中能拥有多少独创性人才是本田创业以来一直给自己设置的课题。为此，本田采取了下列措施。

（1）引进合理化建议制度。1953年，本田率先引进了合理化建议制度。到20世纪70年代，1年内所提建议总数突破10万件，4件中有3件被采纳。对于优秀的建议，本田给予免费出国旅游的奖励。

（2）建立"新设想工作室"。本田在其国内各工厂设有名为"新设想工作室"的实验工作室，室内备有机械设备。职工一旦产生好主意，就可以到实验室中把设想具体化，当然原则上是利用业余时间。

（3）举办违反常规作品的展览会。展览会的宗旨是提出自由奔放的设想并给予实施的"头脑运动会"，是彻底的群众文娱活动。这与本田"不论工作、娱乐，只要心情舒畅就干到底"的理念相吻合，在大会上能看到许多异想天开的作品。

（4）技术面前人人平等。在本田，技术面前人人平等，没有上下级的区分，经常发生被称为下克上的事情。在汽车发动机由空冷改为水冷时，由于本田宗一郎是空冷的绝对拥护者，匀米等人采取"罢工"方式进行抗议。在看到水冷式的优点后，本田发出了"今后是年轻人的时代了"的感慨，从而决心退役。在开发集成电路过程时，同样发生过对本田宗一郎造反的事件。当时已经是顾问的本田宗一郎不喜欢电子技术，认为电子用眼睛看不到，技术是实实在在看得见的。但是机器人开发小组不顾本田宗一郎的反对，完全独立开发出第一流的焊接机器人和生产线系统，在事实面前本田宗一郎不得不低头。

4. 客户满意第一的原则

在本田，人们强调娱乐，认为娱乐可以扩大人的视野，积累经验，密切关系。本田宗一郎甚至认为，只要有一种尽情地去玩乐的期望，就会白天比别人干得起劲，同时又十分注意效率。如果通宵达旦工作而不休息。那么宗一郎也许不会有什么创新了，可能还会失去全面培养人的机会。

本田宗一郎指出，独特的发明创造，如果不能及时地提供给社会，它将毫无价值。在本田，研究人员认为他们不是在研究技术，而是在研究人们的心理，他们在想尽一切办法，用尽一切技术满足人们的心理。

本田历代的领导者们从来没有提出诸如"称霸世界市场""赶上丰田""超过日产"之类的口号，而是强调客户满意第一，在使用户满意方面力争第一。

本田没有专门的市场调查研究机构，它依靠的是开发小组。开发部门的全体人员都是市场调研员，他们用自己的眼睛、耳朵探索市场动向，这比依靠市场调查部门得到的信息更有感性认识。

本田的管理模式是一个完整的系统，它是一系列原则和规定在一定的哲学思想下的和谐统一。我们只有理解了它的完整性，才能为我所有，只着眼于一点是不能发挥其功效的。

·········极简管理学·········
本田精神的核心

本田精神中最核心的是"尊重个性"与"三个喜悦"。它所表达的信念是：希望根据"尊重个性"同所有和本田的企业活动发生关系的人们建立一种能够共同分享喜悦的相互信赖关系；立足通过企业活动，应该使购买商品的人（购买的喜悦），从事商品的销售、服务的人（销售的喜悦）、从事创造商品的一系列企业活动的人（创造的喜悦），彼此能够互相分享喜悦。正是这样的富于人性化的、客户导向的企业哲学，指引着本田企业一步步发展壮大。

86 在需要的时候，按需要的量，生产需要的产品

丰田生产方式：高质量、低消耗、零库存

　　日本汽车工业从其起步到今天经历了一个"技术设备引进—国产化—建立规模生产体制—高度成长—工业巨大化—强化国际竞争力—出口增大—全球战略"这样一个过程。但是，从一开始技术设备引进阶段，日本汽车工业就没有照搬美国的汽车生产方式。这其中除了当时的日本国内市场环境、劳动力和第二次世界大战之后资金短缺等原因以外，一个很重要的原因是，以丰田汽车公司副社长大野耐一等人为代表，他们从一开始就意识到了，美国汽车工业的生产方式虽然已很先进，但需采取一种更灵活、更能适应市场需求的能够提高产品竞争力的生产方式。

　　在20世纪后半期，整个汽车市场进入了一个市场需求多样化的新阶段，而且对质量的要求也越来越高，随之给制造业提出的新课题是，如何有效地组织多品种小批量生产。否则的话，生产过剩所引起的只是设备、人员、库存费用等一系列的浪费，从而影响到企业的竞争能力甚至生存。

　　在此历史背景下，1953年，日本丰田公司的副总裁大野耐一综合了单件生产和批量生产的特点和优点，创造了一种在多品种小批量混合生产条件下高质量、低消耗的生产方式，即丰田生产方式。

　　丰田生产方式（toyota production system，英文简称TPS）又称精细生产方式或精益生产方式。精益生产（lean production）是美国麻省理工学院给丰田式生产管理的名称。

　　丰田生产方式的基本思想是"只在需要的时候，按需要的量，生产所需的产品"，也就是追求一种无库存，或库存达到最小的生产系统。这一思想被浓缩在三个英语单词"just in time"里，因此被称为JIT生产方式。JIT的基本思想是生产的计划和控制及库存的管理。

　　JIT生产方式以准时生产为出发点，首先暴露出生产过量和其他方面的浪费，然后对设备、人员等进行淘汰、调整，达到降低成本、简化计划和提高控制的目的。在生产现场控制技术方面，JIT的基本原则是在正确的时间，生产正确数量的零件或产品，即时生产。它将传统生产过程中前道工序向后道工序送货，改为后道工序根据"看板"向前道工序取货，看板系统是JIT生产现场控制技术的核心，但JIT不仅仅是看板管理。

　　JIT的目标是彻底消除无效劳动和浪费，具体要达到以下目标。

　　（1）废品量最低。JIT要求消除各种引起不合理的原因，在加工过程中每一道工序都要求达到最好水平。

　　（2）库存量最低。JIT认为，库存是生产系统设计不合理、生产过程不协调、生产操作不良的证明。

　　（3）准备时间最短。准备时间长短与批量选择相联系，如果准备时间趋于零，准备成本也趋于零，就有可能采用极小批量。

　　（4）生产提前期最短。短的生产提前期与小批量相结合的系统，应变能力强，柔性好。

　　（5）减少零件搬运，搬运量低。零件送进搬运是非增值操作，如果能使零件和装配件运送量减少，搬运次数减少，可以节约装配时间，减少装配中可能出现的问题。

　　（6）机器损坏低。

　　（7）批量小。

　　为了达到上述目标，JIT对产品和生产系统设计考虑的主要原则有以下三个方面。

　　（1）在当今产品寿命周期已大大缩短的情况下，产品设计应与市场需求相一致，在产品设计方面，应考虑到产品设计完后要便于生产。

　　（2）尽量采用或组织技术与流程式生产。

　　（3）与原材料或外购件的供应者建立联系，以达到JIT供应原材料和采购零部件的目的。

　　在JIT方式中，公司试图通过产品的合理设计，使产品易生产和易装配。当产品范围扩大时，即使不能扩展工艺过程，也要力求不增加工艺过程，具体方法包括以下几个方面。

　　（1）模块化设计。

　　（2）设计的产品尽量使用通用件、标准件。

　　（3）设计时应考虑易实现生产自动化。

　　JIT的基础之一是平均稀有化生产，即平均制造产品，使物流在各作业之间、生产线之间、工序之间、工厂之间平衡、均衡地流动。为达到均衡化，在JIT中采用月计划、日计划，并根据需求变化及时对计划进行调整。

JIT提倡采用对象专业化布局，用以减少排队时间、运输时间和准备时间，在工厂一级采用基于对象专业化布局，以使各批工件能在各操作时间和工作间顺利流动，减少通过时间；在流水线和工作中心一级采用微观对象专业化布局和工作中心"U"形布局，可以减少通过时间。

JIT可以使生产资源合理利用，包括劳动力柔性和设备柔性。当市场需求波动时，劳动力资源也要做相应调整：如需求量增加不大时，可通过适当调整具有多种技能操作者的操作来完成；当需求量降低时，可采用减少生产班次、解雇临时工、分配多余的操作工去参加维护和维修设备。这就是劳动力柔性的含义，而设备柔性是指在产品设计时就考虑加工问题，发展多功能设备。

JIT强调全面质量管理，目标是消除不合格品，消除可能引起不合格品的根源，并设法解决问题。JIT还包含许多有助于提高质量的因素，如批量小，零件很快移到下工序，质量问题可以及早发现等。

JIT以订单驱动，通过看板，采用拉动方式把供、产、销紧密地衔接起来，使物资储备、成本库存和在制品大幅减少，提高了生产效率。这一生产方式在推广应用过程中，经过不断发展完善，为日本汽车工业的腾飞插上了翅膀，提高了生产效率。这一生产方式也为世界工业界所瞩目，被视为当今制造业中最理想且最具生命力的新型生产系统之一。

··········极简管理学··········
丰田式生产管理的理论框架

丰田式生产管理哲学的理论框架包含"一个目标""两大支柱"和"一大基础"。

"一个目标"是低成本、高效率、高质量地进行生产，最大限度地使客户满意。

"两大支柱"是准时化生产和人员自主化。

准时化生产即以市场为龙头，在合适的时间、生产合适的数量和高质量的产品。人员自主化是人员与机械设备的有机配合行为。

"一大基础"是指改善。

从局部到整体永远存在着改进与提高的余地，要消除一切浪费，连续改善。

87 如何让公司投资损失最小、收益最大

波士顿矩阵：公司的钱该投向哪里

多数公司同时经营多项业务，有的业务如"明日黄花"，也有的如"明日之星"。为了使公司的发展能够与千变万化的市场机会之间取得切实可行的适应，就必须合理地在各项业务之间分配资源。在此过程中，决策者不能仅凭印象，认为哪项业务有前途，就将资源投向哪里，而是应该根据潜在利润分析各项业务在企业中所处的地位来决定。波士顿（BCG）矩阵法就是一种著名的用于评估公司投资组合的有效模式。

波士顿矩阵又称市场增长率—相对市场份额矩阵、波士顿咨询集团法、四象限分析法、产品系列结构管理法等，是世界著名的一流管理咨询公司波士顿咨询集团在1970年创立的公司投资组合分析法。

波士顿矩阵的基本原理是将企业所有产品从销售增长率和市场占有率角度进行再组合。在坐标图上，以纵轴表示企业市场增长率，横轴表示相对市场份额，各以10%和20%作为区分高、低的中点，将坐标图划分为四个象限，依次为"明星类产品（★）""问题类产品（？）"金牛类产品（￥）""瘦狗类产品（×）"。其目的在于通过产品所处不同象限的划分，使企业采取不同决策，以保证其不断地淘汰无发展前景的产品，保持"问号""明星""金牛"产品的合理组合，实现产品及资源分配结构的良性循环。

具体如图12所示。

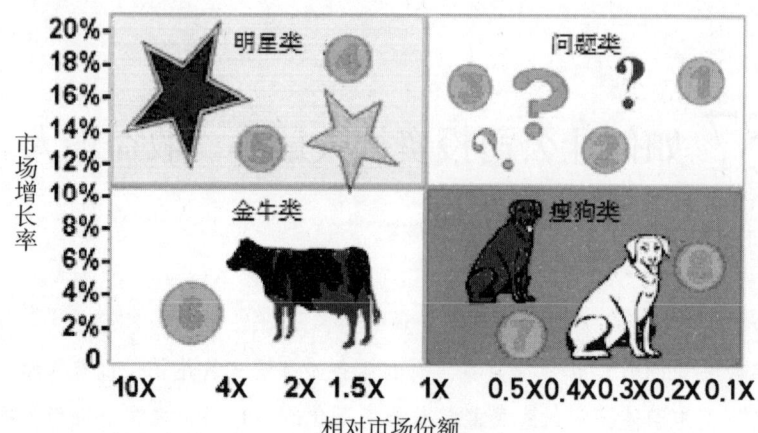

图12 相对市场份额矩阵

图12中，纵坐标市场增长率表示该业务的销售量或销售额的年增长率，用数字0~20%表示，并认为市场成长率超过10%就是高速增长。横坐标相对市场份额表示该业务相对于最大竞争对手的市场份额，用于衡量企业在相关市场上的实力。用数字0.1X（该企业销售量是最大竞争对手销售量的10%）~10X（该企业销售量是最大竞争对手销售量的10倍）表示，并以相对市场份额1X为分界线。需要注意的是，这些数字范围可能在运用中根据实际情况的不同进行修改。

矩阵图中的八个圆圈代表公司的八个业务单位，它们的位置表示这个业务的市场成长率和相对市场份额的高低，面积的大小表示各业务的销售额大小。具体见图13。

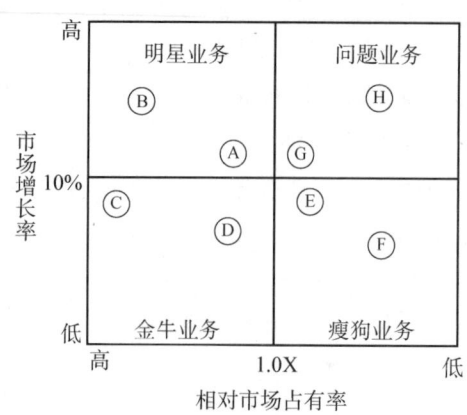

图13 波士顿矩阵图

波士顿矩阵法将一个公司的业务分成四种类型，即问题业务、明星业务、金牛业务和瘦狗业务。

问题业务：它是指高市场成长率、低相对市场份额的业务。这往往是一个公司的新业务。为发展问题业务，公司必须建立工厂，增加设备和人员，以便跟上迅速发展的市场，并超过竞争对手，这些意味着大量的资金投入。"问题"非常贴切地描述了公司对待这类业务的态度，因为此时公司必须慎重回答"是否继续投资，发展该业务？"这个问题。

只有那些符合企业发展长远目标，企业具有资源优势，能够增强企业核心竞争能力的业务才能得到肯定的回答。有的公司有三项问题业务，不可能全部投资发展，只能选择其中的一项或两三项，集中投资发展。

明星业务：它是指高市场成长率、高相对市场份额的业务，这是由问题业务继续投资发展起来的，可以视为高速成长市场中的领导者，它将成为公司未来的金牛业务。但这并不意味着明星业务一定可以给企业带来滚滚财源，因为市场还在高速成长，企业必须继续投资，以保持与市场同步增长，并击退竞争对手。没有明星业务，就失去了希望，但群星闪烁也可能会闪花了企业高层管理者的眼睛，导致做出错误的决策。此时，决策者必须具备识别行星和恒星的能力，将企业有限的资源投入能够发展成为金牛的恒星上。

金牛业务：它是指低市场成长率、高相对市场份额的业务，审视成熟市场中的领导者，它是企业现金的来源。由于市场已经成熟，企业不必大量投资来扩展市场规模。同时作为市场中的领导者，该业务享有规模经济和高边际利润的优势，因而给企业带来大量财源。

企业往往用金牛业务来支付账款并支持其他三种需要大量现金的业务。有的公司只有一个金牛业务，说明它的财务状况是很脆弱的。一旦市场环境发生变化，导致这项业务的市场份额下降，金牛业务可能就会变弱，甚至成为瘦狗业务。

问题业务：它是处于高增长率、低市场占有率象限内的产品群。高增长率说明市场机会大，前景好，而低市场占有率则说明在市场营销上存在问题。其财务特点是利润率较低，所需资金不足，负债比率高。

瘦狗业务：它是指低市场成长率、低相对市场份额的业务。一般情况下，这类业务常常是微利甚至是亏损的。瘦狗业务存在更多是由于感情上的因素，虽然一直微利经营，但像人对养了多年的狗一样恋恋不舍而不忍心放弃。

其实，瘦狗业务通常要占用很多资源，多数时候是得不偿失的。图13中的公司有两项瘦狗业务，可以说，这是沉重的负担。

波士顿矩阵法可以帮助我们分析一个公司的投资业务组合是否合理。如果一个公司没有金牛业务，说明它当前的发展缺乏现金来源；如果没有明星业务，说明在未来的发展中缺乏希望。一个公司的业务投资组合必须是合理的，否则必须加以调整。如巨人集团在将保健品业务发展成明星业务后，就迫不及待地开发房地产业务。可以说，在当时的市场环境下，保健品和房地产都是明星业务，但由于企业没有能够提供源源不断的现金支持金牛业务，导致企业不得不从本身还需要大量投入的保健品业务中不断抽血来支援大厦的建设，导致最后两败俱伤，企业全面陷入困境。

在明确了各项业务单位在公司中的不同地位后，就需要进一步明确战略目标。通常有四种战略目标分别适用于不同的业务。

发展：继续大量投资，目的是扩大战略业务单位的市场份额，主要针对有发展前途的问题业务和明星中的恒星业务。

维持：投资维持现状，目标是保持业务单位现有的市场份额，主要针对强大稳定的金牛业务。

收获：实质上是一种榨取，目标是在短期内尽可能地得到最大限度的现金收入，主要针对处境不佳的金牛业务以及没有发展前途的问题业务和瘦狗业务。

放弃：目标在于出售和清理某些业务，将资源转移到更有利的领域。这种目标适用于无利可图的瘦狗业务和问题业务。

波士顿矩阵法的应用产生了许多收益，它提高了管理人员的分析和战略决策能力，帮助他们以前瞻性的眼光看问题，更深刻地理解公司各项业务活动的联系，加强了业务单位和企业管理人员之间的沟通，及时调整公司的业务投资组合，收获或放弃萎缩业务，加强在更有发展前景的业务中投资。

波士顿矩阵应用法则

第一法则：成功的月牙环。

在企业所从事的事业领域内，各种产品的分布若显示月牙环形，这是成功企业的象征，产品的销售收入比较大。若产品结构显示散乱分布，说明其事业内的产品结构未规划好，企业业绩必然较差。

第二法则：黑球失败法则。

如果在金牛区域一个产品都没有，或者即使有，其销售收入也几乎近于零，可用一个大黑球表示。企业应当对现有产品结构进行撤退、缩小的战略调整，考虑向其他事业渗透，开发新的事业。

第三法则：西北方向大吉。

一个企业的产品在四个象限中的分布越是集中于西北方向，则显示该企业的产品结构中明星产品越多，越有发展潜力。相反，产品的分布越是集中在东南角，说明瘦狗类产品数量大，说明该企业产品结构衰退，经营不成功。

第四法则：踊跃移动速度法则。

如果某一产品从问题产品（包括从瘦狗产品）变成金牛产品的移动速度太快，说明其在高投资与高利润率的明星区域时间很短，因此对企业提供利润的可能性及持续时间都不会太长，总的贡献也不会大。但是相反，如果产品发展速度太慢，在某一象限内停留时间过长，则该产品也会很快被淘汰。

88 两维度三等级九小格勾勒企业市场前景

通用电气公司矩阵：波士顿矩阵的延伸和完善

　　通用电气公司（GE）在波士顿矩阵的基础上，于20世纪70年代开发了吸引力/实力矩阵。该矩阵也提供了产业吸引力和业务实力之间的类似比较，但波士顿矩阵用市场增长率来衡量吸引力，用相对市场份额来衡量实力，而GE矩阵使用数量更多的因素来衡量这两个变量。GE矩阵使用多个因素，可以通过增减某些因素或改变它们的重点所在，很容易地使矩阵适应管理者的具体意向或某产业特殊性的要求。

　　GE矩阵可以用来根据事业单位在市场上的实力和所在市场的吸引力对这些事业单位进行评估，也可以表述一个公司的事业单位组合判断其强项和弱点。在需要对产业吸引力和业务实力做广义而灵活的定义时，可以以GE矩阵为基础进行战略规划。可以说，GE矩阵是为了克服波士顿矩阵缺点所开发出来的。GE矩阵如图14所示。

产业吸引力	高	尽量扩大投资，谋求主导地位	市场细分以追求主导地位	专门化，采取购并策略
	中	选择细分市场大力投入	选择细分市场专门化	专门化，谋求小块市场份额
	低	维持地位	减少投资	集中于竞争对手盈利业务，或放手
		高	中	低
			企业竞争力	

图14　GE矩阵

绘制GE矩阵，需要找出外部（产业吸引力）和内部（企业竞争力）因素，然后对各因素加权，得出衡量内部因素和市场吸引力外部因素的标准。按产业吸引力和企业自身实力两个维度评估现有业务（或事业单位），每个维度分三级，分成九个格以表示两个维度上不同级别的组合。两个维度上可以根据不同情况确定评价指标。

1. 定义各因素

选择要评估业务实力和市场吸引力所需的重要因素，在GE内部，分别称为内部因素和外部因素。表3列出的是经常考虑的一些因素。确定这些因素的方法可以是头脑风暴法或专家小组法等，关键是不能遗漏重要因素，也不能将微不足道的因素纳入分析中。

表3　一般考虑的因素

内部因素	广告	产品线宽度	顾客服务	经销	财务实力	商誉	管理实力	生产能力	市场份额	营销	新产品开发	感觉质量	维修和支持	销售人员
外部因素	销售的周期性	人口情况	进入壁垒	环境问题	退出壁垒	市场集中度、结构	市场增长率	市场规模	政治问题	盈利性	法规	资源的获取可能性	社会问题	技术进步

2. 估测内部因素和外部因素的影响

从外部因素开始，根据每一因素的吸引力大小对其进行评分。若某一因素对所有竞争对手的影响相似，则对其影响做总体评估。若某一因素对不同竞争者有不同影响，可比较它对自己业务的影响和重要竞争对手的影响。这里可以采取五级评分标准（1=毫无吸引力，2=没有吸引力，3=中性影响，4=有吸引力，5=极有吸引力）。然后，同样使用5级标准对内部因素进行类似的评定（1=极度竞争劣势，2=竞争劣势，3=同竞争对手持平，4=竞争优势，5=极度竞争优势）。这一部分应该选择一个总体上最强的竞争对手作为对比的对象。

3. 对外部因素和内部因素的重要性进行估测，得出衡量实力和吸引力的简易标准

这里有定性、定量两种方法可以选择。

定性方法：审阅并讨论内外部因素，以第二步中打的分数为基础，按强、中、弱三个等级来评定该战略事业单位的实力和产业吸引力如何。

定量方法：将内外部因素分列，分别对其进行加权，使所有因素的加权系数总和为1，然后用其在第二步中的得分乘以其权重系数，再分别相加，最终得到所评估的战略事业单位在实力和吸引力方面的得分（介于1~5，1代表产业吸引力低或业务实力弱，而5代表产业吸引力高或业务实力强）。

4. 将该战略事业单位标在GE矩阵上

矩阵坐标横轴为产业吸引力，纵轴为业务实力。每条轴上用两条线将数轴划为三部分，这样坐标就成为网格图。两坐标轴刻度可以为高、中、低或1~5。根据经理的战略利益关注，对其他战略事业单位或竞争对手也可做同样分析。另外，在图上标出一组业务组合中位于不同市场或产业的战略事业单位时，可以用圆来表示各业务单位，图中圆面积大小与相应单位的销售规模成正比，而阴影面积代表其市场份额。这样，GE矩阵就可以提供更多的信息。

5. 对矩阵进行诠释

通过对战略事业单位在矩阵上的位置分析，公司就可以选择相应的战略举措。表4列出了矩阵表达各种组合的战略意义。

表4　矩阵组合的战略选择

产业吸引力	业务实力	建议采取战略
高	高	成长战略：谋求居于主导地位，尽量扩大投资
中	高	找出适宜增长的细分市场大力投资，在其他方面保持地位
低	高	维持总体地位：谋求流动资金，维持基本水准投资
高	中	通过市场细分估测达到主导地位的潜力，找出弱点，巩固强项
中	中	找出适应增长的细分市场，专门化、有选择地进行投资
低	中	削减产品系列，尽量减少投资，准备放弃
高	低	专门化，谋求占据合适的市场小板块，考虑收购
中	低	专门化，谋求占据合适的市场小板块，考虑退出
低	低	及时退出和放弃投资

GE矩阵还可以用于预测战略事业单位业务组合的产业吸引力和业务实力，只要在因素评估中考虑未来某个时间每一因素的重要程度及其影响大小，就可以建立预测矩阵。由此我们可以看出，GE矩阵比较全面地对战略事业单位的业务组合进行规划分

析，而且可以针对企业实际和其特性，因此具有广泛的应用价值。

人们在应用GE矩阵时，必须注意以下几个问题，否则可能无法客观、准确确定每项业务的定位和策略。

（1）评价指标尽量定量化。每项评价指标要尽量定量化，没法定量化的要划分量级，对每个量级的得分进行统一规定。

（2）不同业务之间每个评价指标的权重可以不同。由于每一项战略业务单元所处的生命周期不同，每一项业务的特点也不同，企业关注每项业务的侧重点也不同，比如，对于成长型的业务，企业可能更关注该业务的增长潜力和发展速度，对于成熟型的业务，企业可能更关注市场总量和盈利能力，因此，评价指标权重的确定，必须根据每一项业务的特点进行确定。不同业务单元之间，企业竞争力评价指标的权重也不相同。因为对于不同的战略业务单元，企业所处的市场地位不同，企业关注和追求的目标也不相同，所以评价指标的权重也不同。

BCG矩阵与GE矩阵的比较

GE矩阵比BCG矩阵在以下方面表现得更为成熟。

（1）市场/行业吸引力代替了市场成长作为一个评价维度。市场吸引力较之市场成长率显然包含了更多的考量因素。

（2）竞争实力代替了市场份额作为另外一个维度，由此对每一个业务单元的竞争地位进行评估分析。同样，竞争实力较之市场份额也包含了更多的考量因素。

（3）GE矩阵有9个象限，而BCG矩阵只有4个象限，GE矩阵结构更复杂、分析更准确。

89 如何使人达成目标共识并有效完成复杂项目

IBM过程质量管理：两天会议九个步骤一个项目

　　　　IBM利用过程质量管理方法解决许多公司的经理都曾经遇到的问题：如何使一个工作组就目标达成共识，并有效地完成一个复杂项目。

　　IBM的过程质量管理的基础是一个为期两天的会议，所有小组成员都在会议上参与确定项目任务及主次分配。具体步骤如下。

　　第一步：建立一个工作小组。工作小组应至少由与项目有关的12人组成。该组成员可包括副总裁、部门经理及其手下高层经理，也可包括与项目有关的其他人员。工作小组的组长负责挑选组员，并设定一个讨论会主持人。主持人应持中立立场，其利益不受小组讨论结果的影响。

　　第二步：召开一个为期两天的会。每一个组员和会议主持人必须到会，但非核心成员或旁听者不允许参加。

　　第三步：写一份关于任务的说明。写一份简洁且征得每个人同意的任务说明。如果工作小组仅有"为欧洲市场制订经营战略计划"这样的开放性指示，写任务说明就比较困难。如果指示具体一些，如在所有车间引进JIT存货控制，那么写任务说明就较简单，但仍需小组事先讨论。而在会议中，应由会议主持人而不是组长来掌握进程。

　　第四步：进行头脑风暴式的讨论，组员将所有可能影响工作小组完成任务的因素列出来。主持人将所提到的因素分别用一个重点词记录下来。每个人都要贡献自己的想法，在讨论过程中不允许批评和争论。

　　第五步：找出重要成功要素。这些因素是工作小组要完成的具体任务。主持人将每一重要因素记录下来，通常可以是"我们需要……"或"我们必须……"列举重要成功因素时有四个要求。

　　（1）每一项因素都得到所有组员的赞同。

　　（2）每一项因素确实是完成工作小组任务所必需的。

（3）所有因素集中起来，足以完成该项任务。

（4）每一项因素都是独立的——不用"和"来表述。

第六步：为每一个重要成功因素确定业务活动过程。针对每一个重要成功因素，工作小组列出实现它所必需的工作。工作说明应当具体，应能指导行动。例如，对客户进行调查，找出需要改进的产品特色。把对各项工作的说明分派给每位组员，但每人所得不要超过四项。

第七步：填写项目图。按业务活动过程对项目成功的重要程度，工作小组在项目图上列出每一业务活动过程。首先，针对每个重要成功因素，确定哪些业务活动过程最为重要。同时，要确保找出的业务活动过程足以达到相应的重要成功因素。其次，为每一重要成功因素所需的业务活动过程求出总数。最后，用下列标准评估本企业在现阶段执行每一业务活动过程的情况：A为优秀，B为好，C为一般，D为差，E为尚未执行。

第八步：填写优先工作图。工作小组先将业务活动过程按重要性排序，再按其目前在本企业的执行情况排列。以执行情况为横轴，以优先程度（以每一业务活动相关的重要成功因素的数目为标准，涉及的数目越多越优先）为纵轴，在优先工作图上标出各业务活动过程。然后在图上划出第一、第二、第三位优先区域。工作小组可以决定何处是处于首要地位的区域。但一般来说，首要优先工作区域是能影响许多重要成功因素且目前执行不佳的区域。但是，如果把第一位优先区域划得太大，囊括了太多业务活动，就不可能迅速解决任何一个过程。

第九步：后续工作。工作小组会议制定了业务过程，并列出了要优先进行的工作。组长则应做好后续工作，检查组员是否改进了被分配的业务过程，看企业或其工作环境中的变化是否要求再开过程质量管理会议来修改任务、重要成功因素或业务活动过程表的内容。

IBM的过程质量管理可以应用于企业管理的很多方面，尤其在近些年，过程管理成为许多优秀企业改进绩效、不断进步的重要改革举措，它使整个企业的管理更具有系统性和全局性。在总的环境变化趋势下，IBM的过程质量管理对企业的现代管理具有重要的指导意义和实用价值。

···········极简管理学···········
IBM过程质量管理的应用范围

（1）帮助一个项目组确定工作目标、统一意见并制订具体行动计划。

（2）使全员统一目标，集中精力于对公司或专业组具有重要意义的工作上。

（3）为面临困难任务、缺乏共识或在主次工作确定和方向上有分歧的工作组提供冲破疑难的方法和动力。

90　如何实现质量99.9997%的合格率

摩托罗拉六西格玛管理：全球零缺陷质量管理的指针

六西格玛管理（six sigma management）是20世纪80年代末首先在美国摩托罗拉公司发展起来的一种新型管理方式，是建立在测量、试验和统计学基础上的现代质量管理方法。推行六西格玛管理就是通过设计和监控过程，将可能的失误减少到最低限度，从而使企业可以实现质量与效率最高、成本最低、过程周期最短、利润最大的目标，全方位地使客户满意。因此，六西格玛管理是一种近乎完美的管理策略。

20世纪80年代到90年代初期，摩托罗拉是众多市场不断被日本竞争对手抢占的西方公司之一。当时摩托罗拉的领导人承认其产品质量低劣。1987年，当时摩托罗拉通信部门的经理乔治·费希尔提出了一种质量管理新方法，就是六西格玛方法。在公司主席鲍伯·高尔文的支持下，六西格玛方法在公司范围内得到推广。

实施六西格玛方法仅仅两年，摩托罗拉就获得了马可姆·波里奇国家质量奖。从1987—1997年，摩托罗拉销售额增长5倍，利润平均每年增长20%，带来的节约额累计达140亿美元，股票价格平均每年上涨21.3%。

希腊字母σ（音sigma，大写为Σ）是统计学里的一个单位，表示与平均值的标准偏差。六西格玛质量水平表示在生产或服务过程中有百万次出现缺陷的机会仅出现3.4个缺陷，即达到99.9997%的合格率。

六西格玛是企业走向精细化科学管理的一个质量目标。这个质量目标是企业内各个部门共同努力才能够整体实现的。摩托罗拉和通用电气等公司推行六西格玛的成就，也是业务部门内部成百上千个影响产品设计、生产、服务的一个个改进努力的结果。六西格玛方法影响了几十个管理流程和交易流程。例如，在客户支持和产品派送上，对客户需求的更好理解和对评估体系的改进，使他们能够迈出更大的步伐来追求服务的改进和产品的及时派送。

六西格玛管理最核心的内涵可概括为六个方面。

（1）以客户为关注重心是六西格玛的灵魂。

（2）基于事实和数据驱动的管理方法。基于事实和数据，也就是注重统计方法和工具的运用，而不是基于经验和个人的主观臆断，这可以说是六西格玛核心战斗力的源泉。

（3）聚焦于流程改进。流程而不是具体的工作任务或目标，是六西格玛的关键，这一点确保了六西格玛的持续性。

（4）有预见的积极管理。

（5）无边界合作。这是对传统组织成本的否定，它使六西格玛能够以项目制的方式在一个传统的组织结构内突破式前进，以点带面地创造一种新文化。

（6）追求完美，容忍失误。这不仅是六西格玛能够成功实施的外部保障，更是六西格玛能够创造一种新文化的重要原因。这种新的文化内涵使得六西格玛超越了一种单纯的管理技术，它代表的是人们一种对新秩序的渴望。

实行六西格玛质量计划要求管理层全面介入，并由经过特殊培训的内部六西格玛质量计划的专职人员和项目负责人组织实施，以实现减少偏差，提高过程能力的短期目标和达到六西格玛的世界一流水平的长期目标。

六西格玛管理包括两个过程：六西格玛DMAIC和六西格玛DMADV，它们是整个管理过程中两个主要的步骤。六西格玛DMAIC是对当前低于六西格玛规格的项目进行定义、度量、分析、改善和控制的过程。六西格玛DMADV则是对试图达到六西格玛质量的新产品或项目进行定义、度量、分析、设计和验证的过程。所有的六西格玛项目是由六西格玛绿带或六西格玛黑带执行的，然后由摩托罗拉创建的六西格玛黑带大师监督。

六西格玛管理法的核心是追求零缺陷生产，防范产品责任风险，降低成本，提高生产率和市场占有率，提高客户满意度和忠诚度。为了达到六西格玛，首先要制定标准，在管理中随时跟踪考核操作与标准的偏差，不断改进，最终达到六西格玛。它已形成一套使每个环节不断改进的简单的流程模式：界定、测量、分析、改进、控制。

界定：确定需要改进的目标及其进度。企业高层领导是确定企业的策略目标，中层营运目标可能是提高制造部门的生产量，项目层的目标可能是减少次品和提高效率。界定前，需要辨析并绘制出流程。

测量：以灵活有效的衡量标准测量和权衡现存的系统与数据，了解现有质量水平。

分析：利用统计学工具对整个系统进行分析，找到影响质量的少数几个关键因素。

改进：运用项目管理和其他管理工具，针对关键因素确立最佳改进方案。

控制：监控新的系统流程，采取措施以维持改进的结果，从而使整个流程充分发挥功效。

六西格玛管理作为一种全新的管理模式，充分体现着量化科学管理的思想理念，经过多年的发展逐渐被众多一流公司采用。该管理法在摩托罗拉、通用电气、戴尔、惠普、西门子、索尼、东芝、华硕等众多跨国企业的实践证明都是卓有成效的。

··········极简管理学··········
六西格玛水平等级

6个西格玛=3.4失误/百万机会，这意味着卓越的管理、强大的竞争力和忠诚的客户。

5个西格玛=230失误/百万机会，这意味着优秀的管理、很强的竞争力和比较忠诚的客户。

4个西格玛=6210失误/百万机会，这意味着较好的管理和运营能力，满意的客户。

3个西格玛=66 800失误/百万机会，这意味着平平常常的管理，缺乏竞争力。

2个西格玛=308 000失误/百万机会，这意味着企业资源每天都有三分之一的浪费。

1个西格玛=690 000失误/百万机会，这意味着企业每天有三分之二的事情做错，企业无法生存。